Von Zäunen und Pfosten

Ein Beitrag zur Archäologie Peenemündes als Sperrgebiet

8 AMANZ*schriften*
Bamberger Schriften zur Archäologie des Mittelalters und der Neuzeit

Herausgeber:
Rainer Schreg
Lehrstuhl für Archäologie des Mittelalters und der Neuzeit

University
of Bamberg
Press
2024

Peter I. Schneider , Constanze Röhl

Von Zäunen und Pfosten

Ein Beitrag zur Archäologie Peenemündes als Sperrgebiet

Bibliographische Information der Deutschen Nationalbibliothek
Die Deutsche Nationalbibliothek verzeichnet diese Publikation in der Deutschen Nationalbibliografie; detaillierte bibliografische Daten sind im Internet über http://dnb.dnb.de/ abrufbar.

Satz und Layout: Peter I. Schneider
Herstellung und Druck: Prime Rate, Budapest
Umschlaggestaltung: University of Bamberg Press
Umschlaggraphik: Peenemünde.- Heeresversuchsanstalt, Raketen-Versuchsgelände. Eisenbahntransport, Güterwagen, 1944 (Signatur: RH8II Bild-B1904-44), ©Bundesarchiv

https://www.uni-bamberg.de/ubp/

ISSN: 2943-2324 (Print)
ISBN: 978-3-86309-986-2 (Print)

eISSN: 2943-2332 (Online)
eISBN:978-3-86309-987-9(Online)

URN: urn:nbn:de:bvb:473-irb-934964
DOI: https://doi.org/10.20378/irb-93496

Inhalt

Vorwort des Herausgebers – Grundlagen der Archäologie der Moderne

Seit 2019 wird auf der Ostseeinsel Usedom in einem DFG-geförderten Projekt unter der Leitung von Dr. Constanze Röhl und Dr. Peter I. Schneider mit Methoden der Bauforschung und Archäologie die Ruine eines Fabrikbaus aus der Zeit des Nationalsozialismus untersucht.
Es handelt sich um die ‚Fertigungshalle 1' der Heeresversuchsanstalt Peenemünde, in der die berüchtigten V-Waffen geschaffen wurden. Die Halle ist Teil eines großangelegten Forschungs- und Produktionszentrums für Rüstungszwecke, das eine wechselvolle Geschichte von Rüstungsproduktion, Zwangsarbeit, Demontage und vielfältiger Nachnutzung aufweist.
In dem zweiphasigen Projekt ‚Die baugeschichtliche Erforschung der F1 in Peenemünde als Beitrag zur archäologischen Erschließung materieller Hinterlassenschaften an kontaminierten Kulturerbestätten' wurden in Phase 1 (02/2019–02/2022) methodische und methodologische Grundlagen erarbeitet deren Umsetzung aktuell in Phase 2 (12/2022–06/2025) erfolgt. Seit der ersten Phase agiert der Lehrstuhl für Archäologie des Mittelalters und der Neuzeit der Otto-Friedrich-Universität Bamberg als Projektpartner.

Die heutige ‚Denkmallandschaft Peenemünde', das Areal der ehemaligen Heeresversuchsanstalt, wurde wesentlich durch den Status eines ‚Sperrgebiets' geprägt. Ausgehend von der Erforschung des im Sommer 1943 in der Fertigungshalle untergebrachten Ravensbrücker Außenlagers Karlshagen II und der zugehörigen Zaunanlage wurde daher auch eine umfassende Auseinandersetzung mit den Relikten der in Peenemünde vertretenen unterschiedlich datierenden Absperranlagen notwendig. Die Reste von Zäunen und insbesondere von deren Pfosten sind nicht nur eine wichtige Quelle zur Geschichte der Denkmallandschaft Peenemünde, sondern sie zeigen zudem das Potential der Archäologie auch in gut erforschten historischen Perioden wie der deutschen Geschichte des 20. Jahrhunderts und insbesondere der NS-Verbrechen bislang unbeachtete Aspekte und Zusammenhänge zu beleuchten.
Nicht zuletzt ist die Auseinandersetzung mit den Überresten der Zaunanlagen aber Grundlagenforschung. In mehreren Bundesländern bemüht sich die archäologische Denkmalpflege aktuell intensiv um die Reste von Konzentrationslagern der NS-Zeit. Überreste von Zaunanlagen sind auf den ersten Blick oft unscheinbar, sie besitzen aber große symbolische Bedeutung in der Erinnerungskultur und können zudem wichtige Anhaltspunkte für eine chronologische und topographische Einordnung liefern.

Derartige Ruinen und archäologische Stätten mit den im Boden erhaltenen Relikten des 20. Jahrhunderts gewinnen mit dem Wegsterben der Zeitzeugen an Aufmerksamkeit und an Bedeutung. Die Anschaulichkeit, das Haptische, aber auch die Räumlichkeit können eine emotionale Verbindung zur Vergangenheit schaffen - prinzipiell zu Opfern wie Tätern, wie das leider verbreitete Sammeln und Handeln mit „Nazi-Devotionalien" gerade auch aus Peenemünde zeigt. Archäologische Funde und Stätten sind wichtige mahnende Erinnerungsorte an Zeiten, in denen Demokratie verloren war, Zwangsarbeit, Unmenschlichkeit und die Vernichtung menschlichen Lebens gleichsam normal war. In Peenemünde wurde diese dunkle Vergangenheit verschiedentlich durch den Gründungsmythos der modernen Raumfahrt in den Hintergrund gedrängt.

Archäologie war noch nie unpolitisch, denn die Vergangenheit ist immer mit den Vorstellungen und Idealen der Gegenwart verbunden. Meist wurde Archäologie als identitätsstiftend begriffen - und das wird es auch heute noch. Germanen wurden zu Ur-Deutschen und Archäologie wird bis heute zur Rechtfertigung territorialer Ansprüche missbraucht. Die Wissenschaft muss sich gegen solche Vereinnahmung wehren und muss sich auf ihre Wissenschaftlichkeit besinnen. Dazu gehört nicht nur die Reflektion ihrer Narrative jenseits der Identitätsstiftung – nämlich die kritische Reflektion und Dekonstruktion unsachlicher Mythen -, sondern auch die solide Grundlagenforschung.

Die Fertigungshalle ist ein zunächst zwar stummer, aber unmittelbarer Zeuge unentschuldbarer Skrupellosigkeit. Er ist aber nur glaubhaft und aussagekräftig, wenn er mit wissenschaftlicher Methodik erforscht und damit befragt wird. Es sind nicht zuletzt archäologische Methoden, die wir benötigen, um Erinnerungsorte zum Sprechen zu bringen - Methoden der Erschließung, der Analyse und schließlich der Interpretation.

Methodische Herausforderungen der Archäologie der Moderne

Bei vielen grundsätzlichen Ähnlichkeiten zur herkömmlichen archäologischen Arbeitsweise ergeben sich in der Archäologie der Moderne allerdings auf allen Ebenen methodische Besonderheiten, die gerade auch in der vorliegenden Bearbeitung von Zaunanlagen deutlich werden. Hierin liegt der große Wert der Bearbeitung der Relikte von Zäunen und Pfosten durch Constanze Röhl und Peter Schneider, die zum einen eine wichtige Fundgruppe grundlegend aufbereitet, zum anderen Anlass gibt, die Methoden der Fundbearbeitung in der Archäologie der Moderne zu reflektieren. Zudem liefert die Bearbeitung ein herausragendes Beispiel, welche Bedeutungen der materiellen Kultur für die Auseinandersetzung mit der nationalsozialistischen Gewaltkultur zukommen.

Bei der archäologischen Erschließung, also der Prospektion, Ausgrabung, Dokumentation und Fundbergung sind wie üblich die Erhaltungsbedingungen zu berücksichtigen, die in der Archäologie der Moderne aber nicht durch Jahrhunderte oder Jahrtausende lange Bodenlagerung geprägt sind. Die sogenannten Formationsprozesse – all die Faktoren, die eine archäologisch interessante Stätte bis zu dem Zustand verändern, mit dem wir als Wissenschaftler*innen heute arbeiten müssen - führen zu einer archäologischen Quelle, die sich in einigen Punkten von dem gewohnten Bild vor- und frühgeschichtlicher, aber auch noch mittelalterlicher oder frühneuzeitlicher Stätten unterscheidet.
Auf der Ebene der primären Formationsprozesse, die die Faktoren aus jener vergangenen Zeit umfasst, der unser Interesse gilt, sind häufig bewusste Zerstörungen durch Kriegshandlungen oder gezielte Sprengungen im Krieg oder an dessen Ende zu vermerken. Gezielt sollten Informationen vernichtet und Geheimnisse bewahrt bleiben. Die Überlieferung danach – das sind die sekundären Formationsprozesse – wird insbesondere dadurch gekennzeichnet, dass Relikte der NS-Zeit kaum gesellschaftliche Wertschätzung als Denkmal, Erinnerungsort oder auch als wissenschaftliche historische bzw. archäologische Quelle erfahren haben. Man hat gerne vergessen, und so wurden auch Konzentrationslager häufig überbaut, selbst mit Einfamilienhäusern wie in Flossenbürg. Das Gelände der Heeresversuchsanstalt in Peenemünde blieb Sperrgebiet und wurde in der Nachkriegszeit erst durch die Rote Armee, dann durch die NVA militärisch genutzt. Dabei kam es zu weiteren Sprengungen der Ruinen. Es hat häufig einige Jahrzehnte gedauert, bis man den Relikten der NS-Zeit eine denkmalpflegerische Relevanz zugesprochen hat. Ihr archäologisches Interesse wird gar erst seit wenigen Jahren gesehen. So waren Areale mit NS-Vergangenheit häufig und lange einem verstärkten Veränderungsdruck oder zumindest einem Zerfall ausgesetzt. Dass die Areale der ehemaligen Heeresversuchsanstalt auf der Nordspitze Usedoms vor allem durch die Ausweisung als Nationales Naturerbe einen besonderen Schutzstatus haben, ist da durchaus symptomatisch.
Das relativ geringe Alter führt indes dazu, dass sich häufig selbst noch organische Materialien erhalten haben. Zudem nehmen Werkstoffe zu, die kaum recycelbar und nur schwer biologisch abbaubar sind.

Diese sekundären Formationsprozesse sind nicht nur von theoretischer Bedeutung – sie haben unmittelbare Auswirkungen auf den Umgang mit dem Bodendenkmal: Munitionsbelastung und Stahlbeton erschweren nicht nur die geomagnetische Prospektion, sondern sie bringen auch Risiken für die Ausgräber*innen mit sich. Moderne Werkstoffe, zumal im Kontext einer militärischen Entwicklungs- oder Produktionsanlage, sind teilweise nicht unbedenklich, da sie, insbesondere in einem Zustand der Verwitterung, durchaus toxisch sein können. Man denke nur an Asbest.

Am Thema der Zäune sind diese Formationsprozesse gut nachzuvollziehen. Betonpfosten sind relativ beständig, das Material aber durch Umnutzung, Gleichgültigkeit bis zu bewusster Zerstörung der Zaunanlagen nicht ganz einfach zu interpretieren.

Mehrheitlich wurden die Zaunrelikte in Peenemünde nicht bei Ausgrabungen, sondern bei Surveys aufgefunden und dokumentiert. Eine Bergung und Magazinierung ist anders als in der Archäologie ansonsten üblich, bestenfalls selektiv möglich und sinnvoll.
Die Analyse – klassischerweise die typologische Klassifikation zur funktionalen und chronologischen Einordnung – ist für die Archäologie des 20. Jahrhunderts ebenfalls eine besondere Herausforderung, da sich Probleme stellen, die wir im archäologischen Umgang mit Relikten früherer Perioden so nur selten oder gar nicht kennen. Vielfach sind wir mit großen Fundmengen konfrontiert, die zudem eine große Diversität in Form und Material aufweisen, die weit über das hinausgeht, was wir aus Forschungen etwa zur Eisenzeit oder zum Mittelalter kennen. Daher ist ein typologischer Zugang zu den

Funden schwierig und es hilft nur wenig, dass wir uns in der Zeit gar nicht sehr weit zurückbewegen. Viele der Alltagsmaterialien der letzten Jahrzehnte sind kaum dokumentiert, insbesondere nicht von Seiten der Archäologie, die hier auch nicht auf eine lange Forschungsgeschichte zurückblicken kann. Die klassische Volkskunde, die früher starke antiquarische Traditionen besaß hat sich gewandelt und anderen, nur auf den ersten Blick relevanteren Themen zugewandt. Referenzkomplexe stehen daher bisher kaum zur Verfügung. Stattdessen müssen auch Archäolog*innen auf Bild- und Schriftquellen zurückgreifen, etwa auf Warenkataloge oder Patente, die aber nicht einfach in der nächsten wissenschaftlichen Bibliothek greifbar sind, sondern aufwändig in Archiven oder in Antiquariaten recherchiert werden müssen. Vorliegende Arbeit demonstriert dies sehr anschaulich.

Archäologie der Moderne als politische Bildungsarbeit

Schließlich sind die Methoden und Perspektiven bzw. die Fragestellungen und Ziele der Interpretation in der Archäologie der Moderne ebenfalls andere als in weiter zurückliegenden Perioden. Schafft die Archäologie beispielsweise im Neolithikum erst das große Bild, so ist in einem recht genau bekannten zeithistorischen Umfeld die Rolle der Archäologie eine völlig andere. Bis heute gibt es Kolleginnen und Kollegen, die die Sinnhaftigkeit einer Archäologie der Moderne bezweifeln. Die Stimmen sind leiser geworden, aber verstummt oder gar überzeugt sind sie nicht. Nach wie vor steht dabei die Vorstellung im Hintergrund, dass die Archäologie nur dort von Bedeutung ist, wo keine anderen Quellen vorliegen. Dies impliziert, dass schriftliche Quellen besser oder relevanter seien. Früher hätte man sie als Hilfswissenschaft bezeichnet, die bestenfalls jene Aspekte beleuchtet, die in den reichen textlichen und bildlichen Quellen im Dunkeln bleiben. In der Tat kann Archäologie in Bezug auf geheime Einrichtungen oder dort, wo Verdunkelung oder gezielte Vernichtung von Dokumenten im Spiel ist, wichtige Indizien zur Rekonstruktion von historischen Anlagen oder Ereignissen erbringen. Die Archäologie der Moderne ist so oft eine forensische Archäologie, die sich mit Tatorten auseinandersetzt. Das sind insbesondere Lager – Arbeitslager, Kriegsgefangenenlager oder Konzentrationslager. Verdunkeln, Verklären und Vergessen sind gängige Formen des Umgangs mit solchen Stätten, so dass die Archäologie hier tatsächlich Lücken der Überlieferung zu schließen hat. Das „kritische Potential" der Archäologie der Moderne reicht jedoch weiter, da die materiellen Relikte eine Affordanz aufweisen, sich mit Ihnen zu beschäftigen und die daher selbst dort in der Lage sind, Zusammenhänge aufzuzeigen, wo ihr eigener inhärenter Quellenwert begrenzt ist und prinzipiell eine Parallelüberlieferung vorliegt. Archäologische Zeugnisse sind so oft ein Korrektiv.

Diese Rolle als Korrektiv bzw. das kritische Potential der Archäologie der Moderne ist ein wichtiger Punkt hinsichtlich ihrer gesellschaftlichen Bedeutung. Sie kann Mythen dekonstruieren oder fake news entlarven. Gerade die aktuelle Gesellschaft und Politik zeigt nachdrücklich die Notwendigkeit einer kritischen Geschichtsreflektion, denn einerseits wird Vergangenheit häufig populistisch instrumentalisiert, andererseits fehlt es an einem Verständnis historischer Zeitdimensionen und historischer Zusammenhänge.

Die wissenschaftliche Verpflichtung, sich gegen eine Instrumentalisierung und Verdrehung von Geschichte zu stellen, ist aktuell in ganz besonderem Maß in Bezug zur NS-Zeit von Bedeutung, wenn ein vorgeblicher Kampf gegen Nazis für Russland als Rechtfertigung für einen Angriffskrieg in der Ukraine gilt, wenn infolge des Terrorüberfalls der Hamas auf Israel antisemitisches Gedankengut und Gewalt um sich greifen und antidemokratische, bisweilen faschistoide Populisten auf dem Vormarsch sind. Die NS-Zeit gerät damit vermehrt zur Arena politischer Interessen. Einer Verherrlichung des Nationalsozialismus und der Forderung nach einer erinnerungspolitischen Wende, steht eine prinzipiell richtige, aber oft unsachliche Sensibilität gegenüber dem Sprechen über den Nationalsozialismus gegenüber. Eines dieser sensiblen Themen sind historische Vergleiche. Zweifellos sind sie ein beliebtes Mittel politischer Propaganda und verfolgen oft das Ziel der Verharmlosung und der Rehabilitierung nationalsozialistischen Gedankenguts. Nicht selten ist im Kontext wissenschaftlicher Arbeit eine Empörung aber unangebracht, denn das Vergleichen ist Teil des methodischen Werkzeugkastens und grundlegend für jeden Umgang mit Geschichte. Das Vergleichen dient der notwendigen Differenzierung und ist nicht mit Gleichsetzung zu verwechseln. Zwar war es in der Geschichtswissenschaft lange eine Maxime, dass jede Zeit aus sich heraus verstanden werden müsse, aber Lehren oder einfach Erfahrungen aus der Geschichte erhält man nur durch das Vergleichen.

Auch in der Archäologie gab es eine Debatte um die Zulässigkeit von Vergleichen oder gar Analogien, wobei lange übersehen wurde, dass sie im prähistorischen Kontext die einzige Chance sind, überhaupt Aussagen zu treffen. Selbst in der Archäologie der Moderne bleibt das Vergleichen grundlegend, da es nur so gelingen kann, Funde zeitlich einzuordnen und ihre zeitspezifische Bedeutung herauszuarbeiten. Welche methodische Bedeutung das Vergleichen hat, zeigt die Studie zu Zaun und Pfosten ebenfalls – sowohl auf der Ebene des typologischen Vergleichens als auch auf der Ebene des "kultur"historischen Vergleichs. Befunde des „Dritten Reichs" müssen mit solchen der Weimarer Zeit und aus der DDR, Konzentrationslagern mit Arbeitslagern und Militäranlagen, aber auch mit

Weiden und Gärten verglichen werden. Solches zu tun, ist eine grundsätzliche methodische Notwendigkeit, die es erst ermöglicht, die materiellen Überreste als Quelle zu nutzen.

Es ist eine wichtige Aufgabe der Wissenschaft, Mythen - egal von welcher Richtung – zu dekonstruieren und jeder Instrumentalisierung oder Verharmlosung der Vergangenheit entgegenzuwirken. Die Archäologie der Moderne ist in diesem Sinne auch politische Bildungsarbeit. Selbst wenn sie keine neuen Erkenntnisse liefert, dient sie der Erinnerungsarbeit und der Auseinandersetzung mit der Vergangenheit. Das gilt umso mehr dann, wenn die Zeitzeugen nun bald vollends wegsterben werden.

Grundlagenarbeit

Seit einigen Jahren wird immer deutlicher, dass die Archäologie der Moderne gesellschaftlich wichtige Impulse zur Auseinandersetzung mit der oft leidvollen Geschichte des 20. Jahrhunderts und zur Erinnerungsarbeit geben kann. Derzeit erscheinen zwar zahlreiche programmatische und theoretische Beiträge zu Tagungen und Sammelbänden, teils auch in Monographien, doch liegen noch kaum grundlegende Materialarbeiten vor, die archäologische Funde auch praktisch auswerten.

Vorliegender Band stößt in diese Lücke und leistet Grundlagenarbeit zur Einordnung einer wichtigen, bisher unterschätzten Quellengattung des 20. Jahrhunderts.

Vorausgehende Gedanken zu Theorie und Methoden der Archäologie der Moderne, wie auch die Gedanken zu ihrer gesellschaftlichen Rolle lassen die Bedeutung der Arbeit von Constanze Röhl und Peter Schneider erkennen. Deshalb hat der Lehrstuhl für Archäologie des Mittelalters und der Neuzeit der Universität Bamberg das Projekt von Anbeginn beratend begleitet und hat sich bereit erklärt, die Publikation zu unterstützen.
Er ist damit ein würdiger Band, mit dem die von Ingolf Ericsson begründete Reihe der Bamberger Schriften zur Archäologie des Mittelalters und der Neuzeit unter veränderten Rahmenbedingungen und Anforderungen fortgesetzt wird. Dazu gehört – soweit es sich nicht um bereits begutachtete universitäre Abschlussarbeiten handelt – ein Review der Manuskripte und eine digitale Publikation im Open Access verbunden mit der Möglichkeit, den Band im Print-on-demand-Verfahren auch als klassisches Buch in Händen zu halten und zu rezipieren.

Bamberg, Dezember 2023

Rainer Schreg
Lehrstuhl für Archäologie
des Mittelalters und der Neuzeit

Danksagung

Die vorliegende Studie ist im Rahmen des Forschungsprojekts „Die baugeschichtliche Erforschung der F1 in Peenemünde als Beitrag zur archäologischen Erschließung materieller Hinterlassenschaften an kontaminierten Kulturerbestätten“ entstanden, das von der Deutschen Forschungsgemeinschaft gefördert ist. Für Unterstützung, Anregung und Austausch bedanken sich die Verfasser bei dem Historisch-Technischen Museum Peenemünde und seinen Mitarbeitern, bei der DBU Naturerbe GmbH und beim Bundesforstbetrieb Vorpommern-Strelitz, namentlich Herrn Uwe Wobser, den Mitarbeitern des Bundesarchivs in Freiburg, Koblenz und in Berlin, des Stasiunterlagen-Archivs in Berlin und des Deutschen Museums in München, sowie bei den MitarbeiterInnen des Fachgebiets Baugeschichte an der BTU Cottbus-Senftenberg, Frau Harriet Trenkmann und Herrn Roland Wieczorek, und bei den Mitarbeitern des Fachgebiets Bauinformatik, Geodäsie und GIS, Frau Dr. Katja Heine, Herrn Rex Haberland und Herrn Andreas Kursawe.

Einleitung

Im Jahr 2011 erschien eine kleine Broschüre über „Peenemünde heute“ unter dem bezeichnenden Titel *Betreten verboten*[1]. Der Zweck dieser Veröffentlichung wurde im Vorwort klar herausgestellt: „Dieses Buch zeigt die Orte, die Sie nicht sehen dürfen.“ Gemeint sind mit diesen ‚Orten‘ diejenigen Bau- und Bodendenkmale der ehemaligen nationalsozialistischen Heeresversuchsanstalt (HVA) Peenemünde auf der Ostseeinsel Usedom, die sich heutzutage im dortigen Sperrgebiet befinden. Aktuell gelten weite Teile der ehemaligen HVA als munitionsbelastet und unwegsam, weshalb der Zutritt beschränkt ist. Als im Zuge der Errichtung der 2,5 ha umfassenden HVA ab 1936 die Nordspitze Usedoms zu einem Sperrgebiet erklärt wurde, war die Begründung noch eine rein militärische, ebenso bis zur Wende im Jahr 1989, als die Schlagbäume an den Kontrollposten gelichtet wurden. Der Status als Sperrgebiet, der anschließend aus Sicherheitsgründen für weite Teile wieder hergestellt bzw. gewahrt werden musste, trägt nicht unwesentlich zur Faszination des Ortes mit bei und zieht trotz aller Warnschilder viele Besucher an[2]. In den 85 Jahren seit der Einrichtung der HVA haben sich jedoch nicht nur die Begründung und der Zuschnitt der zugangsbeschränkten Zone gewandelt, sondern auch die konkreten baulichen Mittel zu deren Markierung.

Ein Survey wiederum, der in den Jahren 2019 und 2020 im Zuge der archäologisch-baugeschichtlichen Untersuchung der Ruine der Fertigungshalle 1 (F1), einem zwischen 1939 und 1943 geplanten und errichteten Fabrikgebäude des Versuchsserienwerks (VSW) der ehemaligen HVA Peenemünde, durchgeführt wurde[3], lenkte den Blick auf eine Reihe von Objekten, die Zaun und Pfosten zuzuordnen sind. Ihre Verortung in der Ruine sowie ihre Bedeutung für die Rekonstruktion des Ravensbrücker Außenlagers Karlshagen II im Inneren des Industriebaus gab Anlass zu einer vertieften Bearbeitung der Fundkategorie Zaun und Pfosten in einem geographisch und chronologisch erweiterten Kontext. Ausgangspunkt sind dabei neben der F1 Artefakte und Befunde im Bereich von Kraftwerk, Entwicklungswerk (EW) und des Versuchskommando Nord (VKN) der HVA, für die ebenfalls historische Bilder des Geländes, Pläne und Augenzeugenberichte ausgewertet wurden[4]. Aufgrund der beschränkten Erschließung des weitläufigen Areals wurden sicher nicht alle Zaunverläufe im Gebiet der ehemaligen HVA und der später an die NVA und in Folge die Bundeswehr übergebenen Flächen erfasst, sondern primär die von öffentlich zugänglichen Wegen aus einsichtigen Stellen. Ergänzt wurden diese neben den Forschungen zur F1 durch Beobachtungen im Sperrgebiet um das ehemalige Entwicklungswerk, wo in den Jahren 2020 und 2021 eingehendere archäologische und bauforscherische Untersuchungen durchgeführt werden konnten.[5]

Tatort/Fundort: Die Pfosten der F1

Die Fundstelle der F1, die den Anstoß zu der vorliegenden Arbeit gab, liegt auf der Ostseeinsel Usedom im Bundesland Mecklenburg-Vorpommern im südöstlichen Bereich der Gemarkung Peenemünde nahe dem Ostseebad Karlshagen, auf der heutigen DBU-Naturerbefläche Peenemünde[6]. Im nördlichen Teil Usedoms wurde ab 1936 ein 2.500 ha großes Areal mit hohem Aufwand auf bis dato mehrheitlich nicht bebauten Flächen für die Zwecke der HVA, insbesondere die Serienfertigung der ballistischen Fernrakete Aggregat 4, entwickelt. Sämtliche für die Belange der HVA wesentlichen Anlagen wurden gemäß dem höchsten Stand der damaligen Technik errichtet. Diverse Bau- und Bodendenkmäler des heutigen Flächendenkmals zeugen vom Umfang der damaligen baulichen Maßnahmen. Neben den Komplexen von Entwicklungswerk und Versuchsserienwerk sowie einem Flugplatz der Luftwaffe gehören hierzu Relikte einer entsprechenden Infrastruktur. So sind u. a. neben der Anlage eines Deichs, dem Peenemünder Kraftwerk, einer Siedlung für die Angestellten der HVA sowie einer eigens eingerichteten Bahnlinie auch die Zaunanlagen der HVA

1 Grempler 2011.

2 Röhl/Schneider 2023.

3 Röhl/Schneider 2020.

4 Im Bau des Kraftwerks, der nach Kriegsende erhalten blieb, ist das Historisch-Technische Museum Peenemünde untergebracht. Das Entwicklungswerk ist heutzutage ebenso wie das Versuchsserienwerk eine Ruinenlandschaft im Peenemünder Sperrgebiet. Die teils mehrphasigen Bauten auf dem Areal des VKN-Lagers, das durch die NVA weitergenutzt wurde, ließ 2020 ein privater Investor undokumentiert abreißen.

5 Schneider/Röhl 2023.

6 Zur Geschichte der HVA Peenemünde und der dortigen Denkmallandschaft s. Erichsen/Hoppe 2019, Mense/Schmidt 2013. Zur DBU s. DBU Naturerbefläche Peenemünde.

prägend für die heutige Landschaft. Acht Jahre nach Baubeginn erfolgte vor dem Hintergrund des Zweiten Weltkriegs die Verlagerung der Raketenproduktion an unterirdische Fertigungsstätten. Hiervon war somit auch die für die Serienfertigung des Aggregat 4 errichtete F1 betroffen, die bereits 1943 eines der Ziele alliierter Luftangriffe gewesen war. Nach dem Krieg erfolgten Demontage und schlussendlich Sprengung des Gebäudes gemäß den Vorgaben des Potsdamer Abkommen. Die ursprüngliche Nutzung des Geländes wurde durch die Präsenz der NVA überprägt. Als wesentliches Merkmal der Geschichte der F1 ist die Integration von Karlshagen II, einem von zwei Ravensbrücker Außenlagern auf dem Areal der HVA, in das Gebäude zu nennen. Heutzutage handelt es sich bei der F1 um eine der Renaturierung überlassene Ruinenlandschaft in einem Kiefernwald des Sperrgebiets. Das Lager als solches ist nicht ohne Weiteres verortbar. Zu den baulich relevanten Aspekten der F1 zählt jedoch auch die das Gebäude umgebende Zaunanlage, die in den Kontext von Karlshagen II einzuordnen ist, und die es entsprechend im Kontext der Verortung des Lagers zu rekonstruieren gilt. Diese wiederum bedarf einer Einordnung in den Gesamtkomplex der Peenemünder Zaunanlagen aus unterschiedlichen Nutzungsphasen.

Innerhalb und in der näheren Umgebung der Ruine wurden rund 15 Betonpfosten vorgefunden, die in erklärungsbedürftiger Weise nicht weniger als sechs unterschiedlichen Typen[7] zuzurechnen sind. Bei einem solch einfachen Bauelement und einer nur sehr kurzen Nutzungszeit im Sinn der eigentlichen geplanten Bestimmung des Ortes ist eine solche Varianz bemerkenswert. Die Auseinandersetzung mit diesen Betonpfosten trägt nicht nur zu einem besseren Verständnis der Denkmallandschaft Peenemünde bei. Es ergeben sich auch Ansätze für seine bau- und kulturgeschichtliche Würdigung als Landschaftselement, das vielleicht gerade aufgrund seiner Ubiquität und Alltäglichkeit im 20. Jahrhundert leicht zu übersehen ist. Der Zaunpfosten aus Beton spiegelt in seiner Entwicklung auch die Geschichte des Sperrgebiets in dessen Grenzen und vielfältigen historischen Dimensionen. So hat bereits die Erfassung der Denkmallandschaft Peenemünde durch die Denkmalpfleger Leo Schmidt und Uta K. Mense von der BTU Cottbus-Senftenberg vor einigen Jahren in Bezug auf ‚Befunde und Befunderfassung im Gelände' summarisch mit einem Satz auf die Betonpfosten hingewiesen: „Einen wichtigen Hinweis zur Datierung liefern Betonzaunpfähle, deren Formen sich nach Ende des Zweiten Weltkriegs sofort veränderten."[8] Hier ist anzumerken, dass die tatsächliche Sachlage sich nach der hier vorgelegten Erfassung der Befunde deutlich komplexer darstellt. Während korrekt ist, dass die aus DDR-Produktion stammenden Stücke typologisch eindeutig sind, lassen sich andererseits sowohl eine Weiterverwendung bestehender Formen sowie ebenfalls Zweitnutzungen älterer Bestände an anderem Ort nicht ausschließen.

[7] Für die detaillierte Beschreibung der Typen und das Gesamtspektrum der im Zuge des oben genannten Survey erfassten 25 Pfostentypen sei hier auf den Katalog im Anhang verwiesen.

[8] Mense/Schmidt 2013, S. 13.

Abb. 1 Reste der Zaunanlage der HVA Peenemünde entlang der Landstraße von Peenemünde nach Karlshagen, Pfosten Typ 1 (Foto: Peter Schneider).

Landwirtschaftliches Gehöft mit Koppelgehege für Großvieh aus „Orkan"-Betonpfosten.

Verbotener Weg.

„Orkan"-Betonpfosten als Warnungstafel.

Nach Nauen — Nach Spandau

„Orkan"-Betonpfosten als Wegweiser.

„Orkan"-Betonpfosten als Laternenpfahl.

Zukunftsreicher

wie die Fabrikation der „Orkan"-Betonpfosten ist kein Zweig des modernen Bauwesens.

Einen glänzenden Beweis dafür liefert das neue klassische Meisterwerk

Engels Handbuch des landwirtschaftlichen Bauwesens

bearbeitet von Professor Schubert, Cassel, worin es heißt:

> Die verhältnismäßig schnell abfaulenden Holzpfosten, die leicht verrostenden Eisenstäbe, die plumpen teueren Ziegelpfeiler lassen sich durch die seit kurzem hergestellten **geraden und gekrümmten** Zaunpfosten und -Pfähle aus Eisenbeton, sog. „Orkan"-Betonpfosten (Grähn, Berlin-Pankow), **in geradezu idealer Weise ersetzen.**
> Solche Pfosten sind nämlich weit billiger **als alle anderen Pfosten,** trotzdem von **fast ewiger Dauerhaftigkeit, ohne jegliche Ausgaben für Ausbesserungen und Erneuerungen,** so daß sie sich zur Herstellung dauerhafter und praktischer Latten-, Bretter-, Drahtgeflecht-, Stacheldraht- u. a. Zäune u. Gitter für Gehöfte, Wohnhäuser, Baumschulen, Weinberge, Gärten, Parkanlagen, Wiesen Obstplantagen, Viehweiden, Koppelgehege, Geflügelhöfe, Wildparks usw. ebenso vorzüglich eignen wie als Einzelpfosten für Wegweiser Wäsche- und Anbindepfosten, Laternen-, Baum- und Koppelpfähle, Warnungstafeln usw.

Die „Baugewerkszeitung" schrieb kürzlich erst wieder:

> . . . . Diese Firma (E. Grähn) fabriziert nicht nur die beliebten „Orkan"-Pfosten, sondern sie verkauft auch die Formen zu diesen „Orkan"-Pfosten, deren Herstellung, wie wir in Nr. 9 d. J. unserer Zeitung ausführlich beschrieben haben, eine **lukrative Nebenbeschäftigung für Baugewerksmeister bildet.**

Zur Vervollständigung *nur einige* Urteile von „Orkan"-Pfosten-Fabrikanten!

Herr P. B. in K.:

> Es steht außer Zweifel, daß etwas Gediegeneres bis jetzt nicht auf den Markt kam und nicht gleich wieder erscheinen dürfte. Ich kann meinen geschätzten Herren Kollegen somit die Anschaffung dieser Form auf das Angelegentlichste empfehlen.

Herr Kunststeinfabrikant A. R., Grünberg in Schl.:

> . . . . daß Ihre Einrichtung sich durchaus bewährt und die angegebene Anzahl Pfosten mit Leichtigkeit pro Tag hergestellt werden kann.

Herr Maurermeister C. Th. in L . . . in Br.:

> Es gereicht mir zur besonderen Freude, Ihnen mitteilen zu können, daß ich mit der Fabrikation von „Orkan"-Zaunpfosten und -Pfählen nach Ihrem System außerordentlich zufrieden bin. Ihre Formen sind leicht zu bedienen und zu handhaben . . . .
> Die Betonpfosten-Fabrikation nach Ihrem System halte ich für eine Leistung, die garnicht übertroffen werden kann.

Mit Spezialofferte auf Wunsch auch mit kostenlosem Fachmann-Besuch, stehe Interessenten, wie Baufirmen, Architekten, Maurermeistern, Zimmermeistern, Sägewerken, Ziegeleien u. s. w. gern zu Diensten.

Betonpfosten- und Formenbau-Fabrik E. Grähn
Berlin-Pankow, Nordbahnstr. 17.

„Orkan"-Betonpfosten Deutsches Reichspatent

Reform im Bauwesen

bedeuten

„Orkan"-Betonpfosten!!

Wohl selten hat eine neue Erfindung in kürzester Frist allseitig so günstige Aufnahme gefunden, wie die **„Orkan"-Betonpfosten.**

„Orkan"-Betonpfosten übertreffen bei weitem alle bisher gebräuchlichen Zaunpfosten und -Pfähle. Ihre Vorzüge sind: **Billige einfache Herstellung, elegantes Aussehen, größte Festigkeit, unbegrenzte Dauerhaftigkeit.**

Die Fabrikation der „Orkan"-Betonpfosten ist ein **hochwichtiger Geschäftszweig für das Baugewerbe** geworden und **höchst gewinnbringend.**

Mit Recht erregten daher die von der Firma **E. Grähn, Berlin-Pankow,** auf der diesjährigen

II. Ton-, Zement- und Kalk-Industrie-Ausstellung, Berlin

in den verschiedensten Verwendungsarten mustergiltig ausgestellten **„Orkan"-Betonpfosten** allseitig Aufsehen.

Fachleuten und Laien war die Wichtigkeit dieser **hochbedeutsamen Neuerung** sofort klar. Darum haben „Orkan"-Betonpfosten überall im In- und Ausland, selbst in fernsten tropischen Gegenden, überraschend schnelle große Verbreitung gefunden.

Für Baugeschäfte, Maurermeister, Zimmermeister, Ziegeleien, kurz für Baugewerbetreibende, gibt es gegenwärtig **keine angenehmere und lohnendere** Vergrößerung ihres Geschäfts wie die

Fabrikation der „Orkan"-Betonpfosten

mit der

Patent-„Orkan"-Form.

Gekrümmter „Orkan"-Staketpfosten.

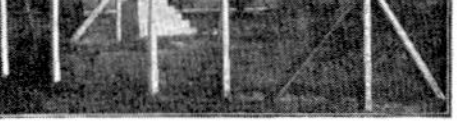

Gekrümmter „Orkan"-Drahtzaunpfosten.

„Orkan"-Drahtzaunpfosten.

Verschiedene „Orkan"-Betonpfosten.

Herstellung der „Orkan"-Betonpfosten.

„Orkan"-Betonpfosten sind für das Bauwesen unentbehrlich!

„Orkan"-Betonpfosten als Wäschepfähle.

Gekrümmte „Orkan"-Betonpfosten für Geflügelhof-Umzäunung.

Gekrümmte „Orkan"-Betonpfosten für Bretterzaun.

„Orkan"-Betonpfosten in einem alten Drahtzaun eingesetzt.

Wie werden „Orkan"-Beton-Pfähle hergestellt? so hört man vielfach fragen. Die Antwort ist überraschend und erfreulich.

Keine komplizierte, teure, maschinelle Einrichtung ist nötig, sondern die höchst einfach und sinnreich konstruierte **Patent-„Orkan"-Form,** welche *allein* es *nur* gestattet, diese Pfähle von schönem Aussehen und unbegrenzter Haltbarkeit herzustellen.

Keine gelernten Leute, sondern jeder Arbeiter ist imstande mit der **Patent-„Orkan"-Form** zu arbeiten.

Zement und Sand, zwei Baustoffe, die überall zu haben sind, gehören zur Anfertigung der „Orkan"-Betonpfosten, und Sand oder Kies gibt es allerwärts!

Wodurch erhalten die „Orkan"-Betonpfosten ihre überraschende Festigkeit? Durch die einfache und zweckmäßige Draht-Armierung nach dem Orkan-System.

Wie teuer ist der Herstellungspreis eines „Orkan"-Betonpfostens? Bedeutend billiger als gute Holz- und Eisenpfähle. Das allein schon gewährleistet enormen Absatz und großen Verdienst.

Vorteilhafte Ausnutzung der Arbeitskräfte gestattet die Fabrikation der „Orkan"-Betonpfosten, weil diese in geschäftsstillen Zeiten betrieben werden kann. Im Sommer an regnerischen Tagen, im Winter, um den guten Stamm der Arbeiter und Handwerker zu beschäftigen.

Höchste Rentabilität der Fabrikation ist gesichert, weil die Nachfrage nach dauerhaften Zaunpfosten und -Pfählen eine immer größere wird.

Auf der Höhe der Zeit

steht, wer den praktischen Wert einer Neuerung mit scharfem Blicke erfaßt. Darum ist kein Zweifel, daß

jeder Baufachmann

sich mit der Einführung der „Orkan"-Beton-Pfosten

Dank und Anerkennung

in seinem Wirkungskreise sichert.

Ich bin sehr zufrieden, diese Fabrikation aufgenommen zu haben, meine Erwartungen sind weit übertroffen.
E. P. in Borkenhagen i. P.

Gekrümmte „Orkan"-Betonpfosten. Die Abbildung zeigt einen Drahtzaun und einen Bretterzaun von 2,70 m Höhe. Zäune mit gekrümmten „Orkan"-Betonpfosten sind die besten und praktischsten Einfriedungen der Gegenwart.

Architektonisch **wirkungsvolle, dauerhafte Zäune** und **Einfriedigungen** lassen sich nur aus **Orkan-Betonpfosten** herstellen.

Heimatschutz und Landschaftspflege diese neuzeitigen Bestrebungen werden durch Verwendung der Orkan-Betonpfosten in wirksamster Weise unterstützt.

Unvergänglich sind Orkan-Betonpfosten und daher auch am besten geeignet für **Drahtzäune, Staket-** und **Bretterzäune, Barrieren, Koppel-, Weide-** und **Wäschepfähle,** kurz für alle Zwecke, wo jetzt die vergänglichen Holz- und Eisenpfosten verwendet werden.

Orkan-Krammen-Hülsen gestatten Drahtgeflecht für Drahtzäune etc. direkt an den Pfosten anzunageln, sodaß auch in dieser Beziehung der Holzpfahl voll und ganz ersetzt wird.

Autoritäten, die führende Fachpresse, Industrie-, Landwirtschafts- u. Baukreise haben den enormen wirtschaftlichen Wert der Orkan-Betonpfosten schnell erkannt. Die allseitigen Anerkennungen über Orkan-Betonpfosten legen dafür beredtes Zeugnis ab.

Orkan-Betonpfosten sind für alle Verwendungszwecke von **höchster Wichtigkeit.** Sie sind ein wirtschaftlicher Machtfaktor geworden, weil sie das vergängliche Holz- und Eisenwerk verdrängen. Wo auch Zäune und Pfähle gebraucht werden, ob im **städtischen** Bauwesen oder auf dem **Lande,** für **Fabriken** oder **landw. Einfriedigungen,** vornehmlich auch im **Forstwesen,** bei **Eisenbahnen,** in **Berg-** und **Hüttenwerken** sind

Orkan-Betonpfosten unentbehrlich.

Hölzerner Staketzaun mit gekrümmten „Orkan"-Betonpfosten.

„Orkan"-Betonpfosten auf der Landwirtschaftlichen Ausstellung in Braunschweig 1909.

Ich bin mit der Form sehr zufrieden und war ganz überrascht über die einfach praktische Verwendung Ihres Patentes.
L. H. Sch., Troppau i. Oesterreich.

Abb. 2 Prospekt *Fa. Carl E. Grähn*, Berlin-Pankow (GRÄHN 1910)

1 Zur Baugeschichte des Zaunes im 20. Jahrhundert

Die Geschichte des Zaunpfostens[9] als basales Element der Abgrenzung führt in die letzten Jahre der deutschen Kaiserzeit. Der Baumeister Alfred Schubert erwähnt 1911 im *Handbuch des Landwirtschaftlichen Bauwesens* zum Thema der Einfriedungen neben anderen Varianten gesondert die Bauweise für „Latten- usw. Zäune mit ‚Orkan'-Betonpfosten", und beschreibt wie die „seit kurzem hergestellten geraden und gekrümmten Zaunpfosten und -pfähle aus Eisenbeton, sog. ‚Orkan'-Betonpfosten (Grähn, Berlin-Pankow)", „in geradezu idealer Weise" Holzpfosten, Eisenstäbe und Ziegelpfeiler ersetzen[10]. Orkanpfosten sind billiger als die zudem ‚verhältnismäßig leicht abfaulenden Holzpfosten, [...] leicht verrostenden Eisenstäbe, [...] plumpen, teuren Ziegelpfeiler." Sie seien, so Schubert, „von fast ewiger Dauerhaftigkeit ohne jegliche Ausgaben für Ausbesserungen und Erneuerungen", und eigneten sich „zur Herstellung dauerhafter und praktischer Latten-, Bretter-, Drahtgeflecht-, Stacheldraht- u. a. Zäune und Gitter für Gehöfte, Wohnhäuser, Baumschulen, Weinberge, Gärten, Parkanlagen, Wiesen, Obstplantagen, Viehweiden, Koppelgehege, Geflügelhöfe, Wildparks usw.", ebenso wie „als Einzelpfosten für Wegweiser, Wäsche- und Anbindepfosten, Laternen-, Baum- und Koppelpfähle, Warnungstafeln usw."[11] Als vielseitiges Bauelement waren die Betonpfosten schließlich auch geeignet als Trageskelett leichter Mauern aus Betonplatten, Stützen für Schuppendächer oder Laufbrücken sowie als Unterbauten für Tropenhäuser.[12]

Das Original: der ‚Orkan'-Betonpfosten

Der Begriff ‚Orkan'-Betonpfosten kann als synonym für die vermutlich zu Beginn des 20. Jahrhunderts neu auf den Markt gebrachte Technik der Herstellung von in Form gegossenen Eisenbetonpfosten für unterschiedliche Zwecke, primär für den Einsatz im landwirtschaftlichen Bereich[13], angesehen werden[14]. ‚Orkan'-Betonpfosten wurden mittels der Patent-‚Orkan'-Form[15] hergestellt, einer Erfindung von Carl E. Grähn, der in Berlin-Pankow eine Betonpfosten- und Formbau-Fabrik unterhielt, und anscheinend mit seinen Produkten innerhalb relativ kurzer Zeit für viel Furore sorgte (Abb. 2, 3). Diese Einschätzung legt nicht nur die hauseigene Werbebroschüre[16] oder die lobende Verbreitung von Verfahren und Produkt in Fachorganen[17] der Zementindustrie nahe, sondern, neben der Darstellung im damaligen Standardwerk zum Bauen im landwirtschaftlichen Kontext, dem erwähnten *Handbuch des Landwirtschaftlichen Bauwesens*, ebenfalls die Rezeption in Fachjournalen der Architektur[18]. Auch die Tatsache, dass das Produkt wohl zudem Einzug in Prospekte von Firmen benachbarter Felder hielt, mag als Hinweis auf die durchschlagende Bedeutung des ‚Orkan'-Betonpfostens gesehen werden[19] (Abb. 10).

9 Als Synonyme finden sich in der Literatur die folgenden Bezeichnungen: Zaunsäulen, Zaunpfosten, Zaunpfähle, Betonpfosten, Betonpfähle, Ständer. Im Folgenden wird das Bauelement einheitlich als ‚Betonpfosten' angesprochen.

10 Schubert 1911, S. 675.

11 Ebd.; Riepert 1917, S. 4.

12 N. N. 1911, S. 157.

13 Ebd.

14 Entsprechend wurden die ‚Orkan'-Betonpfosten 1909 und 1911 auf landwirtschaftlichen Ausstellungen in Braunschweig und Kassel vorgestellt. Zu Kassel s. N. N. 1911, S. 157; zu Braunschweig s. Grähn 1910. In den von uns für die vorliegende Arbeit herangezogenen einschlägigen Handbüchern und Fachpublikationen der Zeit werden die ‚Orkanpfosten' bzw. die Produkte der Firma Grähn bei der Abhandlung des Themas als namentliche Beispiele aufgeführt, dies scheint sich erst in den 1930er Jahren zu ändern.

15 Grähn 1910.

16 Ebd.

17 Riepert 1915, S. 58–63.

18 In den Mitteilungen über Zement, Beton- und Eisenbetonbau der Deutschen Bauzeitung findet sich bspw. 1911 folgende Beschreibung: „Hohe Widerstandsfähigkeit gegen die angreifenden Kräfte aller Art, Feuersicherheit, Unempfindlichkeit gegen Feuchtigkeit und Witterungs-Einflüsse und schließlich leichte Formbarkeit, das sind die wichtigsten Eigenschaften des Eisenbetons, die diesem gegenüber den älteren Baustoffen Holz, Stein, Eisen in vielen Fällen in ihrem Zusammenwirken nicht nur in technischer, sondern auch in wirtschaftlicher Beziehung den Vorrang sichern, ihm ein Absatzgebiet erschlossen haben, das alle Zweige des Bauwesens umfaßt. Werden aber die Festigkeitseigenschaften des Eisenbetons nicht, oder doch nur mehr nebensächlicher Weise ausgenutzt, so muss es umso mehr der Fall sein bei der Eigenschaft der leichten Formbarkeit, da der Eisenbeton dann im Allgemeinen nur bei einfachsten und billigsten Arbeitsmethoden auch in wirtschaftlicher Beziehung den Wettkampf mit den anderen Materialien erfolgreich aufnehmen kann, besonders wenn es sich um das billigste derselben, das Holz, handelt." N. N., 1911, S. 157.

19 Diesem Aspekt müsste noch weiter nachgeforscht werden. Vgl. aber hierzu als Indikator, allerdings ohne Jahresangabe und Nennung des patentierten Begriffs ‚Orkan'-Betonpfosten einen Katalog der Firma *F. A. Morrill* (Morrill o. J.), der neben den eigenen Produkten auch den „unverwüstlichen" Drahtzaun mit Betonpfosten, beides mit der Abbildung von ‚Orkan'-Betonpfosten mit gebogenem Abschluss, anbietet.

Abb. 5. Orkanpfosten für Gartenzäune und -bänke.
(Carl E. Grähn, Berlin-Pankow.)

Abb. 3 Orkanpfosten für Gartenzäune und -bänke, Fa. Carl E. Grähn, Berlin-Pankow (Riepert 1917, Abb. 5)

Während die Patentierung vor 1910 erfolgt sein muss[20], so ist dennoch ungeklärt, wann genau sich Grähn diese Art der Produktion beim Reichspatentamt eintragen ließ. Klar ist aber, dass das Verfahren schnell und umfassend aufgegriffen wurde, so wird bspw. bereits 1911 in der Zeitschrift *Die Gartenkunst* diese „neueste Errungenschaft der Betonindustrie"[21], die sich ‚wie ein Lauffeuer durch alle Dörfer und Flecken' verbreitet, erwähnt. Kritisch wird bereits damals der Einfluß auf die Landschaft angemerkt. Dass das Grähn'sche Patent zwar wohl durchaus als weit etabliert anzusehen ist[22], beim Zaunbau aber nicht immer wie angepriesen im Vergleich zum Holzpfosten die günstigste Variante darstellte, legt eine Publikation von 1913 nahe, in der bei einer vergleichenden Kostenkalkulation von Holz und Beton ersterem der Vorzug gegeben wurde[23]. 1924 wird in der 3. Auflage des *Handbuchs für Eisenbetonbau* betont, dass „die Kosten bei Massenanfertigung kaum diejenigen von Holzpfosten übersteigen", und dass die „Herstellungsverfahren vervollkommnet" seien[24]. Dennoch liegen selbst bei nicht unumstrittener Frage der Kosteneffizienz[25] die ökonomischen und funktionalen Vorteile klar auf der Hand. Die Tragweite insbesondere der wirtschaftlichen Faktoren erschließt sich nicht zuletzt auch aus der Einsatzmöglichkeit im kolonialen Kontext (s. o. Stichwort Tropenhäuser). Das Gussverfahren von Eisenbetonpfosten ermöglichte nicht nur die kostengünstige Herstellung zum Eigengebrauch, sondern erschloss ebenfalls ein neues Feld für Subunternehmer; „Baugeschäfte, Maurermeister, Zimmermeister, Ziegeleien, kurz ... Baugewerbetreibende"[26] die mittels der Produktpalette der von Grähn entwickelten und später auch von anderen Firmen angebotenen Formen wiederum ihr eigenes Repertoire bedeutend erweitern konnten. Vor diesem Hintergrund muss auch die allerdings kaum zu recherchierende Firmengeschichte betrachtet werden. Anscheinend wurde Grähn zu einem unbekannten Zeitpunkt insolvent[27]. Der Firmenname *Betonpfosten- und Formenbau-Fabrik* legt nahe, dass die Firma selber sowohl Formen als auch Endprodukt vertrieb. Eventuell mag darin auch ein Umstand gelegen haben, der bedingte, dass letzten Endes durch dieses Geschäftsmodell der Abnehmerkreis verkleinert wurde. Zudem war mit Sicherheit die Konkurrenz

[20] vgl. Grähn 1910.

[21] Maaß 1911, S. 206. Kritik bezog sich auf das Ersetzen von Wallhecken, deren Erhalten auch Mitte der 1930er Jahre thematisiert wurde– s. hierzu Verordnung zur Erhaltung der Wallhecken vom 29. November 1935 in AK Baugestaltung o. J., S. 68.

[22] Vgl. von Emperger 1924, S. 269 mit Verweis auf DBZ 1911.

[23] von Vegesack 1914, S. 180.

[24] von Emperger 1924, S. 269.

[25] 1924 werden bspw. „glattgeputzte Eisenbetonrebpfähle" „von amtlicher Seite empfohlen" und bisweilen sogar subventioniert – s. von Emperger 1924, S. 270.

[26] Grähn 1910.

[27] Vgl. hierzu den Eintrag auf einer Website von Pankower Heimatforschern: „Auf dem Gewerbegebiet Ecke Nordbahnstraße 17 und Wilhelm-Kuhr-Straße 40 befand sich bis zum 1. Weltkrieg der Betrieb des Ingenieurs Carl E. Grähn. Seine bekannte Erfindung war der Eisenbetonpfosten ‚Orkan'. In der Hauptsache stellte er Formenkästen für Betonpfähle her. Er war dafür im Besitz des Deutschen Reichspatentes; außerdem besaß er fünf Patente europäischer Staaten sowie eine große Zahl von Gebrauchsmusterschutzen. Geschützt war ihm auch eine Vorrichtung, die es ermöglichte, Eisenkrammen in Betonpfähle zu schlagen. Grähn war mit seinen Betonpfosten weltweit bekannt; leider war er kein guter Kaufmann, und so brach sein Geschäft eines Tages zusammen. Er hatte den Überblick verloren. In kleinem Umfang betrieb er sein Geschäft auf dem hinteren Gelände des Hauses Wollankstraße 96 weiter. Er wohnte auch in diesem Haus. Der Formenbau- und Zementpfostenbetrieb wurde nach dem 1. Weltkrieg eingestellt. Der Firmeninhaber Grähn starb bald darauf. Reich war er nicht geworden." – s. Ansichtskarten-Pankow o. J.

[28] Bspw. In Nordamerika: DBZ 1910, S. 52; von Emperger 1913, S. 214, 247, 250 mit Beispielen aus Chicago und New York und allgemeiner Erwähnung des großen Bedarfs in Amerika; England: ebd, S. 256; Ungarn Firma *J. Schustler Budapest*: ebd, 247; aber auch innerhalb Deutschlands Firma *Reincke u. Co. Stettin*: ebd., S. 247. Offen bleibt allerdings bei der innerdeutschen Konkurrenz ob es sich um Abwandlungen der Grähn'schen Formen oder deren Verwendung

in diesem Feld nicht zu unterschätzen, da es sich um eine auch global stattfindende weitreichende Entwicklung handelte, die zudem mit steten technologischen Neuerungen einherging[28]. Dennoch blieb in Deutschland Grähn zunächst das Synonym für den Eisenbetonpfosten[29], allerdings sind bereits 1917 konkurrierende Unternehmungen nachweisbar, so bspw. die *Gubener Cementformen- Maschinenfabrik Wolf & Co*, die ihr Produkt unter dem Namen ‚Reformpfosten' vertrieb[30] oder 1924 der ‚Ibeto-Rebpfosten' aus Bimsbeton der Firma *Gustav Istel* in Wiesbaden[31]. 1924 ist von „unzähligen Verfahren zur Herstellung derartiger Pfosten"[32] die Rede, allerdings wird das der Firma *Grähn* als am weitesten in Deutschland verbreitet bezeichnet. 1925 tritt bereits nicht mehr explizit der Begriff ‚Orkan'- Betonpfosten auf, selbst wenn eindeutig von Grähn entwickelte Formen gezeigt werden[33]. 1933 findet sich in einem Faltblatt der Firma *Katzer & Kramer Bielefeld* unter der Bezeichnung ‚Neuzeitliche Betonpfosten-Fabrikation' der Orkanpfosten in leicht typologischer Abweichung ohne die für den Grähn'schen Pfosten typische Längsnut, des Weiteren werden mit der Form ‚Krampenhülsen die vorteilhafte Drahtbefestigung' angeboten[34]. 1936 wurde im Katalog der Firma *Leo Ross* eine Betonpfostenform des Typs ‚Orkanpfosten' schlicht unter der Bezeichnung ‚Beton-Pfostenformen' sowie Formen für Torpfosten mit 'pyramidenförmigem oder halbrundem Kopf' angeboten[35], das fertige Endprodukt ‚Pfosten' wurde 1939 beispielsweise auch von der Firma *Grosse & Vockeroth, Betonwerk* aus Küstrin-Neustadt offeriert[36], ebenso 1941 bspw. von den Firmen *Schweitzer & Co.* und *Günther-Werke* mit verschiedenen Typen[37]. Die Produktpalette der *Nord-Draht Nordische Eisen- und Drahtindustrie* aus Rostok umfasste in den

Abbildung 6. Zaunpfahl mit oberer Krümmung.

Abbildung 2. Wäschepfahl.

Abbildung 5. Strebenpfahl.

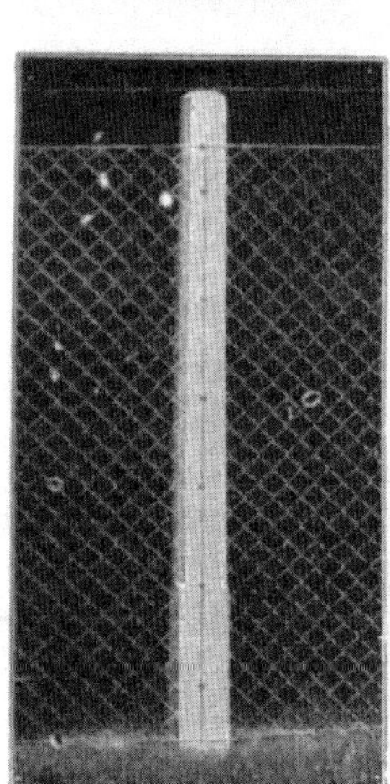

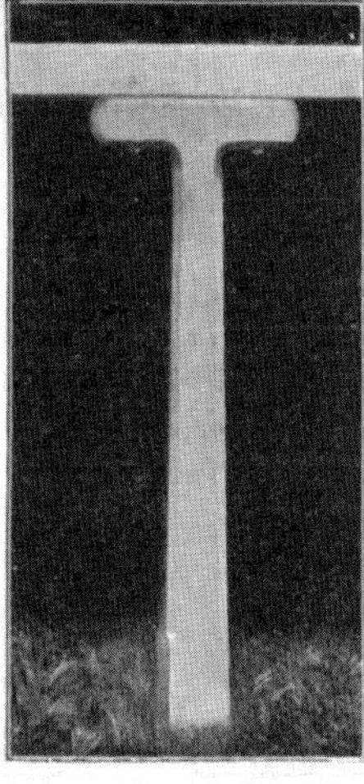

Abbildung 7. Pfahl mit konsolartiger oberer Endigung.

„Orkan" Beton-Pfosten. (E. Grähn in Berlin - Pankow).

Abbildgn. 3 u. 4. Zaunpfahl.

Abb. 4 Typen-Spektrum der ‚Grähn'-Pfosten (Mitteilungen 1911, S. 156)

handelt, allerdings fällt nicht der Begriff „Orkan" – Betonpfosten. Das Angebot bspw. von entsprechenden Gestellen und Maschinen zur Herstellung von Eisenbetonpfosten, s. ebd., S. 253 ff. zeugt ebenfalls von der anscheinend rasanten technologischen Erweiterung des Markts zumindest im außereuropäischen Ausland.

29 S. ebd., S. 256: ‚Grähn'-Pfosten.

30 Riepert 1917, S. 8 f. Auch von Grähn wurden die Pfosten bereits als „Reform im Bauwesen" beworben: Grähn 1910.

31 von Emperger 1924, S. 270.

32 Ebd., S. 269.

33 Vgl. Ross 1936, S. 199 sowie N. N. 1925, S. 71 – ebenfalls s. dort S. 70 die Erwähnung, dass die Formen von den „einschlägigen Maschinenfabriken" geliefert würden.

34 Katzer & Kramer 1933. Der Vollständigkeit halber sei hier erwähnt, dass sich die Krampenhülsen als Zubehör zu Drahtzäunen allgemein auch in anderen Katalogen der Zeit finden, so bspw. bei Hentschel 1927, S. 3 als ‚Verzinkte Stahlkrampen', bei Ravené Söhne 1934, S. 2 als ‚Schlaufen', bei Christ 1937, S. 16, ebenso bei Ross 1936, S. 199; sie sind somit als Standardprodukt im Bereich des Zaunbaus zu erkennen.

35 Ross 1936, S. 199.

36 Bauwelt-Katalog 1939, S. 291.

37 Burchard 1941, S. 88 f.

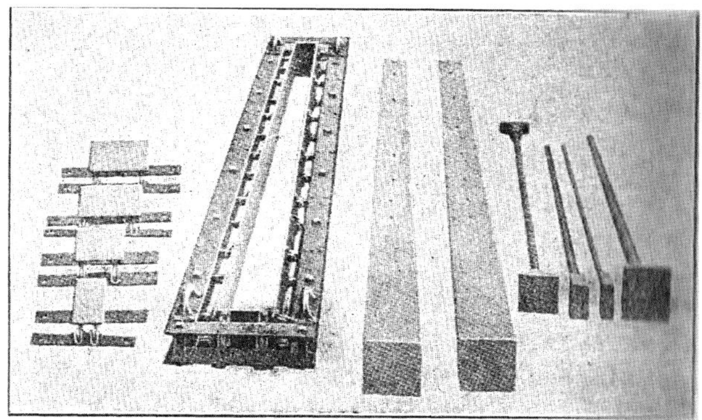

Abb. 147. Geräte und Formen für die Herstellung von Zaunpfosten.

Abb. 5 Form und Gerät zur Herstellung eines Betonpfostens (VON EMPERGER 1913, Abb. 147)

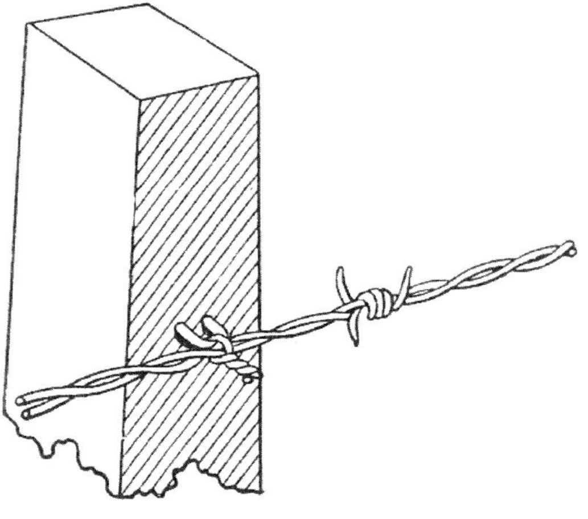

Abb. 6 Befestigung eines Drahts über eine Krampe (VON EMPERGER 1913, Abb. 140)

1930er/1940er Jahren komplette ‚Einfriedungen' mit Drahtzaun und ‚Eisenbeton-, Holz- und Eisenpfosten in allen Ausführungen', wobei der abgebildete Betonpfosten mit abgeknicktem Kopf typologisch ebenfalls als eine Variante des Orkanpfostens erscheint[38]. Offen bleibt in diesem Kontext, ob nach dem Tod Grähns nach dem Ersten Weltkrieg[39] nicht eventuell das Patent aufgehoben wurde, was aufgrund der genannten Inserate anderer Firmen naheliegend erscheint. Die Details der Firmengeschichte bedürfen also weiterer Klärung[40].

Generell ist festzuhalten, dass Betonpfosten in unterschiedlichen Ausführungen (Abb. 4) angeboten wurden[41], und dass die in der zeitgenössischen Literatur immer wieder zitierte Produktpalette der Firma *Grähn* hierfür als exemplarisch anzusehen ist. Die Formen für Eisenbetonpfosten waren gängig aus Eisen, konnten bei Bedarf für die Herstellung einer kleineren Anzahl von Pfosten jedoch auch aus kostengünstigerem Holz sein[42] und ließen sich auch zur Ausführung von Hohlpfosten verwenden[43]. Mittels Verstelleinrichtungen für unterschiedliche Querschnittsabmessungen und sowohl für parallelkantige als auch konische Varianten geeignet; und durch Verlängerungsstücke mit gekrümmten oder geknickten Kopfenden[44] bzw. winkelförmigen Ansätzen sowie gekrümmten oberen Endigungen und konsolartigen oberen Abbiegungen[45] versehen waren die Pfosten anpassbar, und variabel mit verschiedensten Zaunausführungen kombinierbar (Abb. 4). Ebenfalls durch ein Patent von Grähn ließen sich ganz nach Bedarf mittels Metallhülsen Löcher in den Beton drücken, die dann zum Einsetzen von Eisenstangen oder Holzarmen dienten. Ein ähnliches Verfahren von Grähn mittels in den Beton eingestampfter Metallhülsen ermöglichte den Einsatz von Drähten und Drahtgeflechten[46]. Es ließen

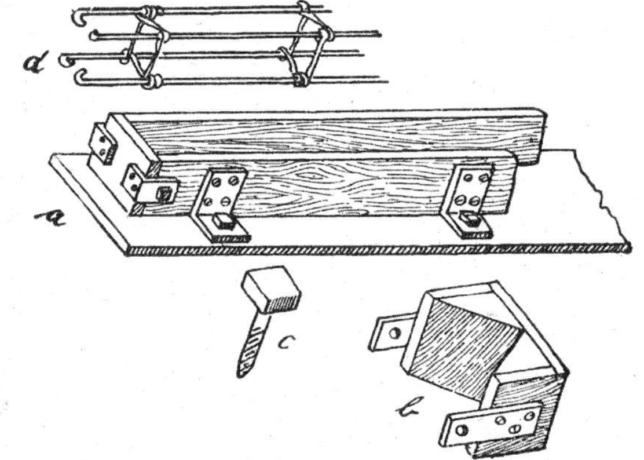

Abb. 24. Formkasten für Betonpfosten. a) Kasten mit Fußbrett. b) Kopfstück. c) Befestigungsschraube. d) Teilansicht der Eiseneinlage.

Abb. 8 Einfache Form zur Herstellung eines Betonpfostens (HELLWIG 1921, Abb. 24)

38 BAUWELT-KATALOG 1939, S. 288; BAUWELT-KATALOG 1941, S. 802.

39 Vgl. ANSICHTSKARTEN PANKOW o.J.

40 U. a. wäre bzgl. dieses Aspekts ein Abgleich der unterschiedlichen Ausgaben von Handbüchern des landwirtschaftlichen Bauens lohnend, bereits zwei verschiedene Auflagen des Handbuchs für Eisenbetonbau weisen gravierende Unterschiede in der Abhandlung des Themas der Betonpfosten auf. Dies übersteigt allerdings die Zielsetzung dieses Beitrags.

41 Vgl. RIEPERT 1917, S. 5, Abb. 1 oder die Abbildung in DBZ 1911 oder VON EMPERGER 1913, S. 256.

42 RIEPERT 1917, S. 7; HELLWIG 1921, S. 19.

43 RIEPERT 1917, S. 10.

44 Ebd., S. 5 f.

45 N. N. 1911, S. 157.

46 Ebd.

47 Zu Formgebung, Mischverhältnissen, Vorgehensweise bei der Herstellung bspw. Berechnungen und Dimensionen etc. s. RIEPERT 1917, S. 70–76 sowie ebenfalls VON EMPERGER 1913.

48 RIEPERT 1917, S. 17 f.

49 RIEPERT 1915, S. 62 f.

50 N. N. 1925.

Abb. 2. Herstellung von Orkanpfosten. (Carl E. Grähn, Berlin-Pankow.)

›b. 1. Orkanpfostenformen. (Carl E. Grähn Berlin-Panko·

Abb. 7a Herstellung von Orkanpfosten, *Fa. Carl E. Grähn*, Berlin-Pankow (Riepert 1917, Abb. 2), **b** Orkanpfostenformen der *Fa. Carl E. Grähn*, Berlin-Pankow (Riepert 1917, Abb. 1)

sich also mit relativ geringem Aufwand verschiedenen Anforderungen angepasste Typenvarianten herstellen[47], wobei die Standsicherheit ein wichtiger Faktor war (Abb. 5–7)[48]. Die bereits bei Schubert erwähnten Vorteile und unterschiedlichen Einsatzmöglichkeiten von Betonpfosten wurden ebenfalls 1915 in einer Broschüre zum Thema Beton- und Eisenbeton in der Landwirtschaft ausgeführt. Dort wird des Weiteren in der Herstellung unterschieden zwischen Stampfbeton, der nach der Ausschalung nicht mehr verputzt werden muss, sondern steinmetzartig bearbeitet werden kann, und Betonstein für „monumentale Wirkungen", der bei entsprechender Herrichtung dem Werkstein „vollkommen gleichkommt", aber bedeutend billiger sei[49]. Sowohl Ausführung als auch Herstellungsweise entsprachen somit ganz den Vorstellungen und Neuerungen der Zeit. So lässt sich Mitte der 1920er Jahre eine breit aufgestellte Möglichkeit der Anwendungen von Beton im Bereich „Haus, Hof, Stall und Garten" erkennen, die von der Gründung des Rohbaus über sanitäre Einrichtungen bis zur Hofpflasterung und zum Blumenkübel reicht[50], selbst Ziegelpfeiler konnten zeitgemäß durch eine Version aus Beton ersetzt werden[51]. Aus der Vielfalt der möglichen Typen sticht vor allem der durch die bogenförmige Krümmung des Pfostenendes charakterisierte Pfosten hervor (Abbildung 6 auf Abb. 4, Nr. 2 auf Abb. 12). Die vom Zaun nach innen weisende Krümmung verhinderte bei einer zusätzlichen Bespannung mit Stacheldraht ein ungewolltes Übersteigen des Zaunes, diente somit also auch dem Schutz des Privaten (Abb. 16–18)[52]. Dieses Modell wurde vermutlich auch durchaus von Zeitgenossen sowie der Firma Grähn selber als der *‚Orkan'-Betonpfosten* schlechthin angesehen[53], ähnliches ist auch für die Variante mit geknicktem Kopfende anzunehmen. Letzteres legt bspw. eine Abbildung verschiedener

Abb. 76. Stampfen der Pfosten.

Abb. 9 Herstellung von Betonpfosten (N. N. 1925, Abb. 76)

51 Ebd. 74 sowie Riepert 1917, S. 21. Vgl. des Weiteren das breite Spektrum von Betonformen für Rohre, Brunnen- und Schachtringe nebst Abschlüssen, Drainage-Ausläufe, Kabelsteine, Kabel-Abzweigkästen, Hauseinführungen, Hof- und Straßenrinnen, Bord- und Randsteine, Gartenbeet-Einfassungen, Postamentsteine, Grenzsteine, Chausseesteine, Sinkkästen, Trottoir-Platten, Hohlblocksteine, Kaminsteine, Essen- und Kaminschieber, Zementdielen und Treppenstufen in Ross 1936, S. 193–199. Eine Auswertung dieses Formenspektrums in Bezug auf an der Fertigungshalle 1 vorgefundene entsprechende Artefakte der Bauausstattung ist aktuell in Bearbeitung.

52 Schubert 1911, S. 675, ebenfalls dort S. 677 die Aussage, dass die Pfosten in ähnlicher Weise auch besonders gut für Geflügelhöfe geeignet seien. Das Anlegen eines Übersteigeschutzes an Zäunen stellt prinzipiell keine Neuerung dar, vgl. hierzu bspw. das Spannen von Stacheldraht als oberen Abschluss einer Zaunanlage bereits 1893 bei zivilen Anlagen der Firma *Vass és Kovács Budapest* – vgl. Vass és Kovács 1893, S. 2 f. – sowie dort an ornamental gestalteten Anlagen mittels Metallspitzen ebd. S. 12–17, 19–23; ebenfalls mittels Stacheldraht bei *F. A. Morrill* und Hentschel 1927, S. 6–8.

Werkstätten für Draht- und Eisen-Verarbeitung
Inhaber: Alfred Schellhorn
Ladengeschäft und Büro: Breitegasse 61 :: Betrieb: Frauengasse 30

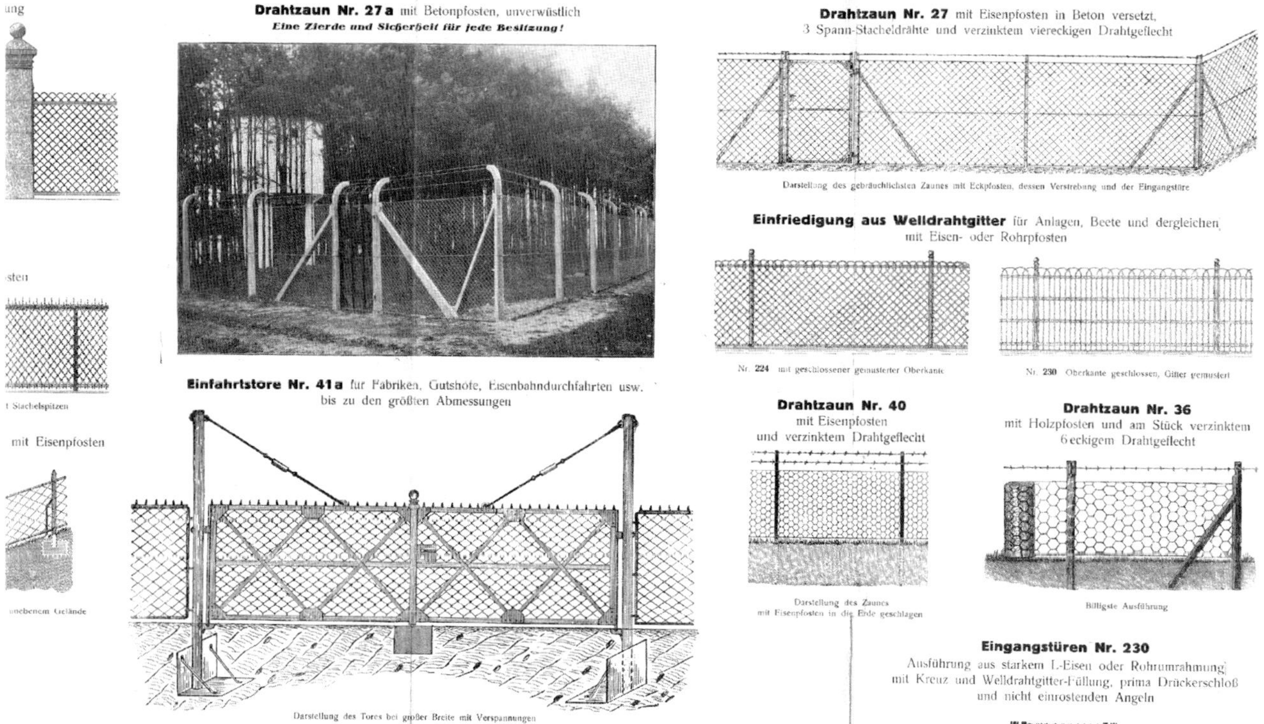

Abb. 10 Prospekt der *Fa. Morill* (Morill o. J.)

Eisenformen der Firma im *Handbuch für Eisenbetonbau* von 1924 nahe, deren Beschriftung folgendes erkennen lässt: Auf der zuvorderst liegenden Form findet sich die Aufschrift „Betriebsfertig für gerade Pfähle“, auf den dahinterliegenden mit geknicktem und gekrümmten Kopfende jeweils „Betriebsfertig für Orkan Beton Streben“ sowie „Betriebsfertig für Orkan Beton Pfähle.“[54] Dies lässt vermuten, dass die in annähernd identischer Ausführung von der *Gubener Cementformen- und Maschinenfabrik Wolf & Co.* hergestellten ‚Reformpfosten‘ sowie die ebenfalls angebotenen Nagelhülsen ‚Reform‘ und auch die Pfostenformen der Firma *Leo Ross* sowie *Katzer & Kramer* aus heutiger Sicht eher ein Plagiat darstellten (Abb. 13–15)[55]. Die Variante ‚Gekrümmter Orkan-Drahtzaunpfosten‘[56] oder auch ‚Orkan Beton Pfahl‘ im Repertoire der Firma Grähn bzw. der ‚Orkan‘- Betonpfosten, im Duktus der damaligen fachlichen Rezeption als dem Typ mit bogenförmigem Kopfende entsprechend, lässt sich zudem nicht auf die Umsetzung eines bestehenden Typs, wie dies, typologisch betrachtet, beispielsweise bei den Rebpfählen eindeutig der Fall ist, in ein anderes Material zurückführen. Vor dem Hintergrund der Formgebung, die in anderen Materialien sowohl in Bezug auf Aufwand der Gestaltung (Holz), als auch Angemessenheit des Materialverbrauchs zur damaligen Zeit (Eisen) wenig sinnfällig erschiene, belegt dies, dass es sich explizit bei dieser Variante in der Tat, wie in der Fachliteratur beschrieben, in Bezug auf eine Abwägung des Kosten-Nutzen-Verhältnisses um eine äußerst effiziente Neuerung handelte[57]. Es lässt sich annehmen, dass diese zumindest bis zum Ende des Zweiten Weltkriegs unverändert blieb[58].

53 Schubert 1911, S. 674.
54 von Emperger 1924, S. 269, Abb. 153.
55 Vgl. DBZ 1911, S. 157.
56 Grähn 1910.
57 Dies ändert sich erst in der Nachkriegszeit, s. u. Abschnitt zu Berliner Mauer.
58 S. u. zu Auschwitz sowie Schlussbemerkung.
59 Riepert 1915, S. 63.
60 Ebd., S. 62
61 DGfG 1938.
62 S. bspw. N. N. 1925, S. 70; ebenfalls eine Darstellung verschiedener Möglichkeiten durch die das ‚Aussehen‘ des ‚Kunststein (Zementbeton)‘ Pfostens an ‚Gefälligkeit‘ ‚gewinnt‘ indem der obere Abschluss, ohne dass dies funktional zum Abweisen von Nässe nötig wäre, unterschiedlich gestaltet wird. Weber 1921, S. 27.
63 DGfG 1938.
64 Wolf 1940, 48 f.
65 Geiler 1938, 254–255.
66 S. bspw. Textor 1929.
67 AK Baugestaltung o. J., 3, 27.

Der Betonpfosten in der ästhetischen Kritik

Der gegossene Eisenbetonpfosten war ursprünglich überwiegend für den Bereich der Landwirtschaft vorgesehen, wurde aber auch für Gartenzäune[59] und Parkanlagen[60] angepriesen. Seine gestalterische Funktion war nicht unumstritten[61], er wurde aber durchaus als ansprechend empfunden[62]. In den 1930er Jahren ändert sich dessen Verwendungszweck grundlegend. Für den urbanen Raum wurde zu dieser Zeit teils sehr vehement für eine gänzliche Abschaffung von Zäunen aus gestalterischen Gründen plädiert[63]. 1940 wurde beispielsweise ausführlich der höhergelegte bzw. mit niederer Mauer oder Hecke umgebene Schutzstreifen anstelle des Vorgartens propagiert[64]. Diese Entwicklung war zudem in Übereinklang mit den rohstoffpolitischen Zielen des Vierjahresplans[65]. Mit ideologisch verbrämten Idealen des ‚Heimatschutzes'[66] stimmte der Betonpfosten weder in Material noch Formensprache überein. Die Land-Baufibel für den „schlichten Landbaumeister in Dorf und Kleinstadt" verweist in Bezug auf ‚Die Umfriedung im Ortsbild' auf Folgendes: „Drahtzäune mit Eisenstützen, Betonpfeilern und Gittertoren in kümmerlicher Gestaltung, spielerischen Aufbauten und Zutaten sind teuer und hässlich und zerstören das einheitliche Dorfbild."[67] Am ehesten noch wäre ein funktionales Zugeständnis in Ausnahmefällen im Kontext des Bauens auf dem Land anzunehmen[68] – bereits 1932 wurden für Wohnlaube und Siedlerheim Betondielenmauern sowie Betonpfähle für Holzzäune vorgeschlagen[69]. Die Wirtschaftlichkeit des Baustoffs führte vor dem Hintergrund von Rohstoffverknappung, Transport und Mangel an Facharbeitern dazu, dass Betonfertigteile im Kontext des Siedlungsausbaus im Osten während der zweiten Kriegshälfte als valide Option angesehen wurden, so bspw. im Bauhandbuch für den Aufbau im Osten 1943[70]. Bautechnischer Fortschritt steht dabei der Heimatschutzideologie gegenüber, das Material wird zum Träger fachinterner Debatten: „Die oft geäußerte Ansicht, daß eine weitgehende Verwendung von Beton und Betonfertigteilen sich mit den Forderungen einer bodenständigen Bauweise und den Ansprüchen des Heimatschutzes, kurz mit einer anständigen Baugesinnung, nicht vereinbaren läßt,

Abb. 11 Annonce ‚Reform'-Pfosten, *Wolf & Co.* o. J.

hält einer näheren Nachprüfung nicht stand. Aus dem Munde eines Architekten stellt sie ein Armutszeugnis dar und muß als Versuch gewertet werden, das eigene Unvermögen, mit anderen als den hergebrachten Baustoffen zu arbeiten, hinter anerkannten Grundforderungen, die leider oft als hohle Schlagworte benutzt werden, zu verbergen. Wenn man unter einem bodenständigen Baustoff einen in der betreffenden Gegend üblichen Baustoff verstehen will, der nebenbei oft aus großen Entfernungen herbeigeholt wird, so wäre jeder Fortschritt verbaut. Mit bodenständig muß

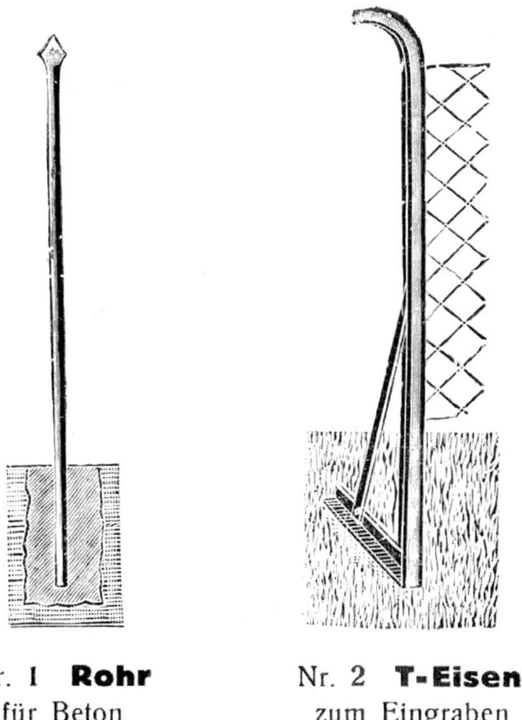

Abb. 12 Katalognr. 2 aus dem Prospekt der *Fa. Morill*: T-Eisen zum Eingraben (Morill o. J.)

68 Vgl. die Abb. einer Siedlerstelle mit Betonpfostenzaun bei der Deutschen Arbeitsfront (DAF) in: RHA 1938, S. 53. Es handelt sich allerdings um eine kleine eher unauffällige Pfostenvariante die nicht thematisiert, aber zumindest auch nicht kritisiert wird. Generell bleibt allerdings fraglich, inwiefern man sich bei der DAF mit dem Thema Eisenbetonpfosten beschäftigt hatte.

69 Lotz 1932, S. 164 f.

70 Brusch 1943, S. 188–198; dort S. 195 mit der Erwähnung von Pfosten.

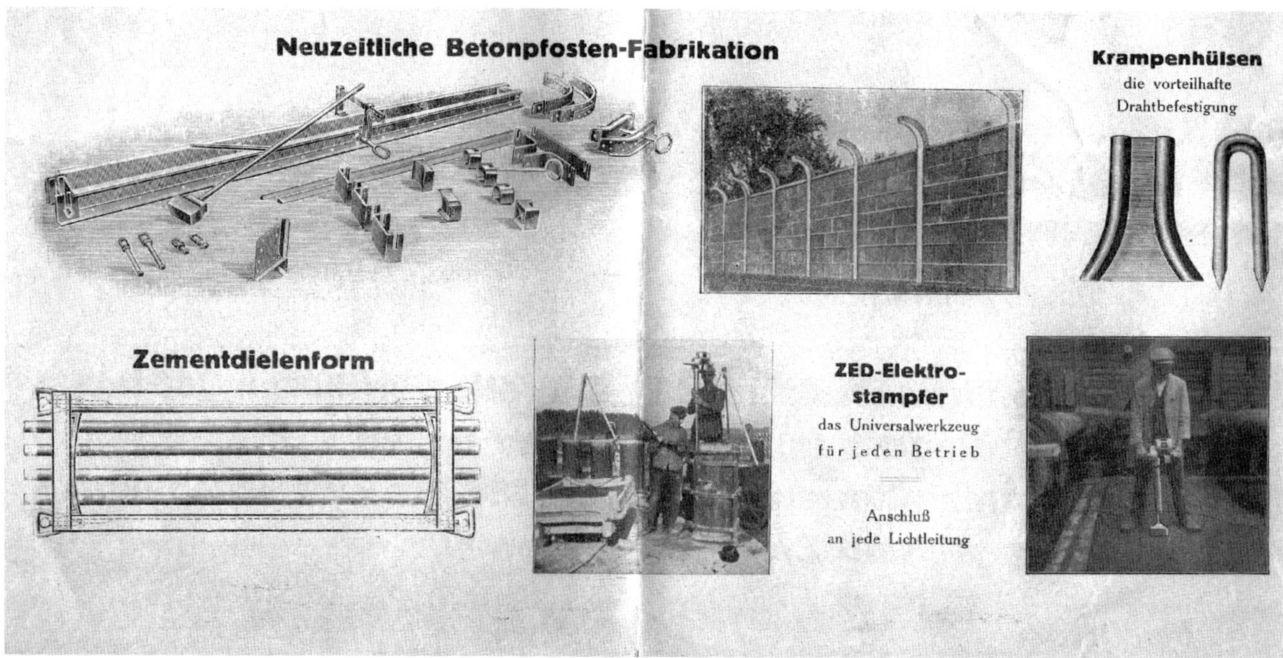

Abb. 13 Prospekt der *Fa. Katzer & Kramer*, Ausschnitt (Kratzer & Kramer 1933)

ein Baustoff bezeichnet werden, der aus den im Siedlungsraum vorhandenen Grundstoffen erzeugt werden kann, auch wenn er bisher nicht üblich war. Faßt man den Begriff so, so muß der Beton in den meisten Gegenden zu den bodenständigen Baustoffen gezählt werden."[71]

Obwohl ursprünglich mit den Park- und Gartenanlagen angedacht, und durch die unterschiedlichen Möglichkeiten der Bearbeitung verfeinert, scheint sich eine Funktion als ästhetisches Element nicht etabliert zu haben. Der Eisenbetonpfosten bleibt auf die Aspekte Funktionalität, rationelle Herstellung bzw. kostengünstige Massenproduktion und schnelle Verfügbarkeit beschränkt. 1936 werden die Vorzüge des Bauelements lakonisch als „Abmessungen beliebig, biegungsfeste Herstellung, gute Anschlußmöglichkeiten für Platten, Geflechte und Rahmen, frei von Unterhaltung, nicht faulend oder rostend, gute Gestaltungsmöglichkeit" bei „Achtung auf gute Eindichtung der Eisen und dichten Beton" beschrieben; während hingegen bspw. den Masten „schönes Aussehen" attestiert wird[72]. Dabei bleiben die Formen der Pfosten vermutlich unverändert, denn in derselben Publikation ist ohne weitere Bezeichnung ein ‚Orkan'-Betonpfosten mit gebogenem Kopfende abgebildet[73]. 1937 wird der ‚Orkan'-Betonpfosten dann ohne Nennung von Herstellern auf die Funktion im landwirtschaftlichen Bereich als „gebogener Geflügelhofpfosten" reduziert [74].

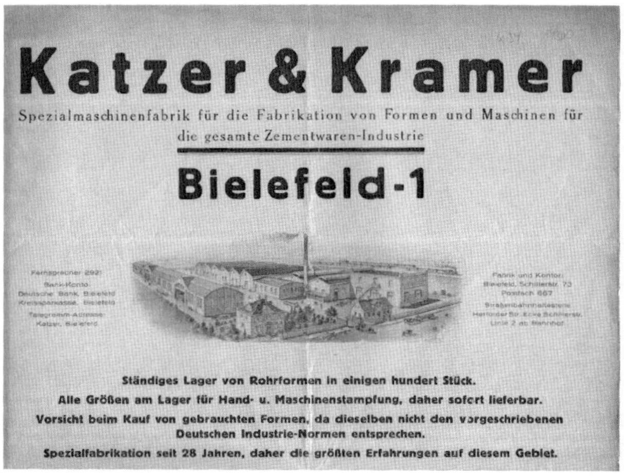

Katzer & Kramer

Spezialmaschinenfabrik für die Fabrikation von Formen und Maschinen für die gesamte Zementwaren-Industrie

Bielefeld-1

Ständiges Lager von Rohrformen in einigen hundert Stück.
Alle Größen am Lager für Hand- u. Maschinenstampfung, daher sofort lieferbar.
Vorsicht beim Kauf von gebrauchten Formen, da dieselben nicht den vorgeschriebenen Deutschen Industrie-Normen entsprechen.
Spezialfabrikation seit 28 Jahren, daher die größten Erfahrungen auf diesem Gebiet.

Abb. 14 Prospekt der *Fa. Katzer & Kramer*, Ausschnitt (Katzer & Kramer 1933)

Betonpfosten im System der nationalsozialistischen Konzentrationslager

Vor diesem funktionalen Hintergrund ist es daher nicht verwunderlich, dass diese Entwicklung zunächst einen ihrer tragischen Höhepunkte im Einsatz im System der nationalsozialistischen Konzentrationslager findet. Hier sticht erneut die Ausführung des Pfostens mit gebogenem Abschluss in Kombination mit Stacheldraht hervor, des Typs also, der vermutlich als Eponym für den ‚Orkan'-Betonpfosten anzusehen ist. Im ehemaligen Konzentrationslager Neuengamme wurden Pfosten in stark an das Original erinnernder

71 Ebd., S. 196 f.
72 DZB 1936, S. 110.
73 Ebd., Bildtafel III: ‚Betonzaun'.
74 Hellwig 1937, S. 44.

— 199 —

Telegramm-Adresse: Geräteross Berlin **Leo Ross · Berlin W 9** Fernsprech-Sammel-Nr.: Amt B2 Lützow 9651

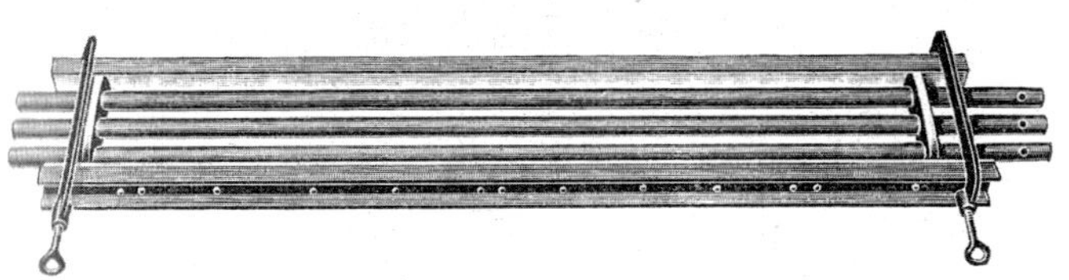

Nr. **4329**

Zementdielen-Formen.

In der Länge verstellbar.

Durch Auswechseln der Kopfstücke können Dielen bis 32½ cm Breite hergestellt werden. Die Formen sind so eingerichtet, daß auch schwaches Flacheisen eingelegt werden kann. Alle Formen haben an der Längsseite Falz und Nut.

Ausführung		A für Dielen bis 25 cm (mit 3 Stahlrohren)						B für Dielen bis 32½ cm (mit 4 Stahlrohren)					
Größe	Nr.	1	2	3	4	5	6	1	2	3	4	5	6
Stärke	mm	50	60	70	80	90	100	50	60	70	80	90	100
Baulänge **1500 mm,** per Stück	RM.	**54.—**	**62.50**	**84.—**	**110.50**	**144.—**	**162.—**	**62.50**	**74.50**	**91.50**	**110.50**	**144.—**	**174.—**
Baulänge **1750 mm,** per Stück	RM.	**58.—**	**67.50**	**94.—**	**120.—**	**159.—**	**174.—**	**67.50**	**81.75**	**101.—**	**130.—**	**156.—**	**186.—**
Baulänge **2000 mm,** per Stück	RM.	**62.50**	**76.—**	**104.—**	**132.—**	**168.—**	**192.—**	**74.50**	**91.50**	**110.50**	**144.—**	**174.—**	**204.—**

Nr. **4330**

Treppenstufenformen „Universal".

Zur Herstellung von glatten und profilierten, freitragenden, Voll- und Wendelstufen.

Verstellbar in der Länge bis 2 m und in der Breite bis 60 cm.
Normale Tritthöhe 17 cm (jedoch auch in anderer Höhe lieferbar).
Gewicht der Form ca. 150 kg.
Preis einer kompletten Form bis 2 m verstellbar
RM. **216.—**

Profil a.

Profil b.

Profil c.

Profil d.

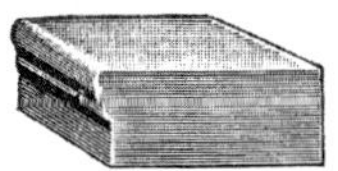

Die Formen können mit nebenstehenden Profilen geliefert werden. Bei Bestellung wird um Angabe des gewünschten Profiles gebeten.

Nr. **4331** **Beton-Pfostenformen.**

Zur Herstellung von geraden Pfosten, Pfosten mit Bogenendstücken, Strebenpfosten und Barrierenpfosten.
Baulänge normal 3 m (auch 3½ und 4 m lang lieferbar).

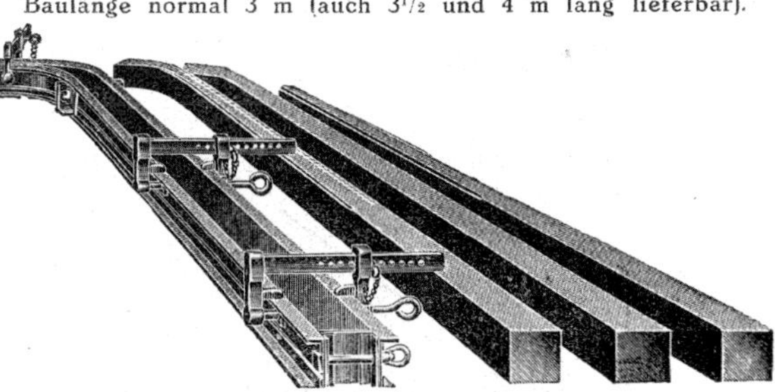

Preis einer kompletten Form

A: Hauptform für nur gerade Pfosten . Gewicht ca. 80 kg, RM. **62.—**
B: Einrichtung für gebogene Pfosten . Gewicht ca. 16 kg, RM. **19.75**
C: Einrichtung für Strebenpfosten . . Gewicht ca. 18 kg, RM. **23.75**
D: Einrichtung für Barrierenpfosten . Gewicht ca. 10 kg, RM. **19.75**

Nr. **4331 B** **Betonformen für Torpfosten**

mit pyramidenartigem oder halbrundem Kopf.
Bis 3 m Baulänge verstellbar.

Größe	Nr.	1	2	3
Stärke	cm	20×20	25×25	30×30
Gewicht	ca. kg	90	100	120
Preis per Stück	RM.	**86.—**	**92.—**	**103.—**

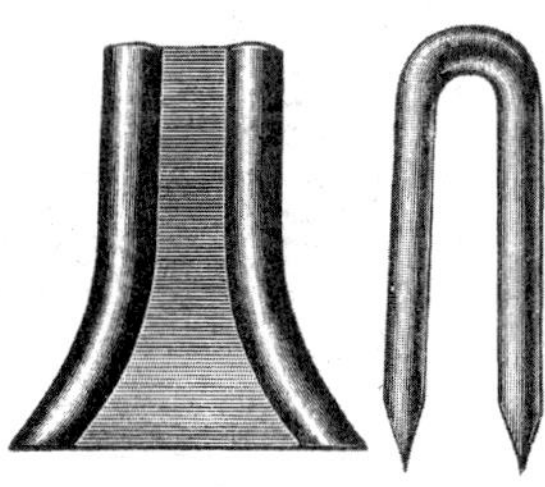

Nr. **4331 C**

Krammenhülsen

für Betonpfosten.

Preis

RM. **1.85** per 100 Stück.

Alles in grossen Mengen vorrätig ✶ Lieferung stets sofort.

Abb. 15 Katalogseite der *Fa. Ross* (Ross 1936, S. 199)

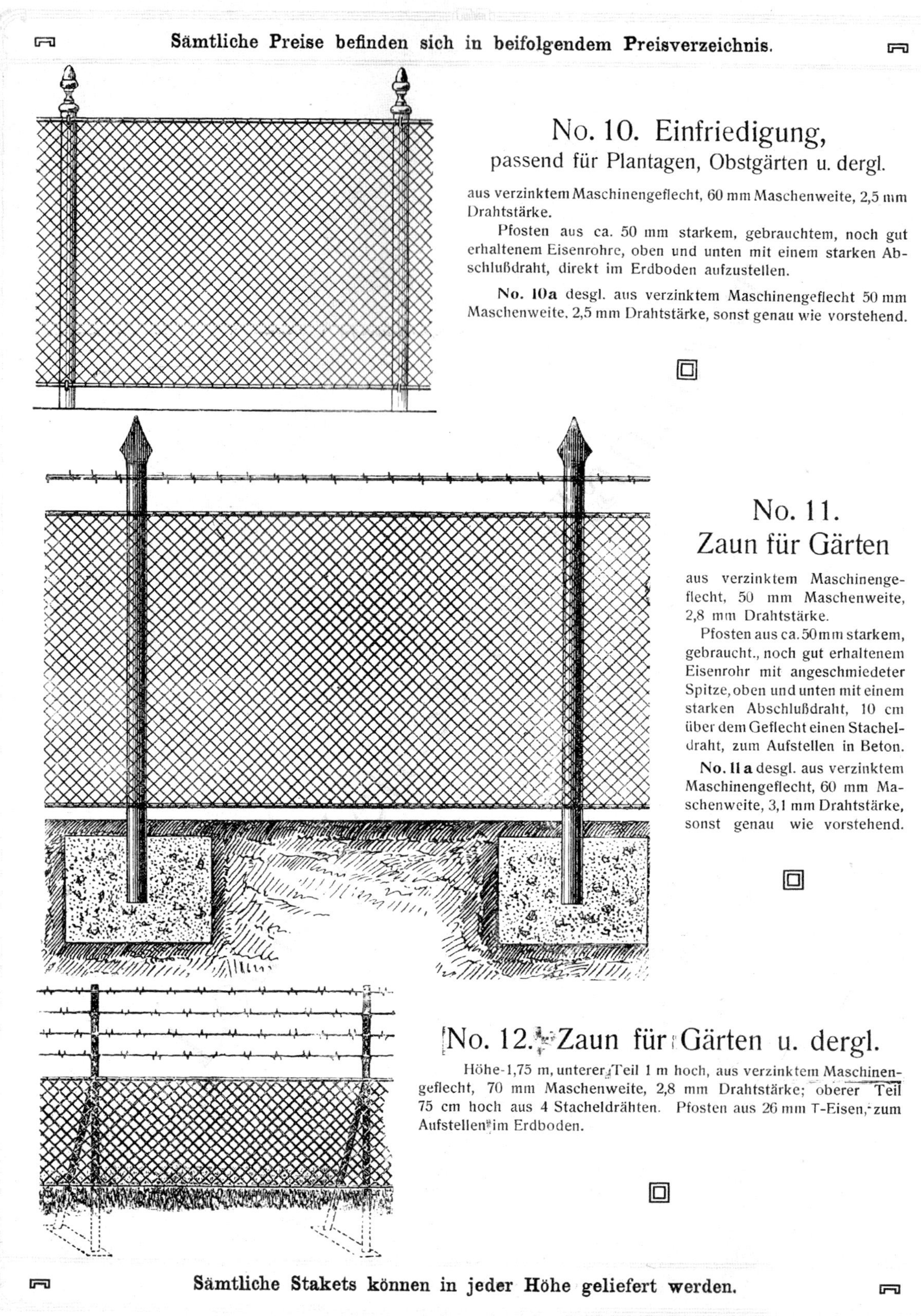

Abb. 16 Gartenzäune mit Stacheldraht als Übersteigeschutz aus dem Katalog der *Fa. Hentschel* (Hentschel 1927, S. 6)

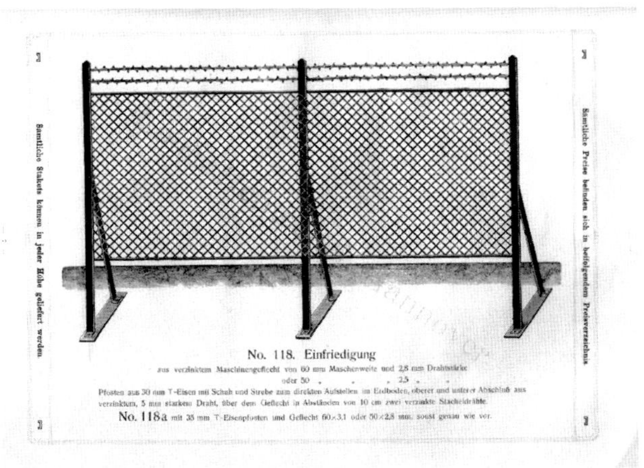

Abb. 17 Einfriedung mit Stacheldraht als Übersteigeschutz aus dem Katalog der *Fa. Hentschel* (Hentschel 1927, S. 7)

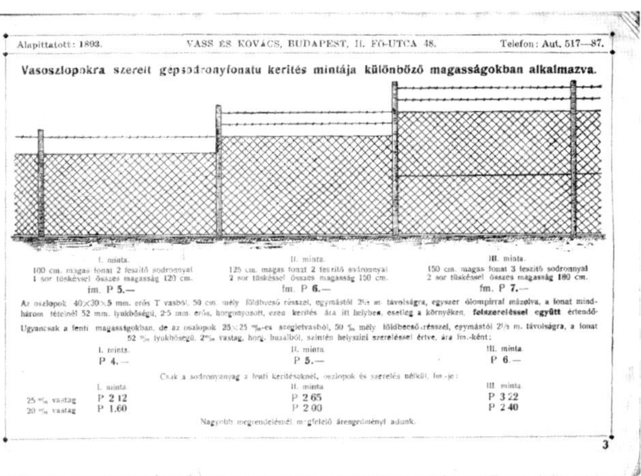

Abb. 18 Einhegungen mit Stacheldraht als Übersteigeschutz aus dem Katalog der *Fa. Vass és Kovács* (Vass és Kovács 1893, S. 3).

Ausführung sowie als Vorgabe der „Neubauleitung KL Auschwitz" in ähnlicher Form als ‚Normalpfeiler' bzw. ‚Feldpfeiler' verwendet[75]. In etablierter Manier wurden die Pfosten sowohl in Neuengamme als auch in Auschwitz in Formen fabriziert, die im letzteren Fall nach Vorgaben der SS von der Firma Josef Kluge hergestellt wurden[76]. Für Auschwitz liegen hierzu detailliertere Angaben vor: Mit einer Länge von 330 cm über dem Boden entsprachen die Maße in etwa der Gesamtlänge der zivilen bzw. Vorläufermodelle[77]. Die Tiefe von 1,10 m im Boden[78] überschritt knapp die üblichen Vorgaben von maximal 1 m je nach Boden. Insgesamt lagen die in Auschwitz verwendeten Pfosten somit deutlich über den Normalmaßen. Zum alleinigen Zweck der Standfestigkeit hätte auch eine metallene Strebe in den Boden gesetzt werden können[79]. Die Überlegungen hinter dieser Wahl der Ausführung wären also genauer zu untersuchen. Die Tatsache, dass in Auschwitz eigene Entwürfe erstellt wurden, anstatt sich bestehender Formen zu bedienen, kann somit in drei Ursachen begründet liegen: 1. Abweichende Maße, so bspw. deutlich bei den äußerst massiven ‚Eckpfeilern'[80] die selbst mit den existierenden anpassbaren Formen auf dem Markt nicht ohne weiteres umsetzbar waren. 2. Die Pfosten mussten in Bezug auf Standsicherheit den Gegebenheiten des Bodens angepasst werden[81]. 3. Das Entwerfen eigener Baupläne entsprach unter Umständen dem Ansatz einer Vereinheitlichung der Bauvorgaben für Lager der SS[82].

Die Herstellung der Pfosten musste von den Häftlingen selbst in der ‚Betonkolonne' vorgenommen werden, ebenso die Aufstellung – eine extreme Arbeit deren Härte beim Blick auf die Maße der Pfeiler ersichtlich ist[83]. Auch in Neuengamme wurden die Pfosten von den Häftlingen produziert[84]. Für das Konzentrationslager Flossenbürg hingegen ist ein

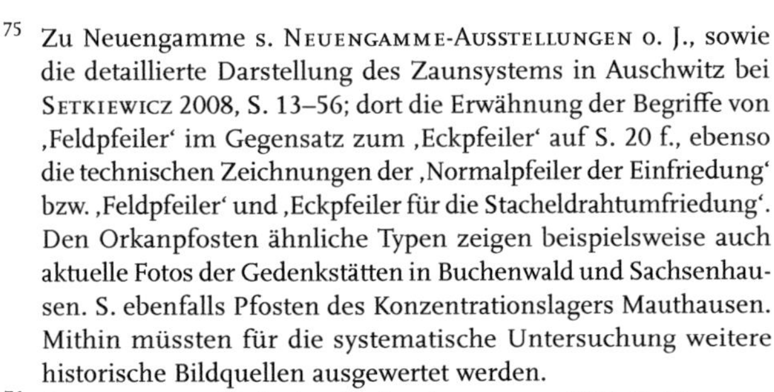

75 Zu Neuengamme s. Neuengamme-Ausstellungen o. J., sowie die detaillierte Darstellung des Zaunsystems in Auschwitz bei Setkiewicz 2008, S. 13–56; dort die Erwähnung der Begriffe von ‚Feldpfeiler' im Gegensatz zum ‚Eckpfeiler' auf S. 20 f., ebenso die technischen Zeichnungen der ‚Normalpfeiler der Einfriedung' bzw. ‚Feldpfeiler' und ‚Eckpfeiler für die Stacheldrahtumfriedung'. Den Orkanpfosten ähnliche Typen zeigen beispielsweise auch aktuelle Fotos der Gedenkstätten in Buchenwald und Sachsenhausen. S. ebenfalls Pfosten des Konzentrationslagers Mauthausen. Mithin müssten für die systematische Untersuchung weitere historische Bildquellen ausgewertet werden.

76 Neuengamme: Ebd.; Auschwitz: Setkiewicz 2008, S. 20.

77 Als maximale Länge wird 1911 3,4 m bei 10–12 cm Stärke für gleich starke und 12–15 cm Stärke der konischen Pfähle genannt: N.N. 1911, S. 157.

78 Zu den Maßen s. Setkiewicz 2008, S. 20.

79 S. eine solche Konstruktion bei der Firma *Morrill* (Morrill o. J.).

80 Setkiewicz 2008, S. 21.

81 S. Riepert 1917, S. 17 f. „Bedeutend mehr Schwierigkeit als die Berechnung der Eisenbetonkonstruktion macht der Nachweis der Standsicherheit. Da die Wirkungsweise und Größe der Widerstandskräfte im Boden, von denen die Standsicherheit abhängt, nicht einwandfrei festgestellt werden kann und sich mit der Bodenart stark ändert, ist eine genaue, allgemein gültige Berechnung unmöglich [...] In der Praxis begnügt man sich meist mit Erfahrungswerten. Entsprechend der Güte des Untergrundes und der Größe der seitlichen Belastung schwankt die Einbindtiefe von Pfosten im Boden zwischen 0,50 bis 1,0 m."

82 Es ist allerdings anzumerken, dass eine entsprechende vereinheitlichte Vorschrift nicht bekannt ist. Ob dies im Stand der Überlieferung begründet liegt, bleibt offen – s. hierzu bspw. die Ausführung bei Tuchel 1991, S. 27 zum Fehlen einer „zusammenhängende[n] Schriftgutüberlieferung der Inspektion der Konzentrationslager'. Auch beim Abgleich mit einzelnen Konzentrationslagern ist festzuhalten, dass die Überlieferungslage disparat ist.

83 Setkiewicz 2008, S. 20.

84 Neuengamme Ausstellungen o. J. Ob bei der Einteilung zur Arbeit in einer ‚Betonkolonne' der berufliche Hintergrund der Häftlinge bzw. die Angabe entsprechender Qualifikationen ausschlaggebend war und die Güte der Arbeit beeinflusste ist nicht Gegenstand dieser Arbeit.

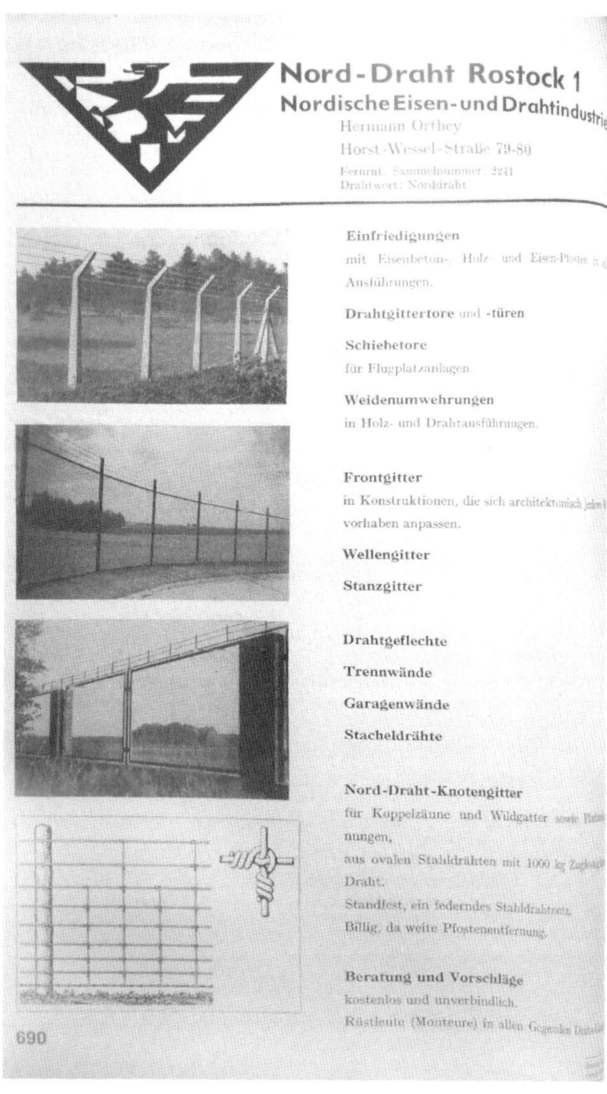

Abb. 19 Werbeanzeige der *Fa. Nord-Draht – Nordische Eisen- und Drahtindustrie* (Bauwelt-Katalog, 1940, S. 690 – bearbeitet)

Abb. 20 Betonzaun bestehend aus Orkanpfosten und Betonplatten, Hersteller unbek. (DZB 1936, Tafel III)

Zulieferer nachweisbar. Die dort aufgestellten Betonpfosten wurden von *Leipold & Schnurrer* aus dem nahegelegenen Weiden angefertigt[85].

In Bezug auf die Entwicklung des Bauelements ist daher festzuhalten, dass dieses in Umkehr einer ursprünglich zivilen Funktion heutzutage primär als eines der visuell prägenden Elemente und als Symbol unmenschlichen Verhaltens in einem totalitären Regime angesehen werden muss[86]. Deutlich wird hier die Bedeutung einer Auseinandersetzung mit den Überresten von Zäunen und Pfosten der nationalsozialistischen Konzentrationslager und ihrer Außenlager. Methodisch ist dies nicht ohne Schwierigkeiten, da erhaltene Überreste beim aktuellen Stand der Forschung oft schwer einzuordnen sind. Zaunspuren wurden inzwischen bei archäologischen Ausgrabungen und geophysikalischen Prospektionen erfasst, doch sind häufig nur noch Bodenbefunde erhalten, während Pfosten und Zäune entfernt[87] und wohl zumeist, wie auch andere Bausubstanzen ehemaliger Orte des Konzentrationslagersystems, recycelt worden sind[88]. Bei in situ befindlichen Anlagen wiederum muss unter Umständen überprüft werden, inwiefern es sich tatsächlich um originale Bauelemente am ursprünglichen Aufstellungsort oder nicht (detailliert) kenntlich gemachte Rekonstruktionen handelt. Auch bautechnische Details wie bspw. die jeweilige Quelle

85 S. den Stempel auf dem Fuß eines Objekts in der Dauerausstellung der Gedenkstätte Flossenbürg. Besichtigung am 26.11.2022. Es handelt sich um einen Betonpfosten mit rechteckigem, nach oben hin abnehmenden Querschnitt mit geradem Abschluss, an dessen oberen Ende ein gerundeter Metallbügel als Übersteigeschutz eingesetzt ist.

86 Vgl. Morlok 2008, S. 9: „Like no other element of the Auschwitz architecture, that perfidiously built fence remains to this day the quintessence of Nazi inhumanity, a symbol of the terror of the concentration camps and death camps, a synonym of the cruel twentieth century. In the world's iconography, the Auschwitz fence is an unambiguous sign of the concentration camp system, reason enough in itself to ensure the Auschwitz site a place on the UNESCO World heritage list." S. des Weiteren zur Funktion von Objekten als Symbolen im Kontext der Erinnerung an Verfolgung und Vernichtung bspw. einen Artikel von Gudrun M. König der u. a. ausführt wie in Bezug auf den Stacheldraht und seinen Einsatz im Kontext der nationalsozialistischen Konzentrations- und Vernichtungslager die „symbolische Verbindung von Gewaltherrschaft und Stacheldraht diskursleitend" wurde – König 2004, S. 50–72. Abschließend sei hier die Schilderung des ehemaligen Auschwitz-Häftlings Ernest Koenig zitiert, der nur äußerst knapp seiner geplanten Hinrichtung wegen angeblicher Sabotage durch Gestapo und SS durch Erhängen an einem Betonpfosten entging: „Die SS beschloß, uns auf der Stelle aufzuhängen [...]. Sie trieben uns zum Rand des Werksgeländes, das ein Gitterdraht, der auf Betonpfosten befestigt war, umsäumte. Dort angekommen, suchten sie nach Drähten und Stricken, die sie an dem gebogenen Oberteil der Betonpfosten befestigten. Diese Stangen, die überall in der Welt als Pfeiler für Drahtumzäunungen verwendet werden, sollten als Galgen dienen (Ich muß mich daran erinnern, wann immer ich solche Pfeiler sehe.)" – Koenig 1999, S. 139.

der Stromversorgung einer Zaunanlage und mit diesen Aspekten einhergehende Artefaktgruppen wie insbesondere die typologisch vielfältigen und variabel einsetzbaren Porzellanisolatoren bedürfen weiterer Untersuchung. Zu einer möglichst detaillierten Erfassung des Themas wäre des Weiteren die Gestalt von Pfosten bei Kriegsgefangenenlagern sowie bei ‚Zwangslagern'[89] des nationalsozialistischen Regimes zu untersuchen[90].
Die vorliegende Arbeit soll hier als Vorstudie dienen, die Impulse zu genauer Beobachtung an anderen Orten geben mag[91]. Die Auseinandersetzung mit Peenemünde zum einen, sowie die Vorstellung der obigen Beispiele von anderen Orten, die lediglich einen Ausschnitt aus dem Gesamtspektrum Zaun und Pfosten bei Konzentrationslagern darstellen, weisen auf die Komplexität der mit diesem Thema verknüpften Fragen.

Der Betonpfosten nach 1945

Ihr Ende in typologischer Hinsicht findet die Erfindung und Modifikation des Eisenbetonpfostens eventuell Anfang/Mitte der 1960er Jahre. Für die Berliner Mauer findet sich in Bezug auf diese Zeitstellung folgende Beschreibung: „Als Zaunpfosten werden nebeneinander und scheinbar regellos Holz-, Beton- und Stahlpfosten verwendet [...] Die inneren, also zum Grenzstreifen gerichteten Zäune erhielten zusätzlich freundwärts geneigte Abweiser mit vier oder fünf Stacheldrahtreihen. Die technische Detaillösung für diese Abweiser ist dabei unterschiedlich. Neben oben abgekröpften Betonposten sind unter 45° geneigte und viertelkreisförmige gerundete Abweiser aus Stahl belegt, die in der Regel mit Schellen an den Betonpfosten angeklemmt wurden"[92] Der viertelkreisförmige gerundete Abweiser aus Stahl an einem Betonpfosten könnte durchaus die Weiterführung des Orkanpfostens mit gebogenem Kopfende bzw. der ‚Orkan Beton Pfähle' darstellen, effizient weiterentwickelt in einer Variante aus anderem Material und vermutlich mit geringerem Aufwand sowohl bei der Herstellung als auch beim Aufbau der Zaunanlage. Zur zitierten Beschreibung der Berliner Mauer hält eine Anmerkung fest, dass „augenscheinlich" „die Variante mit der Viertelkreislösung die älteste, die gekröpften Betonpfosten die jüngste Lösung" sei."[93] Die Pfosten der Flossenbürger Zaunanlage zeigen, dass die Umsetzung des Übersteigeschutzes in das Material Stahl zur Zeit des Nationalsozialismus schon eine mögliche Variante darstellte[94]. Die Abbildung eines ‚T-Eisen zum Eingraben' im Katalog der

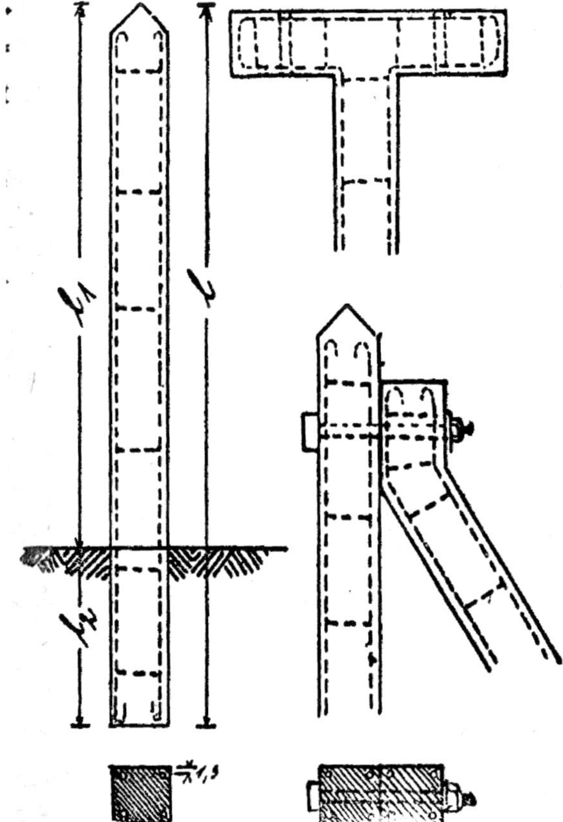

Abb. 21 Zaunpfosten mit Eiseneinlage, Eckpfosten mit Verstrebung (Hellwig 1921, Abb. 23)

87 S. dies bspw. für Flossenbürg bei Skriebeleit 2010, S. 92.
88 S. ebd. S. 175 zum Konzentrationslager Flossenbürg als „Rohstoffreservoir".
89 Zum forschungsgeschichtlichen Begriff der nationalsozialistischen ‚Zwangslager', die bspw. Lager für zivile Fremdarbeiter beinhalten, aber aufgrund „typologische[r], administrative[r], formale[r]" Unterschiede vom System der Konzentrationslager abgegrenzt werden s. Benz 2011.
90 Hiervon wäre auch eine Erweiterung um die Ausführung von Zaunanlagen in anderen Materialien zu erwarten. (S. bspw. die elektrifizierten Holzpfosten des Konzentrationslager Loibl-Nord sowie der Anlage aus dem Jahr 1938 in Mauthausen. Dank an Claudia Theune für diese Hinweise). Dieser Ansatz wäre wiederum sinnvoll im Hinblick auf eine detaillierte chronologische Annäherung an die Entwicklung der Zaunanlagen. Zu untersuchen wären somit mögliche Korrelationen von Ausführungspräferenzen mit bestimmten Nutzungen von Lagern und Entwicklungsphasen. des nationalsozialistischen Konzentrationslagersystems. Karlshagen II fällt bspw. unter die Gruppe der Außenlager die mit einem strukturellen Wandel im Lauf des Jahres 1943 zusammenhängen, welcher das KZ-System als Rüstungskomplex mit einem System von Außenlagern in Erscheinung treten lässt. S. zu dieser Entwicklung u. a. Buggeln, 2009, S. 37–42.
91 Aus einem solchen Ansatz ergeben sich weitere Fragen und Aufgaben. Wurden die Pfosten vor Ort im jeweiligen Lager hergestellt oder handelte es sich um fertig bezogene Produkte? Welche Vorlagen wurden eventuell verwendet? Gab es spezifische Vorgaben für Zulieferer?
92 Cramer/Arera-Rütenik 2011, S. 75–77.
93 Ebd., Anm. 207.
94 Vgl. ebenfalls FN 85. Für eine hölzerne Variante s. die Fotographie des Lagerszauns des KZ-Außenlagers Barth in Zapf 2006, S. 43.

Firma *F. A. Morill* (Abb. 12), das die Formgebung des Orkanpfostens zur Gänze in das Material Eisen übersetzt, könnte unter Umständen wiederum als Vorläufer des viertelkreisförmig gerundeten Abweisers aus Stahl gewertet werden[95]. In Weiterführung dieser Hypothese zur Typologie wäre dann eventuell der gewinkelte Abweiser, der auch an einer Reihe von Zäunen in Peenemünde zu finden ist (s. Abb. 48, 78, Taf. 1a, 1c, 2c, 6a), dessen letzte Entwicklungsphase. Dahingegen entspricht der verkröpfte Betonzaunpfosten wiederum dem Grähn'schen Pfostentyp der ,Orkan Beton Strebe'[96]. In Folge der weiteren Phasen des Mauerbaus wurden die Materialien aus der laufenden Bauproduktion entnommen und nicht eigens entwickelt[97].

Im Bereich des zivilen Bauens bzw. als Teil von Zaunanlagen scheint der Eisenbetonpfosten hingegen in der Nachkriegszeit keine wesentliche Rolle mehr eingenommen zu haben. Trotz der wieder entdeckten Ästhetik des Materials erfährt dieses Bauelement anscheinend keine erneute Verbreitung, und die ursprünglich kostengünstigen Vorteile wurden vermutlich von anderen Neuerungen verdrängt[98].

[95] Morill o. J.

[96] S. die Abbildung eines solchen Pfostens bei Cramer/Arera-Rütenik 2011, S. 77. Eventuell kann das Auftreten dieses Typs teils auch dadurch erklärt werden, dass in der Frühphase bereits zur Verfügung stehende Bauelemente genutzt wurden. Wann der viertelkreisförmige gerundete Abweiser aus Stahl entwickelt wurde bleibt zunächst unklar. Zwei vergleichbare Typen finden sich allerdings auch am KZ-Außenlager Gablingen, so dass die Provenienz dieses Typs weiterer Nachforschung bedarf – vgl. Cotelangues o. J. a; Cotelangues o. J. b.

[97] Cramer/Arera-Rütenik 2011, S. 288.

[98] Dieser Aspekt bedarf sowohl für DDR als auch BRD weiterer Untersuchung – s. bspw. für die BRD von Schwarze 1968, S. 16. Trotz der umfassenden Vorschläge für den Einsatz des Materials Beton für Mauern und Asbestzementplatten kommt dies des Weiteren lediglich in der Ausführung als schlichte Vierkantpfosten für Gitter aus Schmiedeeisen oder Industrieprofilen zum Einsatz. Auch in anderen Publikationen tritt der Eisenbetonpfosten nicht mehr in Erscheinung, vgl. Däumel 1963 sowie Dippel o. J.; s. ebenfalls ebd. S. 14 den Vorschlag des kunststoffummantelten Zaunpfostens als Element des Maschendrahtzauns für seitliche und rückwärtige Partien von Grundstücken, der nahelegt, dass eventuell auch kostengünstigere Zaunelemente den Betonpfosten vom Markt verdrängten. Andererseits findet sich 1975 der Hinweis auf „in verschiedenen Abmessungen erhältliche Betonpfähle", die anstelle von Rundholzpfosten für Holzspiegelzäune und andere Holzzäune vorgeschlagen werden: Ehmke 1975, S. 61 ff. Noch 1980 wird allerdings hingegen auch auf den Eigenbau von ,wartungsfreien' und rohstoffsparenden Betonformsteinen für Grundstücksbegrenzungen hingewiesen, in derselben Ausgabe wird ebenfalls eine von einem Leser selbst hergestellte Form für Betonzaunelemente vorgestellt: Magazin für Haus und Wohnung 1980, Ausgabe 6, S. 202 f. Solche Elemente scheinen sehr beliebt gewesen zu sein. 1975 heißt es: „Sehr verbreitet sind fabrikmäßig vorbereitete Zement- oder Betonzaunsteine" – Ehmke 1975, S. 70. Des Weiteren wäre auch Fragen der Effizienz in der Herstellung nachzugehen und auszuwerten, inwiefern diese mit einer Präferenz des Materials einhergingen oder ob dieses trotzdem keine große Bedeutung mehr hatte; während für 1921 die Abbindezeit für einen Pfosten noch mit 14 Tagen angegeben wird: Weber 1921, S. 29; so ist davon auszugehen dass sich dieser zeitliche Aufwand mit Entwicklungen im Bereich Zement später deutlich verringerte. Schlussendlich wäre allerdings auch sozialgeschichtlich zu überlegen, ob der Betonpfosten unter Umständen durch den Kontext der Konzentrationslager mit negativen Assoziationen behaftet war.

Abb. 22 Reste der Zaunanlage an der Südseite des Verawaltungsareals des ehemaligen Versuchsserienwerks, Pfosten Typ 1 (Foto: Roland Wieczorek)

Abb. 23 Zaun entlang des Weges zwischen der Hauptwache des Entwicklungswerks und Strand, Pfosten Typ 3 (Foto: Constanze Röhl)

2. Das Sperrgebiet Peenemünde

Angesichts des breiten Diskurses über die ästhetischen Qualitäten der Betonpfosten und in Anbetracht der vielfältigen Hinweise, die der sog. Schubert-Chronik[99] zu Gestaltungsfragen im Zusammenhang mit der Fertigungsstätte der Heeresversuchsanstalt zu entnehmen sind, darf davon ausgegangen werden, dass auch bei der Anlage der Abzäunungen das Erscheinungsbild der Zaunanlagen selbst vor dem Hintergrund einer zunehmenden Materialverknappung während des Zweiten Weltkriegs nicht dem Zufall überlassen blieb. Die Perspektive allein auf die Entstehungszeit der Heeresversuchsanstalt verstellt jedoch den Blick für die weitere Entwicklung der militärischen Nutzung des Areals, dessen Geschichte in fünf Phasen zu unterteilen ist:

(1) die Phase der HVA von 1936-1945, die mehrere Erweiterungen und Nutzungsveränderungen erkennen lässt;

(2) die Zeit der Besatzung durch die Rote Armee bzw. Sowjetische Armee nach Ende des Zweiten Weltkriegs. Die Übergabe des Areals der ehemaligen HVA an die Nationale Volksarmee (NVA) erfolgte im Jahr 1950, die Übergabe des Flugplatzes hingegen erst im Jahr 1961. Das Sperrgebiet beschränkte sich formal offenbar nur auf das Areal der ehem. Erprobungsstelle der Luftwaffe;

(3) die folgende Zeit der Nutzung durch die NVA bis zur Wende im Jahr 1989;

(4) die Zeit nach Übernahme durch die Bundeswehr bis zur Schließung des Standortes im Jahr 1996;

(5) die Zeit bis heute. Die Sperrung selbst ist nicht mehr militärisch begründet, sondern dient dem Schutz vor militärischen Altlasten und der Vermeidung von Unfallgefahren. Es ist nicht mehr die ganze Nordspitze als Sperrgebiet ausgewiesen, sondern nur der jeweilige Bereich um Versuchsserien- und Entwicklungswerk.

Der Nachvollzug der Zaunanlagen dieser Phasen beruht auf der eingangs genannten Kombination unterschiedlicher Quellen, die im Zusammenhang diskutiert werden.

1936–1945 – Phase der HVA

Zusammen mit der Erprobungsstelle der Luftfahrt wurde zwischen 1936 und 1939 zunächst nur der später als ‚Entwicklungswerk' (EW) bzw. ‚Werk Ost' bezeichnete Campus der Raketenforscher als erster Teil der HVA errichtet[100]. Am Abzweig der Zufahrtsstraße, die von der Landstraße von Peenemünde nach Karlshagen dort nach Norden abging, wo die Landstraße aus ihrer letzten scharfen Kurve nach Westen auslief, befand sich die Wache, an der der Zugang kontrolliert wurde. Mit dem Beginn der Planungen zur Realisierung der Fertigungsstelle Peenemünde bzw. des ‚Versuchsserienwerks' bzw. ‚Werk Süd' als Industrieanlage zur Serienproduktion der von der HVA entwickelten Raketenwaffen, wurde „die Sperrzone auf der Insel [...] 1939 bis zu Kontrollstellen an der Wolgaster Brücke und in Lüttenort nahe Zempin ausgedehnt,"[101] wie dem Katalog des Historisch-Technischen Museums Peenemünde zu entnehmen ist und wie sie wahrscheinlich mit zum Teil abweichenden Angaben auf zwei zeitgenössischen bzw. zeitnahen Kartendarstellungen wiedergegeben ist[102]. In einer 1992 erschienenen Broschüre des Sohnes eines ehemaligen Angestellten der HVA, die sich an

[99] Bei der Schubert-Chronik handelt es sich um eine Dokumentensammlung, die der im Heereswaffenamt für die Realisierung des Versuchsserienwerks verantwortliche Ministerialrat Godomar Schubert unter dem Titel „Entstehungsgeschichte der Fertigungsstelle Peenemünde" während der Planungs- und Bauzeit anlegte – es handelt sich um die Archivalie BArch Freiburg RH 8/1206–1210.

[100] Zur Geschichte der HVA sowie zu den einzelnen Einrichtungen und Anlagen s. Mense/Schmidt 2013. Für die Ansprache von Arealen und Objekten innerhalb der HVA s. ergänzend zu den bei Mense – Schmidt verwendeten Toponymen die Karten bei Kanetzki 2014b, S. 20 [Entwicklungswerk], 23 [Prüfstände], 25 [Versuchsserienwerk], 29 [Erprobungsstelle der Luftwaffe], 34 [Siedlung Karlshagen], 44 [Gemeinschaftslager Ost und Konzentrationslager Karlshagen I], 46 [„Polenlager"], 47 [Gemeinschaftslager Trassenheide], 48 [Kriegsgefangenenlager Karlshagen], 49 [VKN-Lager]; zum Versuchsserienwerk s. auch Schneider/Röhl (HGR).

[101] Erichsen /Hoppe 2015, S. 172, Kat. Nr. 4.1.6 – ohne Quellenangabe.

[102] Die Grenze des Sperrgebiets für den Zeitraum 1936–1945 ist eingetragen in einer vermutlich im Jahr 1944 angefertigten oder zumindest zu diesem Zeitpunkt reproduzierten Karte (s. Abb. 24 – Plan Lager, 1944: HVA-Bildnummer 1184/44 T5224, BArch Bildarchiv 1188/44 TD), sowie auf dem in Dornberger 1952, S. 32 f. wiedergegebenen Lageplan. Im Gegensatz zu Dornbergers Darstellung, bei der die Sperrgebietsgrenze zwischen Wolgast und Peenemünde/Freest in der Mitte des Peenestroms angegeben ist, zeigt die ältere Karte den Verlauf bis Freest entlang des Westufers der Peene. Die Kontrollstellen in Zempin und in der Höhe von Karlshagen sind bei Dornberger nicht eigens mit

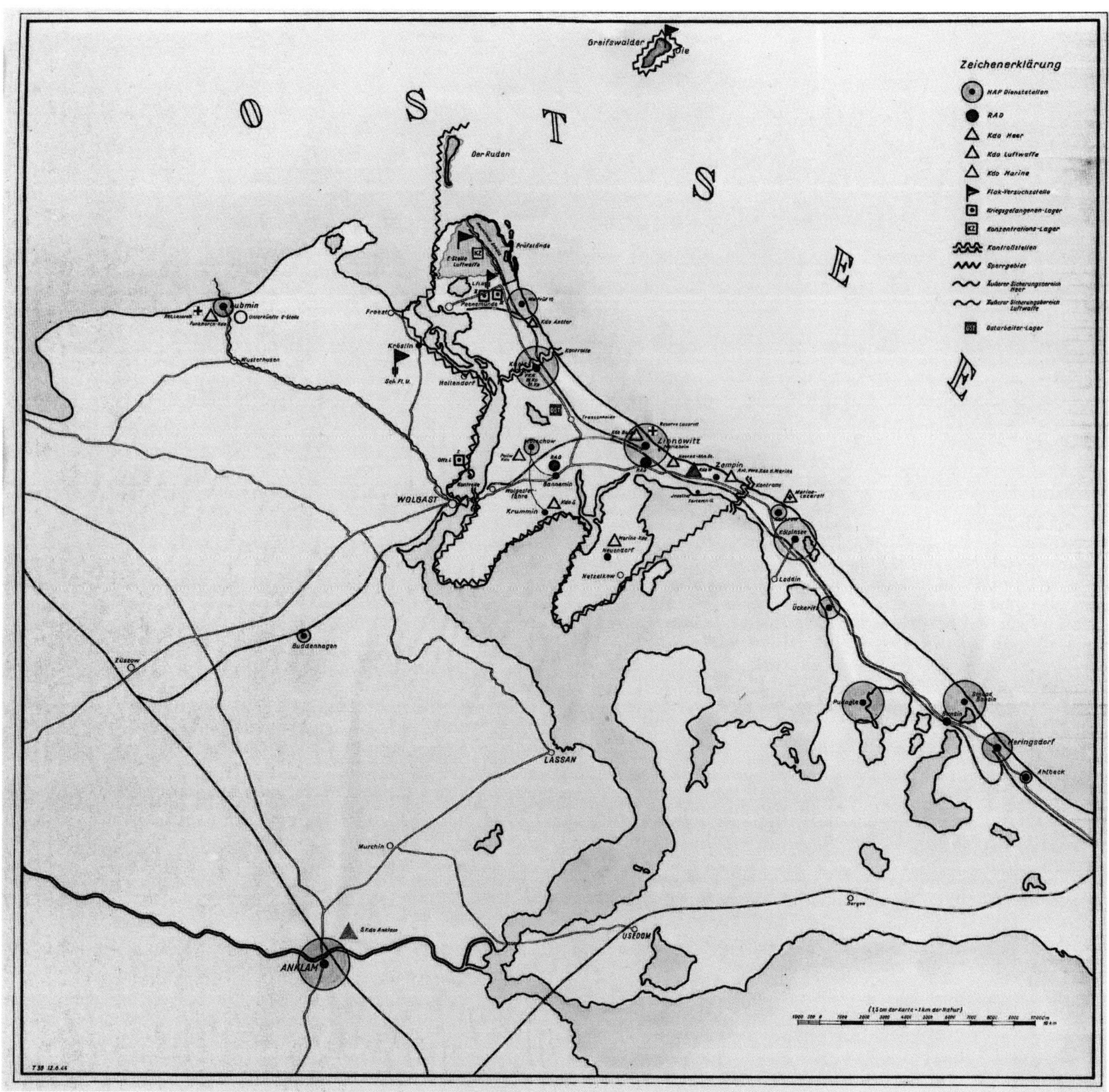

Abb. 24 Karte von Usedom mit Angabe von Sperrgebietsgrenzen, Dienststellen und Lagern (verm. 1944) (1184/44 T5224 bzw. BArch Bildarchiv 1188/44 TD)

„den allgemein an Peenemünde interessierten Bürger“[103] richtet, wird dazu ausgeführt: „Das Sperrgebiet für die geheimen Anlagen in Peenemünde begann, wenn man von Süden auf die Insel Usedom kommt, kurz vor dem kleinen Fischerdorf Zempin. Dort war eine Kontrollstation eingerichtet, in der alle Personen kontrolliert wurden, die weiter nach Zinnowitz oder Wolgast reisen wollten. Der Bahnhof Zempin war schon im Sperrgebiet und deshalb konnte man nur als Einwohner des Ortes beobachten, was sich dort ab ca. 1943 abspielte. Regelmäßig kamen Züge mit verdeckten Rungenwaggons dort an, auf die schon LKWs [sic!], Wach- und Transportpersonal warteten. Kaum angekommen, wurden die Waggons unter scharfer Bewachung entladen und die LKWs verschwanden mit ihrer zigarrenförmigen Last in den Wäldern in Richtung Zinnowitz. Teilweise waren die Fi 103 auch in Kisten verpackt, so daß man nur anhand des Aufwandes erkannte, was sich auf der extra für diese Zwecke errichteten Verladerampe tat. Zwischen beiden Orten gab es etwas, was vor den zufälligen Wanderern verborgen werden mußte. Es waren ‚Schleudern' für den Abschuß der Fi 103 und die ‚Zigarren' waren nichts anderes als eben die Rümpfe der Flugbombe, deren Tragflächen in der überwiegenden Anzahl aus Holz, aber auch aus Metall sind Tragflächen bekannt geworden, samt Holm erst an der Abschußstelle montiert wurden.“[104]

In einer Publikation zur Entwicklung der V-Waffen heißt es zur Funktionsweise der Kontrollen: „Das Personenkontrollsystem wurde über die Jahre immer feinmaschiger. An mehreren, zuletzt elf Sperrkreisen prüften Wehrmachtssoldaten oder spezielle Wachmannschaften, an den Zugängen zu den Konzentrationslagerbereichen auch SS-Posten, die Ausweise und Genehmigungen. Stacheldrahtverhaue und Laufposten mit Wachhunden sicherten zusätzlich besonders ausgewiesene Sperrgebiete im Gelände. Werkangehörige trugen ihren Ausweis sichtbar an Jacke oder Mütze. In besondere technische Einrichtungen, Prüfstände zum Beispiel, fand nur Zugang, wer über ganz spezielle Metallplaketten verfügte. Militärische Abwehr, Gestapo und Sicherheitsdienst (SD) wirkten in Peenemünde sowohl eigenständig als auch zusammen.“[105] Wie dem Katalog des Historisch-Technischen Informationszentrums Peenemünde zu entnehmen ist, hatten „nur hochrangige Arbeitskräfte [...] Zutritt zu allen Zonen.“[106] Auch das Versuchsserienwerk erhielt ein eigenes Wachgebäude an der Zufahrt im Südosten des Werksgeländes. An der Ostgrenze des Kraftwerkareals befand sich ebenfalls ein kleines Gebäude, über den der Zugang zu diesem Teil des Versuchsserienwerks zu kontrollieren war. Ebenso war der Zugang zum VKN-Lager durch ein Wachhäuschen gesichert.

Dieser Überlieferungslage gegenüber erscheint es bemerkenswert, wenn der ehemalige Angehörige des VKN Gerhard Grammel, der in der Nähe der Fertigungshalle 1 eingesetzt war und die Frage der Einschränkungen innerhalb des Sperrgebietes in seinem Erinnerungsbericht eingehend erörtert, keinerlei Erinnerung an Kontrollsituationen wachrufen konnte: „Ob ich einen besonderen Ausweiß gebraucht habe wenn ich zu meinem Arbeitsplatz gegangen bin weiß ich heute nicht mehr, ich glaube, wir Soldaten hatten nur unser Soldbuch. Die Bürobauten waren ja auch immer besetzt denn wenn die Arbeitszeit zuende war, belegten sie die Brand- u. Feuerschutzwachen. Die Wachen wurden von der Einheit gestellt, ich selbst habe auch Wachdienst getan. Ich kann mich nicht erinnern wann ich früh mit der Werkbahn von Zinnowitz abgefahren bin, (s. Skizze Bl. 1) daß ich einen Kontrollposten hätte passieren müssen, beim Durchfahren des Ortes Trassenheide sah man das Ausländer-Lager Trassenheide liegen u. dieses war nur örtlich mit Stacheldraht umgeben. In Karlshagen war für mich Endstation auch da wüßte ich nicht, daß ich hätte durch eine Kontrolle gehen müssen. Lediglich die Werkhalle, in der V1 gefertigt werden sollten, war mit Stacheldraht umgeben u. Wachtürme. Ich bin oftmals nach Arbeitsschluß von Karlshagen bis in mein Quartier nach Zinnowitz zu Fuß gegangen, an der Seeseite u. innerhalb des Inselstreifens u. bin Absicherungen oder Kontrollposten nie begegnet. Hinter Karlshagen lag Peenemünde, ich weiß nur vom Hörensagen, daß Peenemünde ab[g]esichert sei

angegeben. In der Mitte des Flusses ist die Grenze hingegen auf einer Karte dargestellt, die seit Anfang der 1970er Jahre wiederholt in Varianten publiziert wurde (u.a. Weber 1970; Dewjatajew 1972, S. 43), deren Ursprung jedoch nicht geklärt ist. Als eine Reproduktion der Vorlage mag die Karte angesehen werden, die in den Ermittlungsakten zu den Skelettfunden in Peenemünde enthalten ist – MfS HA IX/11, ZUV 34 Bd. 10, Bl. 228 (s. Taf. 2d); die gleiche Vorlage liegt auch einer weiteren Karte zugrunde – vgl. ebd. Bl. 461.

103 Tresp 1992, S. 5.

104 Ebd., S. 26.

105 Bode/Kaiser 1998, S. 40, dort auch Abbildungen dreier Kontrollmarken auf S. 41: „Verschiedene Metalplaketten dienen der Identifizierung der Belegschaft und regeln den Zugang zu den einzelnen Betriebsteilen.“

106 Erichsen/Hoppe 2015, S. 173, Kat. Nr. 4.1.7: „Die Komplexe von Peenemünde waren in Sicherheitsbereiche aufgeteilt. Für jede Zone gab es eigene Plaketten und Ausweise. Nur hochrangige Arbeitskräfte hatten Zutritt zu allen Zonen. 7 Plaketten und 1 Tagesausweis für die Zugangsberechtigung zu den Sicherheitszonen von Peenemünde Aluminium, 1938–1944.“ – die Plaketten sind nicht abgebildet.

Abb. 25 Hinweisschild in der ehem. Siedlung Karlshagen (HTM Peenemünde, Archiv, APS Pitschmann)

aber wie weiß ich auch nicht, ich selbst bin in Peenemünde nie gewesen. Was in Peenemünde gemacht wurde, wußte man nur vom Hörensagen, daß die V1 in Peenemünde entwickelt u. weiterentwickelt u. in Karlshagen in Serie gehen sollte wußte jeder."[107]

Der Katalog des HTM zeigt schließlich zwei blecherne Schilder, mit denen in den folgenden Worten auf die Grenzen des Sperrgebietes aufmerksam gemacht wurde: „Grenze der Versuchsstelle. Widerrechtliches Aneignen von Munition oder Munitionsteilen ist nach dem Strafgesetzbuch entweder als Vergehen gegen § 291 R.S.G.B. oder als Diebstahl oder Unterschlagung (bei Soldaten auch als militärischer Diebstahl oder militärische Unterschlagung nach § 138 M.St.G.B.) strafbar. Der Reichskriegsminister." (1937) und „Grenze der Versuchsstelle. Unbefugtes Betreten des Platzes ist verboten und wird strafrechtlich verfolgt. Der Reichskriegsminister." (1944)[108]. Die Aufstellungsorte dieser Schilder sind jedoch leider nicht mit angegeben. Die Sperrgebietsgrenzen selbst sind bislang nur in Teilen bekannt oder aus archivalischen und archäologischen Quellen zu erschließen.
Reste von Zaunanlagen aus der Zeit bis 1945 sind an verschiedenen Stellen im Feld zu beobachten[109]. Von den verschiedenen Pfosten, die dabei in Peenemünde und in Karlshagen zu beobachten sind, können schließlich allein die Typen 1 und 5 zuverlässig der Nutzungsphase der HVA zugeschrieben werden (vgl. S. 47 ff.).

[107] BArch BStU, Mfs HA IX/11 AK 1236 82, Bl. 347–71, hier: Bl. 354 f.

[108] Erichsen/Hoppe 2019, S. 173, Kat. Nr. 4.1.6a. Ein weiteres Exemplar des gleichen Schildes befindet sich in der Ausstellung des Museum of Flight Restoration Center & Reserve Collection in Everett/WA – s. Wikimedia 'Paine Field Lake Stickney'; ein weiteres Schild zeigt Erichsen/Hoppe 2019, S. 173, Kat Nr. 4.1.6b.

[109] S. dazu die in-situ-Standorte für den Pfostentyp 1, mit Vorbehalt auch diejenigen für Typ 5.

[110] Zur Aufgabe bzw. Einnahme der HVA durch die Rote Armee s. Bode/Kaiser 1997, S. 132–134; Kuhlmann 2015, S. 139 f. – ohne Quellenangaben.

[111] In keinem der beiden Fälle konnte die Überreichung der entsprechenden Übertragungsurkunden nachvollzogen werden, noch sind die Flächen in der Literatur konkret umrissen, so dass der Wechsel der Eigentums- und Besitzverhältnisse und der tatsächliche Umfang der Landübertragungen auch für das Areal der Fertigungsstätten des ehemaligen Versuchsserienwerks mit Unklarheiten behaftet ist. Der Grenzverlauf zwischen dem von der NVA übernommenen Teil der Nordspitze der Insel, dem von den landeseigenen Betrieben verwalteten Arealen sowie dem weiterhin von der Roten Armee kontrollierten Teil war soweit anhand der eingesehenen Dokumente nicht zu bestimmen.

[112] Zur Stationierung eines sowjetischen Jagdfliegergeschwaders 1948 s. Bode/Kaiser 1997, S. 164; zur Übernahme des Luftwaffenareals

1945–1948 – Phase der sowjetischen Besatzung

Die zweite Phase, die mit der offenbar kampflosen Einnahme der ab 1944 partiell an andere Standorte verlagerten HVA durch die Rote Armee am 4. Mai 1945 einsetzt[110] ist durch Demontage, Baustoffbergung und Materialgewinnung geprägt. Sie kann gegenüber der folgenden Phase nicht eindeutig abgegrenzt werden. Vielmehr ist zu unterscheiden zwischen der Verwaltung und Nutzung durch die Rote Armee bzw. Sowjetische Armee, die Flächen und Vermögenswerte der ehemaligen HVA und der Erprobungsstelle der Luftwaffe sukzessive an die Nationale Volksarmee, das Land Mecklenburg und die Gemeinde Karlshagen übertrug. Während die Elektromechanischen Werke bereits 1945 vom Land Mecklenburg treuhänderisch als Landeseigener Betrieb übernommen wurden, verfügte die Rote Armee doch weiter über deren Ressourcen, die zum Teil für eigene Zwecke genutzt und zum Teil demontiert wurden. Die Übergabe der Flächen und Bauten, die von Seiten des Landeseigenen Betriebs als Teil seines Betriebsvermögens betrachtet wurden, an den Landkreis Usedom erfolgte im Laufe des Jahres 1948, ein Teil der Flächen und verbliebenen Bauten um den Hafen Peenemünde herum wurde 1950 an die Seepolizei übergeben[111]. Auch die Sprengungen der Gebäude, die in Befolgung des Potsdamer Abkommens zwischen 1947 und 1948 erfolgt sein muss, sind weder in Bezug auf konkrete Objekte, noch zeitlich genauer zu fassen. Während sich die Sowjetische Armee mit der Übertragung der genannten Flächen an Land, Gemeinde und NVA aus dem Bereich der ehemaligen HVA schließlich zurückzog, behielt sie gleichwohl die Verfügungsgewalt über das Areal der ehemaligen Erprobungsstelle der Luftwaffe, wo 1948 ein sowjetisches Jagdfliegergeschwader stationiert wurde. Dieses Areal wurde erst zu Anfang der 1960er Jahre an den deutschen Staat zurückgegeben[112].

Eine Überschneidung der zweiten mit der folgenden Phase ergibt sich schließlich aus der Schwierigkeit, aufgrund der unklaren Quellenlage, die mit dem Komplex der Demontage zusammenhängenden Aktivitäten unterschiedlichen Charakters getrennt voneinander zu verfolgen. Insbesondere im Hinblick auf die Unternehmungen zur Ausbeutung der Bauten und ihrer Trümmer nach der Sprengung erstreckt sich diese Zeitspanne weit bis in die Mitte der 1950er Jahre. Axel Dietrich, ehemaliger Angehörige der in Peenemünde stationierten 1. Flottille der Volksmarine und Kommandant eines Schiffes, führte 1994 an, dass der Ort Menschen auch aus anderen Teilen der DDR angezogen haben müsse: „Die im Peenemünder Raum vorhandenen, verstreuten Materialien waren für jeden Handwerker und metallverarbeitenden Betrieb der weiteren Umgebung eine in der damaligen Zeit dringend benötigte ‚Rohstoffquelle'. Sogar von Berlin, Thüringen und Sachsen kamen Fahrzeuge, um aus den herumliegenden Gegenständen, Werkzeugen und Metallteilen Brauchbares für ihr Unternehmen zu finden. Bis in die 50er Jahre war das Gebiet um Peenemünde Lieferant von Baumaterialien, die z.B. für den Bau von Neubaublöcken in der Wolgaster Chausseestraße verwendet wurden."[113]

Umfang und Wirksamkeit der Abgrenzung und Zugangskontrollen zum Sperrgebiet sind nicht bekannt [114]. Das Flugplatzareal hingegen soll mit Einzug des sowjetischen Jagdgeschwaders mit Zäunen und Stacheldraht von den Arealen der ehemaligen HVA abgeschirmt worden sein[115]. Reste solcher Absperrungen, die diesem Zeitraum eindeutig zuzuordnen sind, sind nicht bekannt, konkrete Befunde haben sich bislang nicht ergeben.

1948–1962 – Nutzung durch die NVA

Im Frühjahr 1948 wurden weite Teile der ehemaligen HVA von der Sowjetischen Armee dem Landkreis Usedom übergeben. Das Kraftwerk, das weiter betrieben wurde, sowie andere Liegenschaften der ehemaligen Elektromechanischen Werke, waren bereits im August 1945 in die Verwaltung des Landes Mecklenburg übergeben, und schließlich zum 31. Oktober 1946 auch in dessen Eigentum übergegangen[116]. 1950 überließ das Land schließlich zwei Areale um den Ha-

durch die ostdeutschen Fliegerkräfte: Bode/Kaiser 1997, S. 171 f; Kanetzki 2014a, S. 23–29; zur Marine: Bode/ Kaiser 1997, S. 164 – unter Verweis auf Mehl/Schäfer 1992, S. 30; Zur Übergabe der Werkbahn s. Kuhlmann 2015, S. 146–149.

113 Dietrich 1994, S. 46 – ohne weitere Quellenangabe.

114 Kuhlmann 2015, S. 148 erwähnt die Aufhebung des sowjetischen Sperrgebietes zum 31.12.1950.

115 Bode/Kaiser 1997, S. 164.

116 Die Sequestrierung bzw. Enteignung der Elektromechanischen Werke erfolgte offenbar auf der Grundlage des Befehls Nr. 124 der SMAD – vgl. I. Durchführungsverordnung zum Gesetz Nr. 4 zur Durchführung des Friedens – LA Schwerin, 6.11–14/304 (ohne Paginierung). Aufgrund §1 dieser Verordnung muss der Landeseigene Betrieb endgültig zum 31.10.1946 in das Eigentum des Landes übergangen sein – s. dazu auch Ausführungen zur „Bereinigung der Wirtschaft und die Durchführung des Sequestrierungsverfahrens in der sowjetischen Besatzungszone. (Land Mecklenburg.)" – ebd. (ohne Paginierung). Zum SMAD-Befehl Nr. 124 vom 30.10.1945 „über die Beschlagnahme und provisorische Übernahme einiger Eigentumskategorien in Deutschland" s. DDR-Wissen o. J. Aber schon zeitlich vor dem Erlass des Befehls war dem Landrat des Landkreises Greifswald bereits mitgeteilt worden, „daß das Werk Peenemünde ebenso wie das[sic!] Bereich der früheren Flughäfen Peenemünde einschließlich der Liegenschaften und Forsten in die Verwaltung des Landes Mecklenburg übernommen worden sind und mit der Verwaltung bis zur ander-

Abb. 26 Streufund Fertigungshalle 1 (24.08.2018)

Abb. 27 Hinweisschild, Zufahrt zum Versuchsserienwerk (2019)

fen sowie die Greifswalder Oie der Seepolizei. Dieser Moment markiert die Gründung des Marinestandortes Peenemünde und der Präsenz der Streitkräfte der DDR[117]. Der Flughafen und das Areal der ehemaligen Erprobungsstelle der Luftwaffe blieb derweil weiter in der Hand sowjetischer Fliegerkräfte und war „von der Außenwelt mit Zäunen und Stacheldraht abgesperrt[118]. Über den anschließenden Charakter des Spergebiets gibt es keine eindeutigen Angaben: Dem Ingenieur Bernd Kuhlmann zufolge wurde das Sperrgebiet zum 1. Januar 1951 aufgehoben[119], der Nordteil der Insel hingegen nach dem ehemaligen Mitarbeiter des Historisch-Technischen Museums Manfred Kanetzki weiterhin als solches behandelt und sowohl von Angehörigen der Volkspolizei als auch der Sowjetischen Armee kontrolliert[120].

Ein westdeutscher Geheimdienst, der Mitte der 1950er Jahre an den sowjetischen Aktivitäten auf dem ehemaligen Flugplatz der Luftwaffe interessiert war, konnte in seinen Ermittlungen auch einiges über die Zugänglichkeit des Sperrgebiets in Erfahrung bringen: „Quelle [ein Kraftfahrer] hatte Ende Dezember 1954 die Möglichkeit, in das Sperrgebiet zu kommen und fuhr mit dem Kraftfahrzeug, jedoch in schneller Fahrt, am Flugplatz vorbei. [...] Ab Karlshagen ist eine Sperre und das Gebiet nördlich Karlshagen kann nur mit Sonderausweisen betreten werden.“[121] Ein weiterer Informant hatte 1955, als Angehöriger der VP Marine, keinen Zutritt zum Flughafen[122]. Eine ‚Reisequelle‘, möglicherweise ein/e Urlauber/in, berichtete: „Da das gesamte Gebiet nördlich Zinnowitz/Wolgast abgesperrt ist und nur nach vorheriger Paßkontrolle betreten werden darf und zwar lediglich von Einwohnern dieses Gebietes, ist eine nähere Beobachtung des Platzes nicht möglich.“[123] Während der Umfang des Gebiets, das von den sowjetischen Fliegerkräften in Anspruch genommen wurde, nicht konkret fassbar ist, zeigt ein im Februar 1957 aufgestellter Plan von Peenemünde den Umriss desjenigen Areals, das den Seestreitkräften südlich des Kraftwerks zugeordnet war, und das zwischen Zeltplatz am Peeneufer, Wachgebäude und Bahnhof durch einen Zaun vom Rest des Ortes Peenemünde abgetrennt gewesen sein mag (s. Angabe der Zaunverläufe als Information aus historischen Plänen auf Abb. 47)[124]. Der Bereich nördlich des Kraftwerks wiederum ist mit seiner südlich der ‚Schwedenschanze‘ verlaufenden Abgrenzung nach Norden hin einem Plan von Peenemünde zu entnehmen, den ein anderer westdeutscher Aufklärungsdienst im Oktober 1962 aufgestellt oder aktualisiert hatte[125]. Der zugehörigen Erläuterung ist zu

weitigen Regelung Herr Nimwegen beauftragt sei.“ – LA Schwerin, 6.11–14/304, Bl. 14: Schreiben des Landrates des Kreises Greifswald (09.10.1945); ebenso ebd., Bl. 31–33 das allerdings nicht unterzeichnete Protokoll über die Übernahme des Kraftwerks Peenemünde und der Elektromechanischen Werke vom 29.08.1945. In diesem Protokoll wird jedoch nur das Kraftwerk sowie die Elektromechanischen Werkstätten „bestehend aus a) Sauerstoff-Fabrik, b) Acetylen-Werk, c) Werkbahn mit 15 km Länge Anschluß Peenemünde, Karlshagen, Zinnowitz“ aufgeführt. Die restlichen Flächen und Anlagen der ehemaligen HVA, wie sie auch in der beigefügten Übersicht – ebd., Bl. 44–48 – aufgeführt sind, scheinen also nicht notwendigerweise mit übergeben worden zu sein.

117 Am 3.10.1950 übertrug das Ministerium für Finanzen des Landes Mecklenburg zwei Grundstücke an das Ministerium des Inneren der DDR, Hauptverwaltung Seepolizei: ein Grundstück im Umfang von 1,2 ha südlich des Zaunes des Elektrizitätswerkes mit einer Breite von 200 m und ein Grundstück von ca. 5 ha an der Nord- und Westseite des Hafens beim Elektrizitätswerk – s. Labjon/Dietrich 2005, S. 15; außerdem die Greifswalder Oie – LA Schwerin, 6.11–11/3800, Bl. 11, 19, 22. Dem steht die Angabe gegenüber, dass am 1.12.1950 das Amt zum Schutze des Volkseigentums (ASV) das Verfügungsrecht am Hafengelände an die Seepolizei übertrug – vgl. Labjon/Dietrich 2005, S. 15 f. Dies würde aber bedeuten, dass das Eigentum beim ASV lag. Die 1. Flottille übernahm den Standort erst 1952 – s. Schäfer/Seemann 2014, S. 30; Dietrich 1994, S. 7; Laut Bode/Kaiser 1997, S. 186 gehörten 1993 „fast 97% des dörflichen Grund und Bodens ohnehin der Bundeswehr.“

118 Bode/Kaiser 1997, S. 164.

119 Kuhlmann 2015, S. 149.

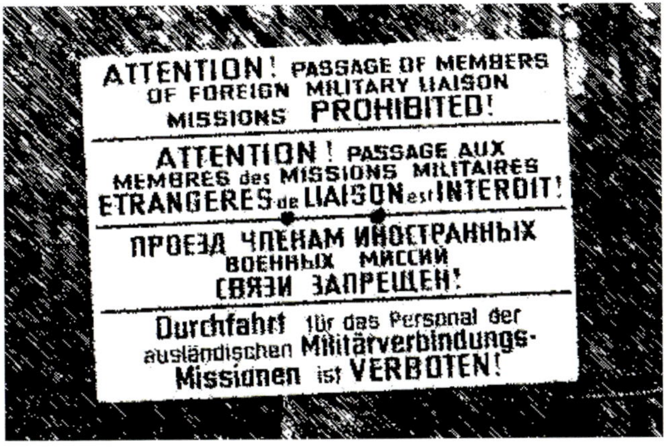

Abb. 28 Hinweisschild ohne nähere Angabe des Ortes, Aufnahme 1990 (auf der Grundlage von Alamy o. J., Image ID: 2DBGWDB)

Abb. 29 Hinweisschild, Zufahrt zur Technischen Dienstzone (TZ) nordwestlich des ehem. Versuchsserienwerk (2021)

entnehmen: „Die Anlagen des Stützpunktes PEENEMÜNDE mit Ausnahme der Offz.-Wohnhäuser sind mit einem ca. 2,50 m hohen Holz- bzw. Stacheldrahtzaun eingezäunt. Zum Kraftwerk hin ist eine 6,50 m(!) hohe Mauer errichtet [, an die sich auf der Stützpunktseite die Vorratsschuppen (Leg 29) anlehnen]. An der Umzäunung entlang stehen 4 Hochstände (Leg 38), die jedoch nicht dauernd besetzt sind.“[126]
Von den Zaunanlagen in diesem Gebiet hat sich lediglich ein Teil der Umgrenzung des Kraftwerksareals mit einer nicht eindeutig zu interpretierenden Fundlage erhalten, worauf im Zusammenhang der Pfostentypen 3 und 8 noch weiter einzugehen ist.

Als Ganzes scheint der Bereich nördlich der Linie Karlshagen Hafen und Karlshagen Strandstraße mit Ausnahme des Flughafens nicht sonderlich wirksam geschützt gewesen zu sein. Denn im Juni 1962 beklagte sich der Minister für die Nationale Verteidigung der DDR, Armeegeneral Hoffmann, bei seinem Kollegen Innenminister Generaloberst Maron: „In letzter Zeit wurde festgestellt, daß die Sicherheit der Anlagen der Nationalen Volksarmee von Zivilpersonen mit Fahrzeugen bzw. mit der Eisenbahn, besonders in der Urlaubsperiode, beeinträchtigt wird. Häufig mußten Bürger aus dem Gelände der NVA im Nordteil der Insel Usedom verwiesen werden. Die bisher in diesem Standort getroffenen Maßnahmen zur Unterbindung derartiger Übergriffe brachten nicht den erforderlichen Erfolg. Ich erachte es daher als unbedingt notwendig, daß der in der beigefügten Karte gekennzeichnete Raum größtenteils Gelände in Rechtsträgerschaft der Nationalen Volksarmee, zum Sperrgebiet erklärt wird.“[127]
Ausdehnung und gewünschter Grenzverlauf des Sperrgebietes sind in einer beigefügten Karte eingetragen[128]. Die Grenze verlief von der Nordseite des Hafens Karlshagen im Osten entlang der Nordseite der nach Karlshagen führenden Straße südlich des VKN-Lagers vorbei geradewegs weiter bis zum Strand im Osten. Lediglich an der Kreuzung mit der Landstraße nach Peenemünde war der Zaunverlauf bis in Höhe der Hauptzufahrt zum VKN-Lager nach Norden zurückgezogen. „Für die Kennzeichnung des Sperrgebietes wurden“ dem Chef der zuständigen Bezirksdirektion der Deutschen Volkspolizei in Rostock zufolge, „29 Sperrschilder nördlich der Betonstraße und 30 im Innern des Sperrgebietes für die Straßen [aufgestellt – erg Verf.], die durch Bürger im Sperrgebiet genutzt werden können.“[129]

120 Kanetzki 2014a, S. 25 – ohne Quellenangabe.
121 BArch Koblenz, B 206/3732, Sig_120757_2890.
122 BArch, Koblenz B 206/3732, Sig_120757_2887.
123 BArch, Koblenz B 206/3732, Sig_120757_2895.
124 Nachweis BArch Freiburg, DVM 2/6531, Lageplan Peenemünde, datiert auf den 16.02.1957 (o. Paginierung).
125 BArch Freiburg, BM 24/74, Plan von Peenemünde, mit Stand vom 1.10.1962 (o. Paginierung); der Zaunverlauf im Anschluss zum Kraftwerksareal ist auch angegeben in BArch Freiburg, DVM 10/50361, Bl. 127, Teillageplan Obj. 8 (1961). Eine Modifikation des Zaunverlaufs an dessen westlichen Ende ist mit der Realisierung einer im Sommer 1968 geplanten Garagenanlage angezeigt – vgl. BArch Freiburg, DVM 10/50382, Lageplan Standortveränderung Garagenbau Objekt 08 (o. Paginierung). Auf dem Plan sind weitere Umzäunungen eingetragen. Ursprünglich für den Garagenbau vorgesehen war die Nordostecke des Kraftwerksareals – s. ebd., Lageplan Kraftwerksgelände Objekt 08, Bl. 35. Auf diesem Plan ist neben der mit dem Garagenneubau zu errichtenden Umzäunung auch die Umzäunung an der Ost- und an der Nordseite des Areals angegeben, eine bestehende Zaunreihe aus Pfosten des Typs 1, die nordöstlich der 100 kV-Freiluftanlage verläuft, ist nicht eingetragen.
126 BArch Freiburg, BM 24/74, Erläuterung zum Plan von Peenemünde, mit Stand vom 1.10.1962 (o. Paginierung), S. 2.
127 BArch Berlin, DO 1/104221, Bl. 14: MfNV an MdI Generaloberst Maron vom 1.6.1962.
128 Karte enthalten in: BArch Berlin, KART 1002.
129 BArch Berlin, DO 1/104221, Bl. 9 f.: Schreiben Chef BDVP Rostock an MdI Gen. Maron vom 31.07.1962 betr.: Sperrgebiet Peenemünde.

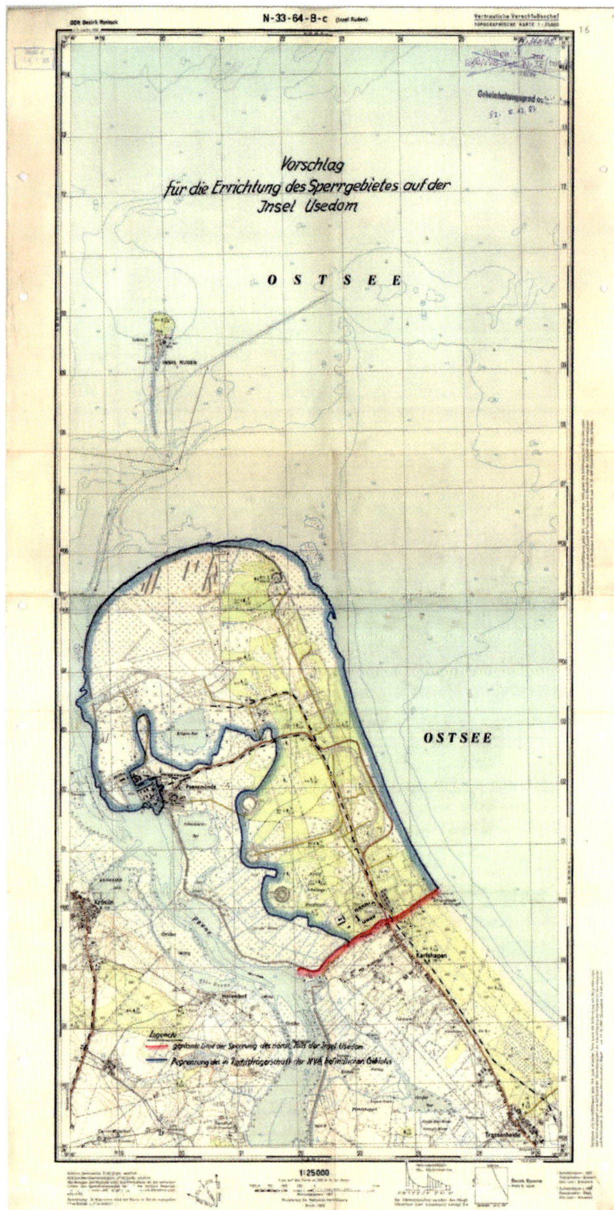

Abb. 30 Auszeichnung des Sperrgebiets Peenemünde sowie der im Besitz der NVA befindlichen Flächen 1962 (BArch Berlin, KART 1002)

Damit wurde erst nach Abzug der sowjetischen Fliegerkräfte im Verlauf des Jahres 1962 das Sperrgebiet formal wiederhergestellt und durch den Bau einer Zaunanlage entlang der Grenzlinie erneut auf der Höhe von Karlshagen physisch vom Rest der Insel abgegrenzt (s. dazu Abb. 30 und 31). Erst nach dieser Maßnahme war die Beschränkung des Zugangs für autorisierte Personen wirksam durchzusetzen. Der Schutz der Bevölkerung vor Munitionsaltlasten spielte hierbei offenbar keine Rolle[130].
Mit der Abriegelung wurde auch das Zentrum der ehemaligen Siedlung im Bereich des ‚Brandenburger Tors' für die Zivilbevölkerung gesperrt: „Dieses Tor stand bis dahin frei zugänglich für jedermann, erst als das Sperrgebiet bis kurz vor die Ortschaft Karlshagen gezogen wurde, war dann auch die Möglichkeit vorbei, daß die Häuslebauer sich ihr Baumaterial aus den Ruinenfeldern Peenemündes holten"[131] oder auch Müll abluden[132].

Zwei Fragmente einer innerhalb der Fertigungshalle 1 aufgefunden, offensichtlich verlagerten Kunststofftafel mögen der Beschilderung des Sperrgebietes nach 1962 zugerechnet werden (Abb. 26), allerdings ist eine eindeutige Zuordnung letztlich nicht möglich. Ein weiteres Schild ist auf dem Bild einer auf 1990 datierten Aufnahmeserie des NVA-Geländes zu erkennen. Auf diesem Bild wird in englischer, französischer, russischer und deutscher Sprache darauf hingewiesen: „Durchfahrt für das Personal der ausländischen Missionen ist VERBOTEN!" (Abb. 28). Da der Aufstellungsort dieses Schildes nicht angegeben ist, bleibt offen, welche Teile der Insel für Angehörige internationaler Missionen zugänglich blieben.
Ob Reste eines Grenzzauns womöglich noch westlich der Landstraße Peenemünde – Karlshagen nördlich der an die Straße angrenzenden Bebauung erhalten sind, ist ohne eingehendere Untersuchung nicht festzustellen. Relikte haben sich hingegen erhalten von den Umzäunungen kleinerer, abgeschlossener Areale innerhalb des neu eingerichteten Sperrbezirks.
Innerhalb des Sperrgebietes hatten sich die am Ort vertretenen Teilstreitkräfte der NVA die Flächen nach ihrem jeweiligen Bedarf aufgeteilt[133] und jeweils einzelne Flächen noch einmal gesondert abgesperrt – so etwa für Munitionsläger, die mit mehrreihigen, als ‚Hochspannungssicherungsanlage' (HSA) bezeichneten, elektrifizierten Zaunanlagen umgeben wurden[134].
Eine in den 2010er Jahren erarbeitete Auflistung aller bekannten militärischen Sperrgebiete der DDR führt für den Norden der Halbinsel Peenemünde einschließlich der Gebiete der Gemeinden Peenemünde, Karlshagen und Trassenheide sowie der beiden Inseln

[130] Anders Kanetzki 2014a, S. 32 f. – ohne Quellenangaben.
[131] Tresp 1992, S. 18. Vgl. auch Bode/Kaiser 1997, S. 162.
[132] S. z. B. an der Fertigungshalle 1.
[133] Zu Absprachen hinsichtlich der Aufteilung von „Einflusszonen" im Sperrgebiet s. BArch Freiburg, CVM 10/50358, Bl. 94, Aktennotiz, GVS-Nr.: D 183 872, 4. Ausf., Bl. 22: „Am 26.11.77 führte der Stabschef der 1. Flottille, FK Zimmermann eine Aussprache mit dem Stabschef des JG-9, Oberstleutnant Hein. Bei dieser Aussprache nahm als Vertreter der UA Org./Auffüllung KK Börner, S. teil. Gegenstand der Absprache war die Belegung des Sperrgebietes durch die Einheiten der 1. Flottille, des JG-9 und des FTB-9. Im Ergebnis der Absprache wurde von beiden Seiten festgestellt, daß die im Sperrgebiet benutzten Räume zur Unterbringung von Einheiten die Organisation der Nachbarn nicht beeinträchtigen. Folgende Belegung von Räumen wurde bestätigt: Für die 1. Flottille – Gelände am 4000 m – Punkt (6000–3423), – Gelände des alten Sportplatzes (6000–3423), – Weg zum Ring 2 einschließlich des Geländes rechts und links

Abb. 31 Auszeichnung des Sperrgebiets Peenemünde 1962 (BArch Berlin, KART 1002)

des Weges des Ringes 2 (6001–3421/22), – Straße rechts der Eisenbahnlinie in Richtung Peenemünde Nord (6001/02 – 3422). Für das JG-9 und FTB-9, – Straße links der Eisenbahnlinie vom Objekt des FTB-9 bis zum Kontrollpunkt (6000–3423), – Raum links hinter dem ersten Eisenbahnübergang im Sperrgebiet ab Kontrollpunkt (6001–3422), – Raum zwischen Strand und Zufahrt zum Flugplatz ausschließlich Schießplatz mit Zufahrtstraße (6003–3422). Das Ergebnis der Abstimmung wurde am 02.12.77 dem WKK Wolgast, vertreten durch Oberstleutnant Dahlmann, gemeldet."

134 S. dazu weiter unten Kap. 5 und Schneider/Röhl [HGR] Kap. III.

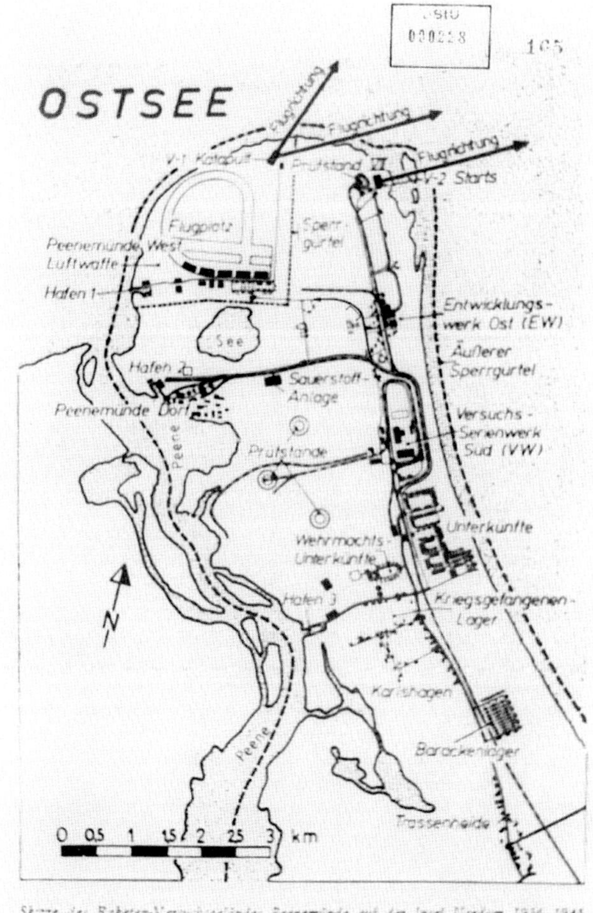

Abb. 32 Karte von Usedom mit Angabe von Sperrgebietsgrenzen, (o.D.) (BStU Berlin, MfS HA IX/11 ZUV 34, Bd. 10, Bl. 228)

Greifswalder Oie und Ruden 42 einzelne Objekte als NVA-Standorte an, deren Anlage, Ausdehnung und Verhältnis zum Gesamtsperrbezirk bislang aber nicht weiter geklärt sind[135].

1989–1996 – Bundeswehr-Standort

Infolge der Verhältnisse nach der Wende wurde Anfang Dezember 1989 der Schlagbaum am Ortsausgang von Karlshagen beseitigt, so daß das Sperrgebiet nun auch für die Öffentlichkeit de facto zugänglich wurde und Touristen, Neugierige und Militariasammler[136] anzog. Während Schutt und Müll abgeladen werden konnten, wurde nun auch die Entnahme von Bodenfunden durch Trophäensammler und die Durchführung von Raubgrabungen zum Problem[137]. Vor allem aber waren es die nach wie vor im Boden lagernden Kampfmittel, die eine erneute Absperrung erforderten[138]. Nach Öffnung des Sperrgebiets im Dezember 1989 stellte „man bald überrascht fest," daß „oft nur wenige Zentimeter tief im Strand und im Sand der Dünen Bombenblindgänger aus der Zeit des Krieges und dazu noch Granaten und Gewehrmunition aus der NVA-Ära gefunden werden."[139] Daher musste „erneut eingezäunt und abgegrenzt werden."[140] Dabei bleibt offen, inwieweit diese Absperrung identisch ist mit der heute vorhandenen Umzäunung der Areale der ehemaligen HVA. Den einzigen Anhaltspunkt zur Rekonstruktion der Absperrungen jenseits der noch in situ befindlichen Zaunanlagen und Pfosten ist eine Skizze, die einer frühen Beschreibung des Sperrgebietes nach 1990 beigefügt ist (übertragen in Abb. 34), die explizit auch auf die Problematik der Durchlässigkeit der Absperrungen einging und die Vermüllung der Areale thematisierte[141]. Auch wenn ab 1992 in einigen Bereichen Räumungsarbeiten durchgeführt wurden[142], und die Wehrbereichsverwaltung der Bundeswehr sich 1993 dazu bereit erklärte, „das Militärgelände bei Peenemünde bis zum 30. September 1996 weitgehend von Munition und Altlasten gereinigt für eine zivile Nutzung freigeben zu wollen"[143], ist das Vorhaben aufgrund des hohen Aufwands nicht in der avisierten Weise verfolgt worden[144]. Das einzig bekannt gewordene Hinweisschild aus dieser Zeit trägt die Aufschrift „Munitionsverseuchtes Gebiet Betreten verboten! Der Standortälteste". Sein Aufstellungsort bleibt jedoch wiederum ungeklärt[145].

[135] Henkel u. a. 2015, S. 57–63 (Standorte der NVA: Nr. 411 (Greifswalder Oie), 412 (im Süden der Insel Ruden), 413–440 (Peenemünde), 446 (nördlich von Karlshagen), 447–449 (Karlshagen), 450–452 (Trassenheide) – s. auch die Karte ebd. auf S. 92 (Karten der Standorte der NVA, Bezirk Rostock [Karten der Standorte der NVA). Zur Quellengrundlage s. ebd. S. 16, zur Quellenproblematik sowie zur Bestimmung der Sperrgebiete anhand der archivalischen Überlieferung s. ebd. S. 22 sowie S. 33: „Diese Sichtungsstudie offenbart grundlegende Probleme, die sich bei dem Versuch, militärisch und paramilitärisch genutzte Flächen auf ostdeutschem Territorium unter wesentlicher Zuhilfenahmen von Beständen des BStU zu bestimmen ergeben: Es fehlt an vollständigen und an verlässlichen Daten für einen Generalüberblick. [...] Aus einem insoweit nicht auf Vollständigkeit abzielenden Atlas von Sperr- und Sondergebieten auf dem Territorium der DDR [...] [...] Generell sind Überblickszahlen zur Ausdehnung von Sperrgebieten und unzulänglichen Objekten auf DDR-Territorium bisher allenfalls verstreut verfügbar und nicht frei von Widersprüchen."

[136] Zum Fundspektrum archäologischer Artefakte aus der Nutzungsphase der HVA in der Zeit nach Ende der militärischen Nutzung s. beispielsweise die Darstellung von Tresp 1992, S. 27–31, 36–43.

[137] Zur Bergung von Objekten aus der Nutzungsphase der HVA in den 1990er Jahren s. ebd.

Übertragung an die DBU und Umwandlung in Naturschutzflächen

Während die Bundesimmobilienverwaltung Teilflächen der ehemaligen Erprobungsstelle der Luftwaffe und der ehemaligen Heeresversuchsanstalt an private Investoren veräußerte und so eine Diversifizierung der Eigentümerschaft verfolgte, sollte auf Grundlage der Koalitionsvereinbarung vom 11. November 2005, die nach der vorangegangenen Bundestagswahl von CDU, CSU und SPD getroffen wurde, das Gros der Liegenschaft Peenemünde als Naturschutzflächen von gesamtstaatlicher Bedeutung an einen geeigneten einzelnen Eigentümer übergeben werden. Fünf Jahre später übernahm die Deutsche Bundesstiftung Umwelt (DBU) die verbliebenen Flächen. An Stelle eines Bauherrn sorgten nun die unterschiedlichen Besitzer für die Sicherung der von ihnen verwalteten Flächen – sei es zum Schutze des Eigentums, aus Naturschutzgründen oder Gründen der Sicherheit. Andernorts wurden bestehende Zaunanlagen entfernt. Entsprechend diversifiziert zeigt sich danach nicht nur das Spektrum an Pfosten und Zäunen, sondern auch das landschaftliche Erscheinungsbild. Die Wahrnehmung des ehemaligen Versuchsserienwerks zwischen Karlshagen und Peenemünde ist nun entlang der Umgehungsstraße durch einen einfachen Maschendrahtzaun mit grünen Stahlrohrpfosten sowie durch die an dahinterstehenden Bäumen befestigten Warnschilder begrenzt (s. Abb. 27)[146], an der Süd- und Westseite des Entwicklungswerkes sowie an einer Vielzahl lokal begrenzter Stellen sind es gleichwohl noch immer die Zaunanlagen und –pfosten der NVA-Zeit, die weiterhin die Aufgabe der Absperrung übernehmen.

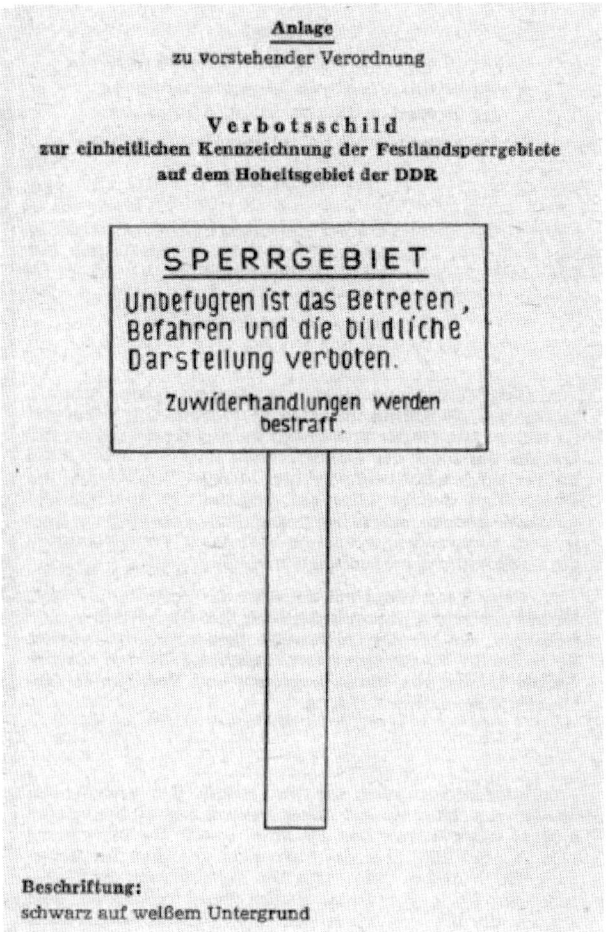
Anlage
zu vorstehender Verordnung

Verbotsschild
zur einheitlichen Kennzeichnung der Festlandsperrgebiete
auf dem Hoheitsgebiet der DDR

Beschriftung:
schwarz auf weißem Untergrund

Abb. 33 Vorgabe zur Kennzeichnung von Sperrgebieten gem. Sperrgebietsverordnung v. 26.7.1979 im DDR-Gesetzblatt, Teil I (1979) 29

[138] Bode/Kaiser 1998, S. 178.

[139] Bode/Kaiser 1998, S. 178 f.

[140] Ebd. Zu Orten und zum Verlauf der Zäune liegen keine Informationen vor.

[141] Heitmann 1991, S. 22 f.

[142] Labjon/Dietrich 1996, S. 214 zufolge besuchten im April 1991 Angehörige des Munitionsbergungsdienstes Mellenthin Peenemünde, und begutachteten das Gebiet östlich der Straße Peenemünde – Karlshagen bis zum Areal der Luftwaffe. Im August 1992 erörterte der Munitionsbergungsdient die Beräumung des Sperrgebiets einschließlich des Schießgebiets Peenemünder Haken und beginnt im September 1992 mit den Arbeiten „in der Liegenschaft Naherholung“ – ebd., S. 227. Im Mai 1993 werden mehrere Fliegerbomben gesprengt und Blindgänger aus dem Zweiten Weltkrieg, die im Flachwasserbereich des Sperrgebietes aufgefunden wurden, beseitigt – ebd., S. 229.

[143] Bode/Kaiser 1998, S. 190.

[144] Zu Kampfmittelräumung im Bereich des NVA-Sperrgebietes nach 1993 s. DBU – Liegenschaftsbericht und Gemeinde Peenemünde 2004.

[145] Heitmann 1991, Abb. auf S. 22 u. l.

[146] Eine Übersicht über verschiedene Beschilderungen, darunter eines nach 2005, bietet Grempler 2011, Abb. 4 auf S. 1 – allerdings ohne Quellenbelege und Datierungen.

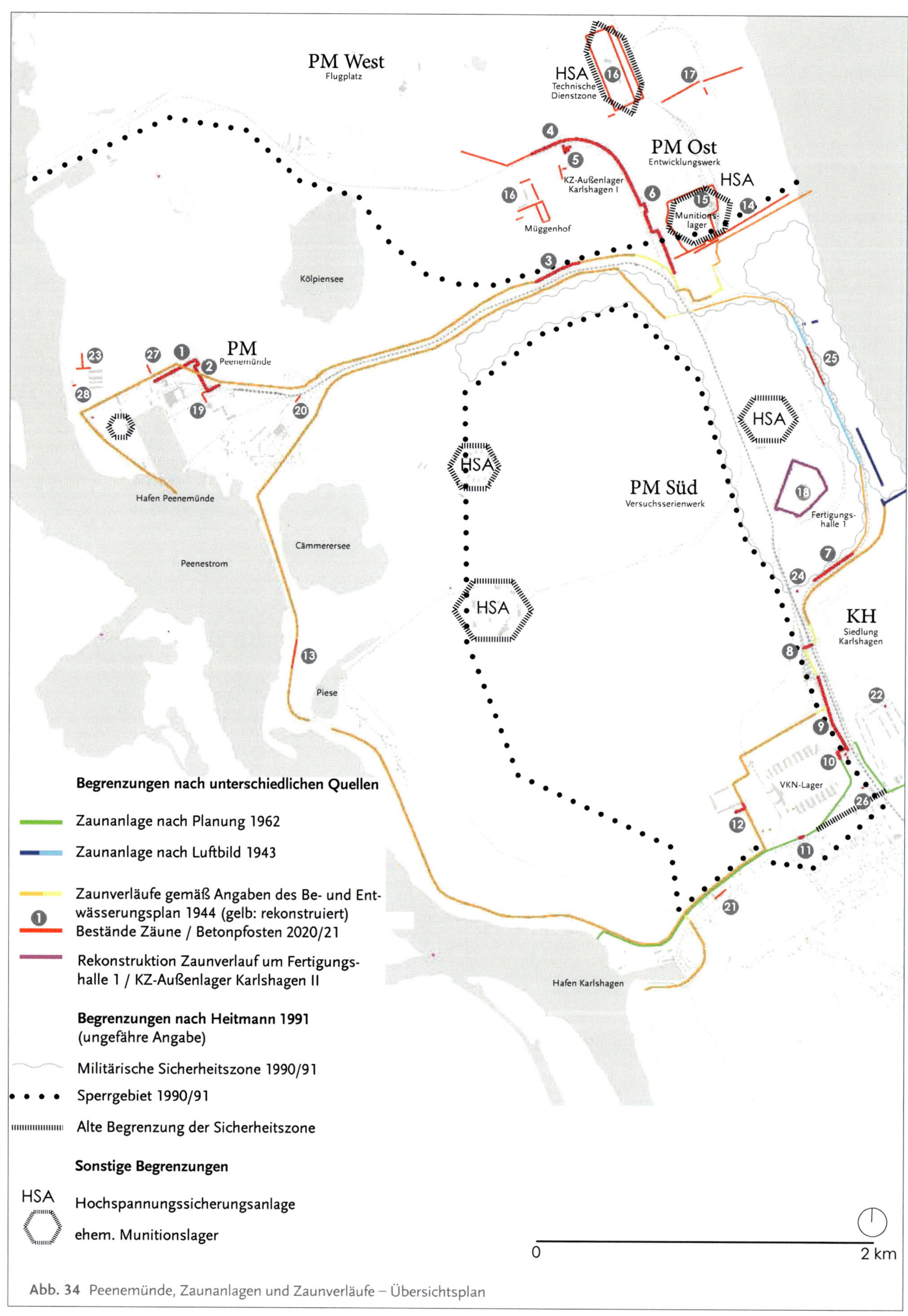

Abb. 34 Peenemünde, Zaunanlagen und Zaunverläufe – Übersichtsplan

1	PM Dorf (Kraftwerk), Nordseite, nord-östl. Begrenzung entlang der Straße zum Hafen Peenemünde	Pfosten: Typ 1, 2, 3, 4a und 4b
2	PM Dorf (Kraftwerk), heutiger Parkplatz	Pfosten: Typ 8
3	PM–KH (Landstraße) zw. EW und PM-Dorf, Nordseite	Pfosten: Typ 1
4	PM Ost (EW), Ostseite, entlang der Straße zw. Wache und Flughafen, nördlicher Abschnitt entlang des Tanklagers	Pfosten: Typ 2
5	PM West (Karlshagen I)	Pfosten: Typ 1, 3, 5 und 24 (äußerer Lagerzaun, westliche Begrenzung)
6	PM Ost (EW), Ostseite, entlang der Straße zw. Wache und Flughafen, südlicher Abschnitt	Pfosten: Typ 7, 3
7	PM Süd (VSW), Südostseite des Verwaltungsareals	Pfosten: Typ 1
8	PM Süd (Wagenhalle)	Pfosten: Typ 3
9	KH (VKN), Ostseite und entlang Bahnlinie, Abgrenzung des Eingangsbereichs des VKN-Lagers nach Osten zum Fahrradweg KH–PM hin	Pfosten: Typ 9, 5
10	KH (VKN), Ostseite, Hauptzufahrt	Pfosten: Typ 7 (Umgrenzung der Bebauung nördlich der Hauptzufahrt), 10
11	KH (VKN), Südseite, Zufahrt in Höhe des Wirtschaftsgebäudes	Pfosten: Typ 12
12	KH (VKN), Werkstatthof, Südseite	Pfosten: Typ 3 (südlicher Abschnitt), 11 (östlicher Abschnitt)
13	PM – KH (Deich)	Pfosten: Typ 1
14	PM Ost (EW), Weg zum Meer	Pfosten: Typ 3, 15, 18, 20, 21
15	PM Ost (EW), südlicher Bereich, Munitionslager JG 9	Pfosten: Typ 3, 15, 18, 21
16	PM Ost (EW), Technische Dienstzone	Pfosten: Typ 3, 15, 16, 17, 18, 19
17	PM Ost (EW), nördlicher Bereich	Pfosten: Typ 3, 5, 21, 23, 24
18	PM Süd (F1), versch. Fundorte	Pfosten: Typ 1, 2, 4a und 4b (Areal t_v15_17), 5 (Betonzerkleinerungsplatz, Schutthalde Ostseite), 24 (Quadrant a_b47_48 Süd), 6 (Quadrant a_b47_48 Nord), 13 (außerhalb, östlich der Nordostecke der F1)
19	PM Dorf (Kraftwerk), Nordseite, zw. Bunkerwarte und Zufahrt	Pfosten: Typ 25
20	PM Dorf (Wasserwerk)	Pfosten: Typ 18
21	KH (Wasserwerk)	Pfosten: Typ 1, 21
22	KH Ort, südlich der Hauptstraße	Pfosten: Typ 6
23	PM Hafen (Nordseite) Nord- und Westseite Industrieareal	Pofsten: Typ 3, 4
24	PM Süd (VSW), Zufahrt Süd	Pfosten: Typ 10
25	PM–KH (Landstraße), nördlich des Parkplatzes, Westseite	Pfosten: Typ 1
26	KH Ort, Alte Peenemünder Str., Westseite	Pfosten: Typ 1
27	PM Hafen (Nordseite), Ostseite	Pfosten: Typ 3
28	PM Deich (Pumpenhaus Schanze), Süd- und Ostseite	Pfosten: Typ 21
30	PM West (Müggenhof)	Pfosten: Typ 1, 3

Abb. 35 Betonpfosten in einer Halde im Inneren der Fertigungshalle 1. Im Vordergrund Pfosten Typ 2, dahinter und darüber Pfosten Typ 1, darüber Betonplatte zu Typ 4 (Foto: Peter Schneider)

3. Betonpfosten als Artefakte im Fundspektrum der F1-Ruine

Die Frage nach der Bestimmung und Unterscheidung sowie der zeitlichen Einordnung der Pfosten und Zaunverläufe in Peenemünde resultiert nicht zuletzt aus der Beobachtung eines breiten Typenspektrums. Dieses ist nicht allein mit einem makroskopischen Blick auf die allgemeine Situation in Peenemünde und in Karlshagen zu konstatieren, sondern auch mit einem mikroskopischen Blick auf eine einzelne Fundstelle. Im Areal der F1 und der näheren Umgebung fand sich im Rahmen des Surveys eine ganze Reihe von Zaunpfosten und Pfostenbruchstücken, die im Verhältnis zu ihrer Zahl eine große Varianz an Typen aufweisen. Auch die Fundkontexte sind sehr unterschiedlich: sie ragen als einzelne, verlorene Bauelemente aus Schutthalden heraus, sind zu mehreren auf einem Haufen am Wegesrand deponiert oder im Inneren der ehemaligen Fabrik zu einer Halde gestapelt – aber nirgends als Teil einer zusammenhängenden Zaunanlage noch in situ erhalten. Hierzu wurde eine Typologie von 25 Pfosten erstellt, die im Katalog ab S. 95 dargestellt ist.

Pfostentypen 6 und 13

Einige dieser Pfosten widersetzen sich mangels markanter Merkmale, ohne Hinweise zu ihrem möglichen ursprünglichen Aufstellungszusammenhang oder ohne Vergleichsbeispiele der weiteren Bearbeitung: so die Betonpfähle am Wegesrand östlich der Halle (Typ 13 – Abb. 71, Taf. 3h) – allesamt Bruchstücke, deren obere Enden an keinem Stück erhalten sind. Außer ihrem rhomboiden Querschnitt und ihrer Einbausituation, eingegossen in eine allseitig gebrochene Betonplatte, zeigen sie keinerlei Eigenschaften, die einen Hinweis auf ihre ursprüngliche Gestalt oder Verwendung ermöglichen. Unklar bleibt auch, ob es sich bei diesen Elementen womöglich nicht eher um Teile des ehemaligen Fabrikgebäudes handelt oder aber auch nur um Bauschutt, der von anderer Stelle zu einem späteren Zeitpunkt hierher verbracht wurde. Auch im Falle des einzelnen Betonpfostens (Typ 6 – Abb. 65, Taf. 3a), der aus einer Schutthalde westlich der Ruine herausragt, ist die Zugehörigkeit zur Anlage der F1 ungewiss. Die Halde wurde nach Ausbeutung der Ruine in den 1950er Jahren auf dem westlich entlang der Ruine verlaufenden Weg angehäuft. Auch wenn der Pfosten nicht vollständig erhalten ist, so sind die Stahlstifte, die an einer Seite in regelmäßigen Abständen eingelassen sind, doch ein hinreichendes Merkmal, um das Bauelement mit einem vollständig erhaltenen Exemplar des gleichen Typs vergleichen zu können, das noch aufrecht in einem der Gärten der zerstörten Siedlung Karlshagen steht. Allerdings steht dieser Pfosten auch dort nur allein und ohne erkennbaren Zusammenhang zu einer Zaunanlage oder zu anderen Pfosten. Ohne weitere Parallele ist dieser Pfostentyp weder zeitlich einzuordnen, noch kann die besondere Funktion bestimmt werden, die eine Reihe von Stahlstiften an einer Seite des Bauelements erforderte.

Pfostentypen 5, 18, 20, 24 und 25

Ganz anders stellt sich das jedoch im Falle desjenigen Pfostens dar, der wie der vorige Pfosten aus einer nach Beräumung der Ruine aufgeschütteten Halde herausragt, diesmal im südwestlichen Teil des ehemaligen Fabrikgebäudes (Quadranten a_b47_48). Er zeichnet sich durch einen quadratischen Querschnitt, einen bogensegmentförmig gerundeten oberen Abschluss sowie durch eine Reihe von Drahtkrampen aus (Typ 24 – Abb. 80, Taf. 6d), die zur Befestigung von Führungsdrähten oder Stacheldraht in regelmäßigen Abständen in die Vorderseite eingelassen wurden. Ähnliche Pfosten fanden sich zu mehreren, davon einer in voller Länge mitsamt dem anhaftenden Betonblock der Fundamentierung, etwa 150 m weiter nördlich in einem Areal, das in den 1950er Jahren im Zuge der Baustoffbergung aus der Ruine zur Betonzerkleinerung verwendet wurde. Zwei weitere Pfosten dieses Typs ragen aus einer Halde von Schuttresten der F1 östlich der Ruine. Von dem im Inneren der F1 vorgefundenen Pfosten unterscheiden sich diese lediglich durch die Form des oberen Abschlusses, denn hier setzt die bogensegmentförmige Rundung mit leichtem konkavem Anlauf von den Seiten wellenförmig an (Typ 5 – Abb. 49, 53, 64, Taf. 2d–h).
Ein dieser Form des Abschlusses vergleichbares oberes Ende weisen die Pfosten der Typen 18 und 20 auf. Anders als im Falle der Pfosten des Typs 5, bei denen der bogenförmig gekrümmte Mittelteil als Teil einer zur Mitte hinaufschwingenden Wellenlinie erscheint, ist dieser Mittelteil im Falle der Typen 18 und 20 von den seitlichen Kanten nur leicht in gerader Linie abgesetzt. Von den vorgenannten Typen 5 und 24 unterscheiden sich beide Typen, auf die im Übrigen auch unten noch im Zusammenhang mit den Zaunanlagen im Bereich des ehemaligen Entwick-

lungswerks weiter einzugehen ist, deutlich in Form bzw. Dimension ihres Querschnitts. Bei Typ 18 (Abb. 75, Taf. 5d–f) ist der Querschnitt nicht rechteckig, sondern trapezoidal, und die Pfostenoberseite ist zur Rückseite hin leicht geneigt. Auch die Körnung des Zuschlags ist erkennbar feiner, die Oberflächen sind glatter. Der Beton der Pfosten des Typs 20 (Abb. 77, Taf. 5g) wiederum ist deutlich gröber, der Querschnitt des Schafts größer. Besonders ist bei diesem Typ zudem die Art und Weise, mit der Applikationen am Schaft zu befestigen sind. So sind anstelle von Krampen oder Bindelöchern kleine Holzklötzchen auf einer Seite in den Betonkörper eingelassen, an die Drähte, Latten oder Schilder angenagelt werden können.

Die Pfosten des Typs 5 lassen sich zumindest grob der Bauzeit der Fertigungshalle zuordnen, da entsprechende Betonpfosten die westliche Begrenzung des Ravensbrücker Außenlagers Karlshagen I, das ab Mai 1943 gegenüber dem ehemaligen Entwicklungswerk (EW) der HVA entlang der Straße zum Flughafen Peenemünde eingerichtet wurde, bilden (Nr. 5 auf Abb. 34 – Übersichtsplan). Von einer von der Straße senkrecht nach Süden abgehenden Pfostenreihe sind noch neun Betonpfähle erhalten, die mit Ausnahme eines einzelnen dem im Bereich der Betonzerkleinerungsanlage vorgefundenen Typ 5 entsprechen. Die Ausnahme bildet ein Pfosten des Typs 24. Mithin können beide Pfosten mit bogensegmentförmig gewölbtem Abschluss womöglich dem gleichen zeitlichen Kontext zugeordnet werden – es sei denn, die Einfügung des einzelnen Pfostens vom Typ 24 stellt eine spätere Reparatur dar und indiziert damit eine Weiternutzung der in Frage stehenden Zaunanlage im Bereich des KZ-Außenlagers.

Umgekehrt ist ein einzelner Pfosten des Typs 5 als offensichtlich wiederverwendetes Bauelement in einer weiter unten noch einmal angesprochenen NVA-zeitlichen Zaunanlage belegt, die das Areal des VKN-Lagers in Karlshagen nach Osten zu dem nach Peenemünde führenden Fahrradweg abgrenzt. Somit sind beide Fälle zu belegen: die Wiederverwendung eines älteren Pfostenelements zur Reparatur einer jüngeren Zaunanlage, als auch die Verwendung eines neueren Pfostenelements zur Reparatur einer älteren Anlage.

Reste einer durchgehenden Zaunlinie aus Pfosten des Typs 5 sind im Norden des EW erhalten, wo sie – eingedenk der zeitlichen Einordnung des Pfostentyps – zu einer nördlichen Begrenzung dieses Teilareals der ehemaligen HVA gehört haben mögen, oder aber die südliche Grenze desjenigen Gebiets gebildet haben, in dem sich die Prüfstände befanden. Warum es einer solchen Separierung bedurft haben sollte, muss jedoch offenbleiben.

Die Zaunlinie führt nach Osten hin auf die Westseite eines NVA-zeitlichen Gebäudes, das in Höhe des Prüfstands V auf der Westseite der an den Prüfständen vorbeiführenden Straße steht. Nur wenig südlich davon befindet sich, südlich der von Prüfstand V zum Meer führenden Straße, eine weitere Pfostenreihe, die hier jedoch aus Pfosten des Typs 24 besteht.

Einfache Pfosten mit gerundetem oberen Abschluss, die dem Typ 5 oder dem Typ 24 entsprechen oder zumindest ähneln, wurden auch für den Bau der Grenzanlagen der Berliner Mauer verwendet. Soweit es die bei Johannes Cramer und Tobias Arera-Rütenik 2011 veröffentlichten Abbildungen erlauben, ist dabei die Variante des Typs 5 jedoch nur ausnahmsweise[147], etwas häufiger hingegen die Variante 24 zu erkennen[148]. Viel häufiger findet sich jedoch eine Variante mit halbkreisförmig gerundetem Ende[149], die in Peenemünde in mehreren Fällen zu finden ist und hier als Typ 25 angesprochen wird: an der Zaunanlage, die das Areal des Kraftwerks bzw. des Historisch-Technischen Museums nach Osten abgrenzt und zwischen der Nordostecke der Bunkerwarte bzw. des Museumseingangs und dem westlichen der beiden Tore führt, die die Zufahrt zum Kraftwerk beschränken. Jenseits des Tores verläuft der Zaun auf der Nordseite der Zufahrt auf das Wachgebäude am Beginn der Zufahrt zu. Dieser Zaun wurde eventuell nicht vor Ende der 1950er Jahre aufgestellt. Zumindest ist die Anlage auf einem Lageplan des Hafenareals, der im Februar 1957 zusammengestellt wurde[150], noch nicht vermerkt. Die Zaunanlagen der Berliner Grenzanlagen, bei denen entsprechende Betonpfosten verwendet wurden, sind vor allem der frühesten Phase ab 1961 zuzuordnen[151]. Pfosten des Typs 5 und 24 scheinen dabei gegenüber solchen des Typs

[147] Vgl. Cramer/Arera-Rütenik 2011, Abb. auf S. 77 oben links.

[148] Vgl. ebd., Abb. auf S. 68 oben, 76 unten, 146 unten, 147 oben.

[149] Vgl. ebd., Abb. auf S. 28, 29, 47, 49, 54, 57, 59, 67, 68, 73, 76, 131 oben links, 225, 384, 386 oben, 225.

[150] BArch Freiburg, DVM_2/6531.

[151] Vgl. Cramer/Arera-Rütenik 2011, S. 28 f.

[152] BLHA Potsdam, Rep 35 I/51, Bl. 18 bzw. BStU, MfS HA IX/11 ZUV 34, Bd. 6, Fragebogen Hermann Richert. Die Aussage des ehemaligen Mitarbeiters Hermann Richert enthält zudem differenziertere Angaben zur Identifikation der verschiedenen Zwangsarbeitslager in Peenemünde. In dem Aktenplan „Bauvorhaben Karlshagen" der Baugruppe Schlempp vom 01.11.1943, in dem alle von der Baugruppe betreuten Baumaßnahmen aufgeführt sind, sind zwei Einträge zu Zaunanlagen vermerkt: „15 Umzäunung für das gesamte Bauvorhaben; 15a Umzäunung des Sicherungsbereiches mit Wachhäusern" – BArch Berlin, R4606/4573, Bl. 146–152, hier Bl. 149.

[153] Desgleichen auch zu erkennen auf den Aufnahmen des Filmes, den die Rote Armee nach Eroberung Peenemündes aufgenommen hatte, und auf dem Reste der Zaunanlage vor der Südwe-

25 keine große Bedeutung erlangt zu haben. Zu Beginn des Berliner Mauerbaus müssen sie also offenbar als Auslaufmodell betrachtet werden. Ebenfalls einer eher frühen Phase des NVA-zeitlichen Ausbaus Peenemündes scheinen die Pfosten des Typs 20 zuzurechnen zu sein. Den Grund für eine solche Annahme bietet jedoch allein eine entsprechende zeitliche Einschätzung der groben Betonqualität. Die Pfosten des Typs 18 hingegen sind deutlich später zu datieren. Schließlich treten sie bevorzugt im Zusammenhang der Peenemünder Munitionslager mit den dort errichteten HSA auf, die nicht vor Ende der 1960er Jahre entstanden sein können.

Pfostentyp 1

Die Reste zweier Pfosten des Typs 1 (Abb. 22, 35–41, 60) fanden sich gemeinsam mit Pfosten und Elementen anderer Typen (Typen 2 und 4) in einer Halde, die im östlichen Bereich innerhalb der Ruine aufgetragen wurde. Eines der hier vorgefundene Exemplare ist mitsamt dem anhaften Betonblock der Fundamentierung in ganzer Länge erhalten und weist drei Merkmale auf: einen nach obenhin abnehmenden quadratischen Querschnitt, eine ebenfalls nach oben hin im Querschnitt abnehmende Abwinkelung (‚Übersteigeschutz') mit gerundetem Abschluss sowie eine Reihe von Krammenhülsen, die in regelmäßigem Abstand auf der Seite unterhalb des Übersteigeschutzes mittig in den Pfostenschaft eingelegt sind, und in die Eisenkrammen zur Befestigung von Stachel- oder Führungsdrähten eingesetzt werden können. Während in der zeitgenössischen Literatur und in den vielfältigen Herstellerprospekten und -anzeigen die gebogene Form des ‚Orkan'-Betonpfostens die formale Wahrnehmung bestimmt, mag es als bemerkenswert erscheinen, dass der einzige Bildnachweis für Pfosten des Typs 1 einer Anzeige der Nord-Draht-Werke Rostock zu entnehmen ist (Abb. 19). Tatsächlich ist das Engagement just dieser Firma auch aus der Zeugenaussage eines ehemaligen Mitarbeiters belegt, der in den 1940er Jahren an der Errichtung der Zaunanlagen beteiligt war[152]. Offen bleibt allerdings, ob die Betonpfosten dieses Typs zugleich als Produkt der Nord-Draht-Werke gelten können, oder ob die Firma sie von einer Zulieferfirma bezog und vorzugsweise verwendete.

Die Verwendung dieser Pfosten spätestens ab Mitte des Jahres 1943 ist belegt über die historischen Fotographien, die die Zaunanlage um die F1 bzw. das KZ-Außenlager Karlshagen II zeigen (s. Abb. 37, 38)[153]. Diese Anlage wurde ab Mitte April von der Baugruppe Schlempp geplant, nach Eintreffen der ersten Häftlinge ab dem 17. Juli 1943 von diesen selbst errichtet[154]. Mit dem Übersteigeschutz nach innen, zur Halle, gerichtet, bildeten die Pfosten des Typs 1 an der F1 die innere von zwei parallel geführten Zaunlinien, deren unregelmäßiger Verlauf auf verschiedenen Luftbildern gut zu erkennen ist. Der zweiten, äußeren Zaunlinie könnten danach vielleicht auch die in und in der Nähe der F1 aufgefundenen Pfosten des Typs 5 zugeordnet werden. Denn auch im Falle des Lagers Karlshagen I belegt der archäologische Befund die Verwendung von Pfosten sowohl des Typs 5 als auch des Typs 1. Im Falle des KZ-Außenlagers Karlshagen I ist senkrecht zu dem oben bereits erwähnten Zaunverlauf entlang der Westseite des Lagers eine Reihe von drei umgestürzt in einer Linie liegengebliebenen Pfosten des Typs 1 zu erkennen.

An den Überresten der Zaunanlage, die sich an der Südseite des ehemaligen Versuchsserienwerks, in dem das Verwaltungsgebäude, Lehrwerkstatt und Kantine gelegen waren, entlang der Landstraße von Karlshagen nach Peenemünde (Nr. 7 auf Abb. 34) erhalten haben und bei der Pfosten des Typs 1 Verwendung gefunden hatten, ist schließlich auch die Aufstellungsweise zwischen langen, niedrigen Betonblöcken als Schwellenelemente (‚Betonrandleisten') zu ersehen. Maschendrahtbänder, die an horizontal zwischen Pfosten verlaufenden Führungsdrähten befestigt wurden, konnten zudem mit Draht an Eisenkrampen gebunden werden, die an der Oberseite dieser Schwellenelemente in regelmäßigen Abständen eingelassen waren. Mit schräg gestellten Pfosten des gleichen Typs, die mit dem abgewinkelten Übersteigeschutz gegen die vertikal aufgestellten Betonschäfte gesetzt wurden, war schließlich auch eine Stabilisierung der Pfostenreihe in der Längsrichtung möglich. Nicht mehr zu erkennen ist der Aufbau hingegen an den Resten derjenigen Zaunanlage, von der sich zwischen Entwicklungswerk und

strecke der F1 zu erkennen sind – vgl. Обитаемый Космос 2020, Minute 1:44–1:48 – s. Abb. 36.

154 Zur Errichtung der Zaunanlage s. BArch Freiburg, RH 8/1210, Bd. 5, Bl. 17, Eintrag zum 17.06.1943: „Eintreffen der ersten 200 Häftlinge, zur Hälfte Deutsche, zur Hälfte Russen, die in F1 untergebracht werden und zunächst den Drahtverhau um die F1 errichten"; ebd. Bl. 19, Eintrag zum 25.06.1943: „Besprechungen mit Herrn Eckelt, Lehmann, Hahn von S.S.W. über Personalfragen, elektr. Zaun pp."; ebd. Bl. 22, Eintrag zum 21.07.1943: „Schriftl. Aufträge auf elektr. Zaunsicherung (S.S.W. Stettin)"; ebd. Bl. 106, Eintrag zum 12.04.1943: „Die Umzäunung der F1 wird inzwischen seitens VW längs der Straßen und den Schneisen zusammen mit BGS geplant, so daß bei Aufstellung der Bedarfsermittlung auf Häftlinge eine Lageskizze für Herrn Jaeger beigefügt werden kann. Luftbilder: NCAP, NCAP_JARIC_106G_1992_3016 (07.08.1944); BArch Koblenz, Bildstelle, RH8II Bild-FE859-L35-22. Zur Quellenlage und Rekonstruktion der Zaunanlage um die Fertigungshalle 1 s. Schneider – Röhl (in Vorbereitung) zur Rekonstruktion des KZ-Außenlagers Karlshagen II.

Abb. 36 Südwestecke der Fertigungshalle 1, Standbild aus einem Film der Roten Armee nach der Eroberung von Peenemünde , Min. 1:48 (HTM Peenemünde, Archiv)

Abb. 37 Aufnahme der Fertigungshalle 1 von Südwesten, aufgenommen nach einem der Luftangriffe der USAAF im Sommer.1944 (Aufnahme HVA, DM, Archiv, Bild Nr. 260)

Abb. 38 Aufnahme der Fertigungshalle 1 von Westen, aufgenommen nach einem der Luftangriffe der USAAF im Sommer.1944 (Aufnahme HVA, DM, Archiv Bild CD 52936 / FA01/B259/43a)

dem Dorf Peenemünde einzelne Pfosten des Typs 1 über eine Strecke von 200 m entlang der Landstraße von Karlshagen nach Peenemünde erhalten haben (Nr. 3 auf Abb. 34 bzw. Nr. ae auf Abb. 50). In situ erhalten haben sich Pfosten dieses Typs auch an anderen Stellen in Karlshagen und in Peenemünde: entlang des Deiches längs der Peene[155], an der Südseite des Müggenhofs oder als Teil der Umgrenzung des Wasserwerks in Karlshagen. Dort jedoch sind auch Pfosten eines anderen Typs (Typ 21) verbaut. Die fehlende Systematik in der Aufstellung der beiden Pfostentypen verweist unter Umständen auf die Reparatur einer älteren Anlage mit den Pfosten des Typs 21 oder auf eine Neuanlage, die mit heterogenem, zum Teil älterem, vielleicht wiederverwendetem Material erbaut wurde. Noch weniger eindeutig ist die weiter unten erörterte Interpretation der Zaunanlage an der Nordseite des Kraftwerksareals zu leisten, bei der ebenfalls zusammenhängende Abschnitte mit Pfosten des Typs 1 in situ erhalten sind.

Pfostentyp 2 und Typ 16

Anders als im Falle der beiden Typen 1 und 5 ist die zeitliche Zuordnung des zweiten Pfostentyps (Typ 2 – Abb. 35, 61), von dem ein Exemplar in der erwähnten Halde im Inneren der F1 vorgefunden wurde, sehr wahrscheinlich erst der Nutzungsphase der NVA zuzuordnen. Den Pfosten des Typs 2 kennzeichnet ein durchgehend gleichbleibender Querschnitt, was auch für den leicht verringerten Querschnitt des abgewinkelten Übersteigeschutzes gilt, der am oberen Ende gerade abschließt. Dieser Typ ist zudem durch zwei unterschiedliche Arten von Löchern charakterisiert, die mittig angeordnet die Seiten des Pfostens durchziehen. Zum einen liegen kreisrunde Löcher in regelmäßigen Abständen von 20 cm übereinander. Sie nahmen Führungsdrähte oder Klammern zur Drahtbefestigung auf; drei Löcher an den Seiten des Übersteigeschutzes ermöglichten die Befestigung von Stacheldrahtbahnen. Zum anderen wurden im unteren und im oberen Bereich des Stieles zwei längliche Schlitze angebracht, die der Einbringung von Holzlatten oder flachen Eisenstäben dienen konnten. Diese Besonderheit kennzeichnet sowohl die Pfosten des Typs 2 als auch diejenigen des Typs 16 (Abb. 73, Taf. 5a–b). Während dieses Merkmal bei allen anderen Typen des in Peenemünde und Karlshagen vorgefundenen Spektrums nicht vorhanden ist, kennzeichnet es hingegen den Standardpfosten TGL 116-0122, dessen Typenblatt im Dezember 1960 herausgegeben wurde (s. Abb. 44). Dort allerdings sind die Elemente zur Drahtbefestigung abweichend konzipiert über eine Reihe von kreisrunden Löchern, die den Schaft quer zum Verlauf durchziehen und in zwei unterschiedlichen Varianten angeboten sind. Bei der ersten Variante sind die Löcher in regelmäßigen Abständen von 50 cm angeordnet, bei der zweiten Variante ist zwischen den beiden obersten Löchern ein weiteres mittig eingefügt. Während die Abstände der Bindelöcher bei Typ 2 lediglich 20 cm betragen, entspricht das Schema der Lochung in etwa demjenigen des Typs 7, der ebenso wie Typ 16 jedoch ohne Übersteigeschutz mit leicht abgeschrägtem Ende erscheint. Wie das Typenblatt für den Standardpfosten TGL 116-0122 mithin zeigt, kann für die NVA-zeitlichen Betonpfosten weder die Anordnung der Löcher noch das Vorhandensein oder das Fehlen eines Übersteigeschutzes als ein hinreichendes Kriterium zur Typendefinition verwendet werden. Dennoch bedeutet die Verwendung von Eisenkrampen, die bei den Pfosten des Typs 16 in die Vorderseite der Schäfte eingelassen sind, einen wesentlichen Unterschied in der Ausgestaltung der Drahtbefestigung. Die Verwendung von Krampen an der Stelle von Bindelöchern ist in Peenemünde schließlich mit solchen Typen verbunden, die der HVA-Zeit (Typen 1 und 5, ggfs. 24) verbunden sind oder einer frühen Phase der NVA-Zeit zugerechnet werden müssen. Bis zum Winter 2020/21 fanden sich Pfosten dieses Typs auch gegenüber dem KZ-Außenlager Karlshagen I entlang der Werkbahnlinie zum Flughafen, wo mit ihnen die Abgrenzung des Tanklagers ausgeführt worden ist (Nr. 4 auf Abb. 34 bzw. Nr. a auf Abb. 50). Ausweislich eines Luftbildes, das im Mai 1953 aufgenommen wurde, war das Areal zu diesem Zeitpunkt noch ungenutzt, woraus sich mithin ein t. p. q. für die Errichtung des Zaunes ergibt. Bis zu seiner versehentlichen Beseitigung im Winter 2019/20 war dieser Zaunabschnitt die einzig bekannte Stelle, an der sich eine zusammenhängende Zaunanlage unter Verwendung von Typ 2 noch erhalten hatte. Pfosten des Typs 16 fanden sich hingegen ausschließlich in der äußeren Zaunlinie der Hochspannungssicherungsanlage um die sog. Technische Dienstzone nördlich des ehemaligen EW (Nr. 16 auf Abb. 34 bzw. Nr. e auf Abb. 50).

Pfostentyp 4a und Betonplatten Typ 4b

In die Zeit ab Mitte der 1960er Jahre sind wiederum sehr wahrscheinlich die übrigen Betonteile zu datieren, die sich zusammen mit den Exemplaren der Typen 1 und 2 in derselben Halde befanden und die dem Typ 4 zuzurechnen sind. Es handelt sich um unterschiedliche Elemente einer Betonplattenmauer, wie sie nicht zuletzt beim Bau der Berliner Mauer bevorzugt zum Einsatz kamen. Mit Typ 4a sind hier die Betonpfosten (Abb. 48, 63, Taf. 2a, 2c) mit gleich-

[155] Deich: Vgl. Grempler 2011, S. 39, Abb. 46; Nordseite der Landstraße nach Peenemünde: vgl. Mense/Schmidt 2013, S. 30, Abb. 9.

Abb. 39 Aufnahme eines Zuges südlich der Nordkurve der Umgehungsbahn, Blick nach Nordwest (Aufnahme 1944 HVA, BArch Koblenz, Bildarchiv, RH8II Bild-B1903)

Abb. 40 Aufnahme eines Zuges südlich der Nordkurve der Umgehungsbahn, Blick nach Südost (Aufnahme 1944 HVA, BArch Koblenz, Bildarchiv, RH8II Bild-B1904-44)

bleibendem H-förmigem Querschnitt bezeichnet, die bei Cramer und Arera-Rütenik als „Nutstiele" geführt sind (s. Katalog Typ 4). Mit Typ 4b wiederum sind die Betonplatten bezeichnet (Abb. 63, Taf. 2b). Während im Bereich der F1 die vorgefundenen Elemente nur mehr als einzelne Fragmente vorliegen, findet sich an der Nordseite des Kraftwerkareals eine noch aufrechtstehende Betonplattenmauer, die dieses gegen die zum Hafen Peenemünde führende Straße, abschirmt (Nr. 1 auf Abb. 34 bzw. Nr. II.b auf Abb. 47). Eine weitere Plattenmauer aus Elementen des Typs 4 begrenzt das Industrieareal an der Nordseite des Hafens nach Norden hin.

Ein früher Beleg für das Konzept der Betonplattenmauer, bei dem schmale Betonplatten zwischen genutete ‚Orkanpfosten' eingeschoben sind, ist dem Beton-Kalender des Jahres 1936 zu entnehmen, wo die Konstruktion als „Gartenzaun" bezeichnet ist[156]. Das Konstruktionsprinzip, einschließlich der entsprechenden Pfostenform wird auch von Hellwig mit einer gleichartigen Ausführung vorgestellt[157]. Die Konstruktion, bei der die oberste Plattenlage wie später auch die Plattenmauern der Berliner Grenzanlagen von einem gerundeten Abdeckstein aus Beton geschützt wird, ist mit der Bezeichnung „Betonzaun" als Entwicklung aus dem Zaunbau zu erkennen.

Absperrungen unter Verwendung von genuteten Betonpfosten („Nutstielen") und Betonplatten werden von Cramer und Arera-Rütenik für die ab 1964 einsetzende Ausbauphase der Berliner Mauer als „Betonplattenmauer" vorgestellt[158]. Was die Länge der in Peenemünde in situ erhaltenen Betonplatten betrifft, so entspricht diese dem von Cramer und Arera-Rütenik als gängig bezeichneten Maß von 2,41 m, das später offenbar auf 2,50 m oder 3,0 m vereinheitlicht wurde. Anders als das frühe gängige Berliner Format von 2,41 m x 1 m x 0,11 m, sind die Platten in Peenemünde höher (> 2,30 m) und dünner (6 cm). Die Plattenstärke von 6 cm jedoch entspricht derjenigen, die 1967 für den Ausbau der Berliner Mauer zu Zwecken der Materialersparnis verfügt worden war.

Weitere Unterschiede zu den bei Cramer und Arera-Rütenik vorgestellten Bauteilen an der Berliner Mauer sind hinsichtlich des Pfostenquerschnitts (B 13,5 cm, T 18,5 cm) anstelle eines üblichen quadratischen Formats von 20 cm bzw. 17,5 cm Seitenlänge[159] festzustellen, sowie in Bezug auf die Ausführung der Hebeschlaufen, die an einer der Langseiten der Platten eingelassen sind. Bei den Peenemünder Betonplatten sind diese Schlaufen nicht – wie für die Berliner Mauer beschrieben – in Aussparungen gesetzt, sondern ragen aus der Oberseite heraus. Auch für die abgewinkelten Stahlbügel, wie sie an den Enden der Peenemünder Plattenmauerpfosten zur Befestigung von drei Stacheldrahtbahnen als Übersteigeschutz angeschraubt sind, können der Arbeit von Cramer und Arera-Rütenik, die hierfür den Begriff ‚Abweiser' verwenden[160], entsprechende Vergleiche ab Mitte der 1960er Jahre entnommen werden. An der Berliner Mauer sind diese – anders als in Peenemünde – in

Abb. 41 Zaunanlage an der Ostgrenze des Areals der Produktionsstätten des Versuchsserienwerks südlich der Nordkurve der Umgehungsbahn (Aufnahme 1944 HVA, BArch Koblenz, Bildarchiv, RH8II Bild-B1915-44, Ausschnitt)

der Regel im Zusammenhang mit der Anbringung von elektrischen Signalanlagen zu finden. Eine frühe Form des angeschraubten Übersteigeschutzes hingegen findet sich in den Vorgaben des Oberkommandos des Heeres zum behelfsmäßigen Bauen im Krieg aus dem Jahr 1941 an den Holzpfosten für Zaunanlagen bei Kriegsgefangenenlagern[161].

Was die Datierung der Betonplattenmauer in Peenemünde betrifft, so deutet die Plattenlänge eher auf eine frühe Datierung in die erste Hälfte der 1960er Jahre, die Plattenstärke jedoch auf eine spätere Zeitstellung in der zweiten Hälfte der 1960er Jahre. Dabei formulieren Cramer und Arera-Rütenik jedoch die Faustregel, wonach „die Platten desto älter zu sein scheinen, je schmaler [niedriger – Verf.] sie sind."[162] Eine Entstehung der Peenemünde Plattenmauer und ihrer Elemente vor Mitte der 1960er Jahre erscheint nach allem als eine begründete Annahme. Mithin dürfte auch die Halde in der Ruine der F1, in der auch die Pfosten der Typen 1 und 2 von Plattenbruchstücken des Typs 5 überdeckt sind, nicht vor dieser Zeit dort angelegt worden sein.

156 DZB 1936, Taf. III.

157 Hellwig 1937, S. 36–40 [Gartenmauern], Abb. 24 [Formkasten Nutenpfosten] und 25 [fertiger Mauerpfeiler].

158 Vgl. Cramer/Arera-Rütenik 2011, S. 85–90.

159 Ebd., S. 85, Anm. 224.

160 Ebd., z.B. S. 99, Abb. s. S. 98 unten, 130 f., 166 f., 382 – in gebogener Form s. ebenda Abb. auf S. 67 unten, 76 unten.

161 OKH 1941 – s. S 34.

162 Cramer/Arera-Rütenik 2011, S. 89.

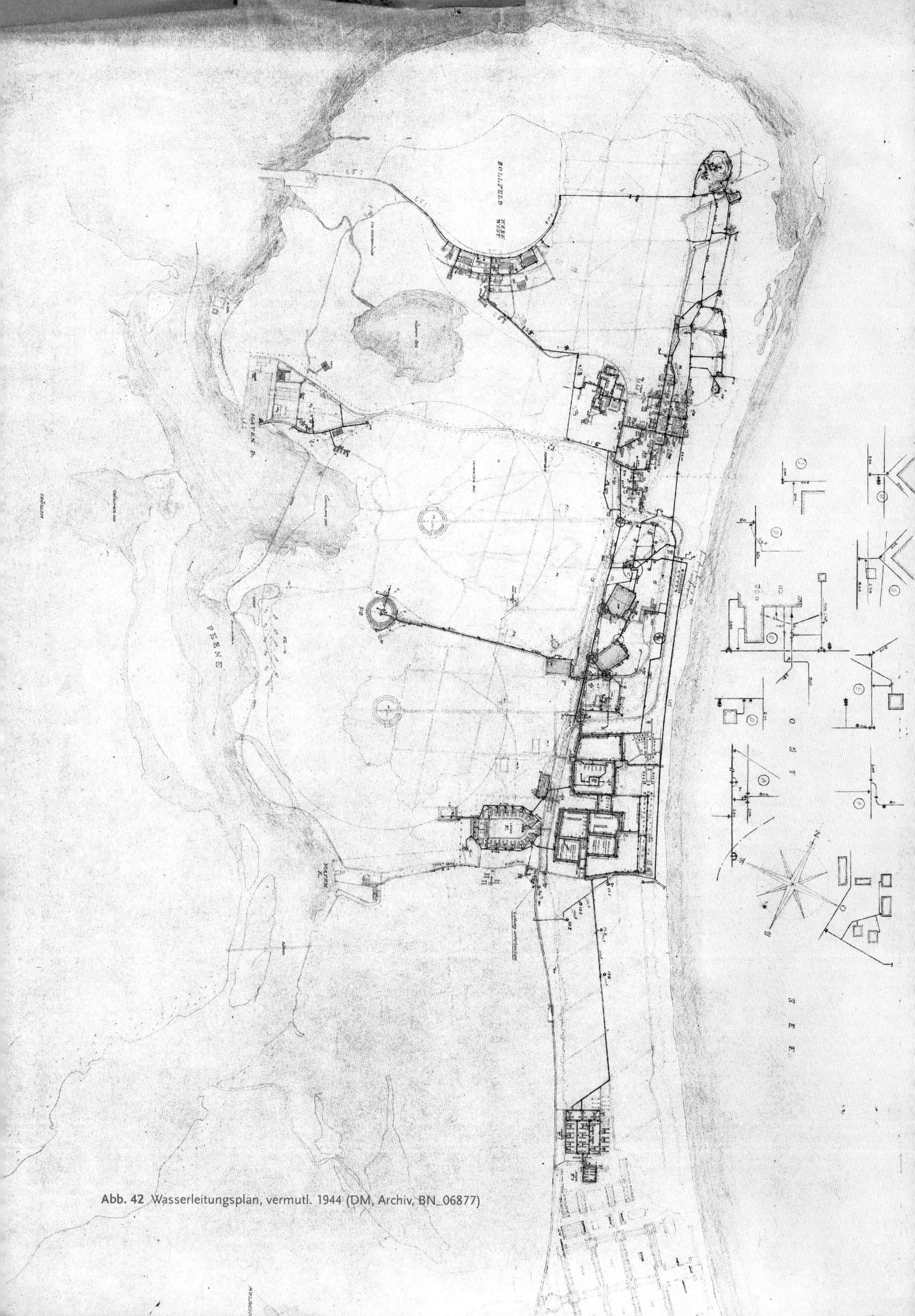

Abb. 42 Wasserleitungsplan, vermutl. 1944 (DM, Archiv, BN_06877)

4. Die Zaunanlagen der HVA auf einem auf das Jahr 1944 datierten Wasserleitungsplan

Den bisherigen Ausführungen zufolge können die noch erhaltenen, erst vor kurzem beseitigten oder rekonstruierbaren Zaunanlagen und –verläufe im Bereich des KZ-Außenlagers Karlshagen I und am südlichen Rand des VSW, im Südwesten des EW oder um die F1 mit einiger Sicherheit der Nutzungsphase der HVA und damit der Zeit zwischen 1939 und 1945 zugerechnet werden, und wahrscheinlich auch die Zaunlinien mit Pfosten des Typs 1 im Bereich des Müggenhofes. Gleiches muss gelten für die Pfostenreihen auf dem Deich entlang der Westseite der Insel, entlang der Landstraße zwischen Peenemünde und Karlshagen und im Norden des EW. Vereinzelte Hinweise zu den Zaunanlagen der HVA sind in der Schubert-Chronik, einer zeitgenössischen Dokumentensammlung, enthalten. Demnach sollte das VSW „völlig von der Versuchsstelle getrennt und abgezäunt“ werden[163]. Für den Betrieb der Fertigungsstätte wurde die Zaunanlage als unverzichtbar erachtet, insbesondere vor dem Hintergrund einer möglichen Beschäftigung ausländischer Bauarbeiter[164]. Allerdings wurden ausweislich der Chronik auch im Verlauf des Jahres 1942 noch weitere, nicht näher bezeichnete Zäune gezogen[165]. Erwähnung finden zudem verschiedene andere Zäune: 1.) ein parallel zur Küste verlaufender Zaun entlang der Umgehungsstraße, also der Landstraße von Karlshagen nach Peenemünde etwa in ihrem heutigen Verlauf, nordöstlich des Areals in dem sich die Industriehallen des VSW befinden[166], 2.) ein 6 m hoher Maschendrahtzaun hin zu den Prüfständen des VSW „zu Peene hin“[167], 3.) der Verzicht auf einen ursprünglich geplanten, allerdings nicht näher lokalisierten Zaun[168], 4.) die Diskussion eines etwa 2 m hohen Zaunes zwischen zwei Gleisen der Werkbahn[169], sowie 5.) der bereits erwähnte Zaun um die Fertigungshalle 1 bzw. das dort eingerichtete KZ-Außenlager. Den Angaben der Chronik zufolge scheint die Zaunanlage auf dem Deich als letzter Abschnitt im März–April 1943 fertiggestellt worden zu sein[170].

163 BArch Freiburg RH 8/1206, Bd. 1, Bl. 65–68: Die Fertigungsstelle Peenemünde. Manuskript zum Vortrag von Ministerialrat Schubert anlässlich der Abteilungschefvorführung am 07.06.1939, hier Bl. 65/S.1; Einverständnis des Standortkommandanten mit den Zaunführungen im April – vgl. RH8/12006, Bl.16/S. 15 f., Punkt 46, Eintrag zum 19.04.1939.

164 BArch Freiburg, RH 8/1207, Bd. 2, Bl. 41, Aktennotiz über die Besprechung mit Heeresneubauamt Peenemünde und Gruppe VI zu Bb.Nr. 2924/39 g.K. vom 23.12.39 und 1567/39 g.Kdos. vom 20.12.39, S. 2 (04.01.1940): „II. Wenn FSP wenigstens in die Dringlichkeitsstufe II kommt und die vorhandenen etwa 2.500 Bauhandwerker und die Baumaschienen, die bereits auf der Baustelle sind, zur Verfügung bleiben, wenn Betriebsstoffe zur Verfügung gestellt werden für die Baumaschienen, können unter Voraussetzung, dass monatlich 2.000 to Stahl zur Verfügung stehen, die nachstehend aufgeführten wichtigsten Bauten der FSP zur Aufnahme eines Teilbetriebes errichtet werden. [...]17.) Zäune.“; ebd. Bl. 115, Aktennotiz über die Besprechung in Peenemünde am 9.–11.5.40 (15.05.1940), S. 2: „Am 10.11 wurden zusammen mit Herrn Obering. Rudolph und Herrn Drasdik die sämtlichen Baustellen besucht und im Anschluss daran mit Herrn Maß die Arbeiterschwierigkeiten besprochen. Zurzeit sind etwa 2000 Arbeiter eingesetzt. Dazu sollen heute weitere 200 deutsche Arbeiter und in der nächsten Woche 100 deutsche und 300 Arbeiter kommen [also 2.600]. Damit würden immer noch an der Gesamtzahl 1200 Mann fehlen [also 3.800]. Nach einer Entscheidung des Chefs Prüf 11, die im Benehmen mit Oberstleutnant Zanssen getroffen wurde, ist der Einsatz ausländischer Arbeiter besonders vorsichtig zu behandeln. Es werden hierfür folgende Richtlinien gegeben: Der Einsatz der Arbeiter kann ohne weiteres im Hafen Karlshagen, Barackenlager Karlshagen, in der Kläranlage und in der Siedlung erfolgen, nachdem der Absperrzaun errichtet ist. Wenn der hierfür fehlende Maschendraht nicht in den nächsten Tagen eingeht, so soll hierfür Maschendraht von Prüfstand I verwendet werden. Die deutschen Arbeiter auf diesen Baustellen sind dann gegen die ausländischen Arbeiter auszutauschen. Darüber hinaus wird die Verwendung ausländischer Arbeiter im Waldgelände, also z.B. bei der F1, bei den Gleisen, Wegen usw. bei entsprechender Bewachung erlaubt; dagegen nicht im Hafen, am Deich und da, wo Einblick in die Versuchsplätze möglich ist.“

165 BArch Freiburg, RH 8/1209, Bd. 4, Bl. 37/S. 39, Punkt 282, Eintrag zum 27.11.1942: „Besichtigung des VW durch Chef Prüf 11. Dieser genehmigt [...] die endgültige Zaunführung.“ – dass es sich nicht um die bereits im Juni 1939 bereits in ihrem Verlauf anerkannte Zaunanlage handelt, sondern um eine andere Zaunanlage, ist nicht zwingend.

166 BArch Freiburg, RH 8/1207, Bd. 2, Bl. 33/S. 32, Punkt 205, Eintrag zum 28.11.1940: „Chef Prüf 11 ist grundsätzlich mit der Verlegung der Heizleitungen nach den Vorschlägen von Krantz und Caliqua einverstanden. (Längs der Chaussee vom Hafen und längs des Zaunes der Umgehungsstr. Oberirdisch, sonst durchweg im Kanal [...].“

167 BArch Freiburg, RH 8/1206, Bd. 1, Bl. 25/S. 24, Punkt 75, Eintrag zum 20.06.1939: „Maschendrahtzaun: Prüfstände zu Peene hin, 6 m hoch“.

168 BArch Freiburg, RH 8/1208, Bd. 3, Bl. 10/S. 10, Punkt 74, Eintrag zum 16.04.1941: „Da die Luftwaffe Italiener bei den Deichbauten an der Peene einsetzt, hat Chef Prüf 11 keine Bedenken mehr gegen Verwendung von Italienern in der FSP. Der ursprünglich geplante Zaun ist nicht mehr erforderlich. Die HVP bleibt für alle Ausländer gesperrt.“

169 BArch Freiburg, RH 8/1209, Bd. 4, Bl. 182, 28.–30.05.1942: „Nach Mitteilung von Herrn Ing. Zesewitz hält die Betriebsleitung der Werkbahn (Herr Bleske) es für erforderlich, dass zwischen den beiden Gleisen ein Zaun, etwa 2 m, hoch errichtet wird. Ich halte diese Forderung nicht für unbedingt notwendig, weil später bei den elektr. Fahrzeugen ein Abspringen der Fahrgäste auf der linken Zugseite schwieriger ist und bei Besetzung der Bahnsteige mit Aufsichtspersonal entsprechend eingeschritten werden kann.“

Vier dünne Linien, die eine kontinuierliche Folge von Punkten miteinander verbindet, zeigt ein im Jahre 1944 abgelichteter Plan mit Eintragungen zum Wasserleitungssystem der HVA (s. Abb. 42)[171]. Mit diesen Linien waren offensichtlich die wichtigsten Zaunanlagen nachrichtlich in den Plan übernommen worden. Es ist die einzige zeitgenössische Quelle, in der konkrete Angaben zum Verlauf von Zäunen gemacht wurden. Vermerkt sind:

1.) die Zaunanlage, die das Areal der Luftwaffe und des EW nördlich der Landstraße zwischen Karlshagen und Peenemünde sichert,

2.) die Absperrung des VSW, die nach Norden hin mit einer Zaunanlage entlang der südlichen Seite der oben angeführten Landstraße nach Osten geführt ist und dort das Areal der Produktionsstätten vor den Gleisen der Umgehungsbahn trennte,

3.) die Absperrung des VSW nach Süden hin, die im Osten vom Strand an der Nordseite der Siedlung Karlshagen entlang der Südseite bzw. der Ostseite der Landstraße bis zur Wagenhalle, dann um Nord- und Westseite des VKN-Lagers entlang der Nordseite der Straße zum Hafen Karlshagen auf diesen zuläuft und im Westen entlang der Peene nach Norden geführt an das westliche Ende der Abgrenzung nach Norden anschließt, sowie

4.) die nicht erhaltene Umzäunung des Areals, in dem sich der Hafen Karlshagenbefindet.

Die Zaunverläufe sind auf Abbildung 34 in gelb, blau und orange angegeben. Undeutlich ist die Planzeichnung im Hinblick auf die westliche Begrenzung des EW, da die gestrichelte Linie, die an dieser Stelle des Plans der Straße Richtung Flughafen folgt, auch der Gleisführung der Werkbahn entspricht.
Nicht angegeben sind aber diejenigen Zäune, die im Zusammenhang mit der Schubert-Chronik oben als „verschiedene andere" angeführt wurden, ebenso diejenigen, die im Zusammenhang mit den Pfostentypen 1 und 5 bereits erwähnt wurden.

[170] BArch Berlin, R4606/4573: Aktenvermerk 28.03.1844; Betr.: Übergabe BGS an HAP 11 Besprechung am 27.03.1944, Bl. 131–138, hier: Bl. 135: „Zaunanlage: Als letzte Arbeit wird von BGS noch die Zaunanlage auf dem Deich durchgeführt. Die weiter erforderlichen Arbeiten übernimmt A/Bau."

[171] Zur Datierung und zur Deutung des Planes s. Schneider/Röhl 2022.

Der Zaun auf der Nordseite der Landstraße von Karlshagen nach Peenemünde – Pfostentypen 3 und 8

Die Zaunpfosten des Typs 1, die sich westlich der Hauptwache des EW auf der Nordseite der Landstraße von Karlshagen nach Peenemünde erhalten haben (Nr. 3 auf Abb. 34 bzw. Nr. ae auf Abb. 50), sind Teil der auf dem Plan verzeichneten nördlichen Zaunanlage zu den Arealen des EW und der Luftwaffe hin. Dem Plan zufolge verlief dieser Zaun von der südwestlichen Ecke des Hafenareals in nördlicher Richtung über die Deichkrone bis in Höhe der Nordseite des Hafenareals, von dort nach Osten, parallel zur Landstraße nach Karlshagen. Ab der Hauptwache scheint der Verlauf unterbrochen zu sein. An der Südostecke des EW ist jedoch wieder eine Zaunanlage vermerkt, die entlang der Ostseite nach Norden zieht und auf etwa gleicher Höhe wie der Zaun westlich des EW nach Osten abknickt und in gerader Linie auf den Strand zuläuft. In etwa diesem Bereich sind auch heute Reste verschiedener Zaunanlagen vorzufinden, die hier den an den Strand angrenzenden Wald durchziehen, und von denen eine den öffentlich zugänglichen Strand von dem nördlich anschließenden Naturschutzgebiet abtrennt. Anhand der Art der Pfosten und an der Art ihrer Aufstellung ist jedoch deutlich abzulesen, dass es sich nirgends um Reste der HVA-zeitlichen, sondern um NVA-zeitliche Absperrungen handelt (s. dazu unten Kap. 5).
Wahrscheinlich ebenfalls kein Rest der HVA-zeitlichen Zaunanlage ist die Abgrenzung des heutigen Kraftwerksareals nach Norden hin. Die Zaunlinie verläuft hier südlich der Straße zum Hafen Peenemünde und beginnt im Westen mit einem aus Betonplatten und Nutenpfosten (Typ 4) errichteten Abschnitt. Östlich eines Tors zum Kraftwerksareal bis zu ihrem östlichen Ende an der Straße zwischen Peenemünde und dem Flughafen wird sie von einem Drahtzaun fortgesetzt (Nr. 1 auf Abb. 34 bzw. Nr. II.b auf Abb. 47). Der östliche Abschnitt dieses Zaunes ist unter Verwendung von Pfosten des Typs 1 errichtet, während der mittlere Abschnitt – unter Einschluss eines einzelnen Typ 1-Pfostens – mit zehn Pfosten eines neuen, bislang nicht erwähnten Typs (Typ 3) aufgeführt wurde.
Pfosten dieses Typs, bei dem der Stiel nach oben hin zu einem Übersteigeschutz abgewinkelt ist, sind gekennzeichnet durch einen durchgehend gleichbleibenden rechteckigen Querschnitt, einen geraden Abschluss des abgewinkelten oberen Endes sowie durch eine Folge von kreisrunden Löchern zur Drahtbefestigung in den Pfostenseiten. Pfosten dieses Typs finden sich in Peenemünde in mehreren Zaunanlagen (Nrn. 1, 5, 6, 8, 9, 12, 14, 15, 17, 23, 27 und 30 auf Abb. 34) und in verschiedenen Varianten, die sich hinsichtlich Querschnitt, Drahtbindelöchern und Länge des Übersteigeschutzes unterscheiden.

Pfosten dieses Peenemünder Typs 3 sind regelmäßig auf Bilddokumenten zu den Grenzanlagen der Berliner Mauer wiederzufinden, wo sie wohl bereits ab der zweiten Ausbauphase Verwendung gefunden haben. Die Form der Pfosten entspricht den Typenblättern zu TGL 23387/01 Gruppe 152 59 (Juli 1976, 80 x 100 mm und 100 x 140 mm) und TGL 33 525 Gruppe 152 59 (Mai 1985), die Betonpfosten mit gleichbleibendem rechteckigem Querschnitt und Abwinkelung mit geradem Abschluss zeigen (Abb. 45, 46). Beide Normpfosten sind – wie bereits die im Zusammenhang mit dem Pfostentyp 2 erwähnten Standardpfosten TGL 116-0122 angeführt – in zwei Varianten mit und ohne den abgewinkelten oberen Abschluss bzw. mit und ohne Übersteigeschutz entwickelt.

Im Unterschied zum Standardpfosten sind die Bindelöcher für die Bedrahtung sowohl bei Typ 2 als auch bei Typ 3 in den Pfostenseiten angeordnet, und nicht an Vorder- und Rückseite. Mithin mag es sich bei dem Normpfosten 116-0122 um eine Zwischenform zwischen den Typen 2 und 3 handeln. Dies gilt auch im Hinblick auf den Querschnitt, bei dem der des Normpfostens dem von Typ 2 entspricht. Dem Querschnitt des Typs 3 hingegen entsprechen die Querschnitte der späteren beiden Normpfosten, wobei diese mit 14 cm Tiefe um einen Zentimeter stärker sind. Der Unterschied mag aber auch an Ungenauigkeiten in der Ausführung liegen. Wesentliche Unterschiede zwischen Pfosten 3 und den späteren Normpfosten bestehen darüber hinaus in der Zahl der Bindelöcher und in der Länge des abgewinkelten oberen Endes. Bei den späteren Normpfosten sind nur noch zwei Löcher für den Übersteigeschutz vorgesehen, und dessen Länge ist mit nur noch 25 cm auch um etwa ein Drittel kürzer. Andererseits sind aber bereits bei Erörterung des Pfostentyps 2 Zweifel an der Bedeutung der Lochung für typologische Fragestellungen angebracht worden. Einen Unterschied bedeutet demgegenüber die Art und Weise, mit der für Holz- und Drahtzäune nun, mit den beiden späteren Standardpfosten, separate Varianten entwickelt wurden.

Die in Peenemünde festgestellten Varianten des Typs 3 unterscheiden sich in der Länge des Übersteigeschutzes sowie in der Anordnung, Zahl und Größe der Drahtbindelöcher. Entsprechende Varianten sind an der Zaunanlage um das Kraftwerk (Nr. 1 auf Abb. 34 bzw. Nr. II.b auf Abb. 47), im südlichen Zaunabschnitt an der Westseite des EW (Nr. 6 auf Abb. 34 bzw. Nr. ab auf Abb. 50), im östlichen Zaunabschnitt an der Südseite des EW sowie bei einigen Zaunanlagen in der Nähe des ehem. Prüfstands V zu finden. Die Variante

Bauelemente KB-Nr 658.+1

Zaunpfosten (Stahlbeton) TGL 116 - 0122

Übersichtsblatt

lfd Nr	Bezeichnung	Kurzbezeichnung	Schemazeichnung	Hauptkennwerte h mm	l mm	b mm	für Zaunhöhe mm	Materialkennwerte				Masse kg	Bemerkungen Hinweise	Verbindliche Ausführungsunterlagen	IAP (DM)
II/62 11													2511 ... 254 3/2/2 (6/2/2)		
1	2	3	4	5.1	5.2	5.3	5.4	6.1	6.2	6.3	6.4	7	8	9	10
2511	Zaunpfosten	TGL 116-0122		1700	80	100	1000							Zaunpfosten TGL 116 - 0122 Ausg. 12/1960	
2512		Ausführung A ohne Übersteigschutz		2200	80	100	1500						Für Verwendung von Holzzäunen und Maschengewebe		
2513				2900	80	100	2000								
252				2900	100	140	2000						Wandartige Felder		
2531		Ausführung B mit Übersteigschutz		2050	80	100	1000								
2532				2550	80	100	1500								
2533				3250	80	100	2000								
254				3250	100	140	2000								

Reihe

Informationskatalog

Abb. 43 Zaunpfosten (Stahlbeton) TGL 116-0122, Bauelemente KB-Nr. 658.+1 (Deutsche Bauakademie 1962)

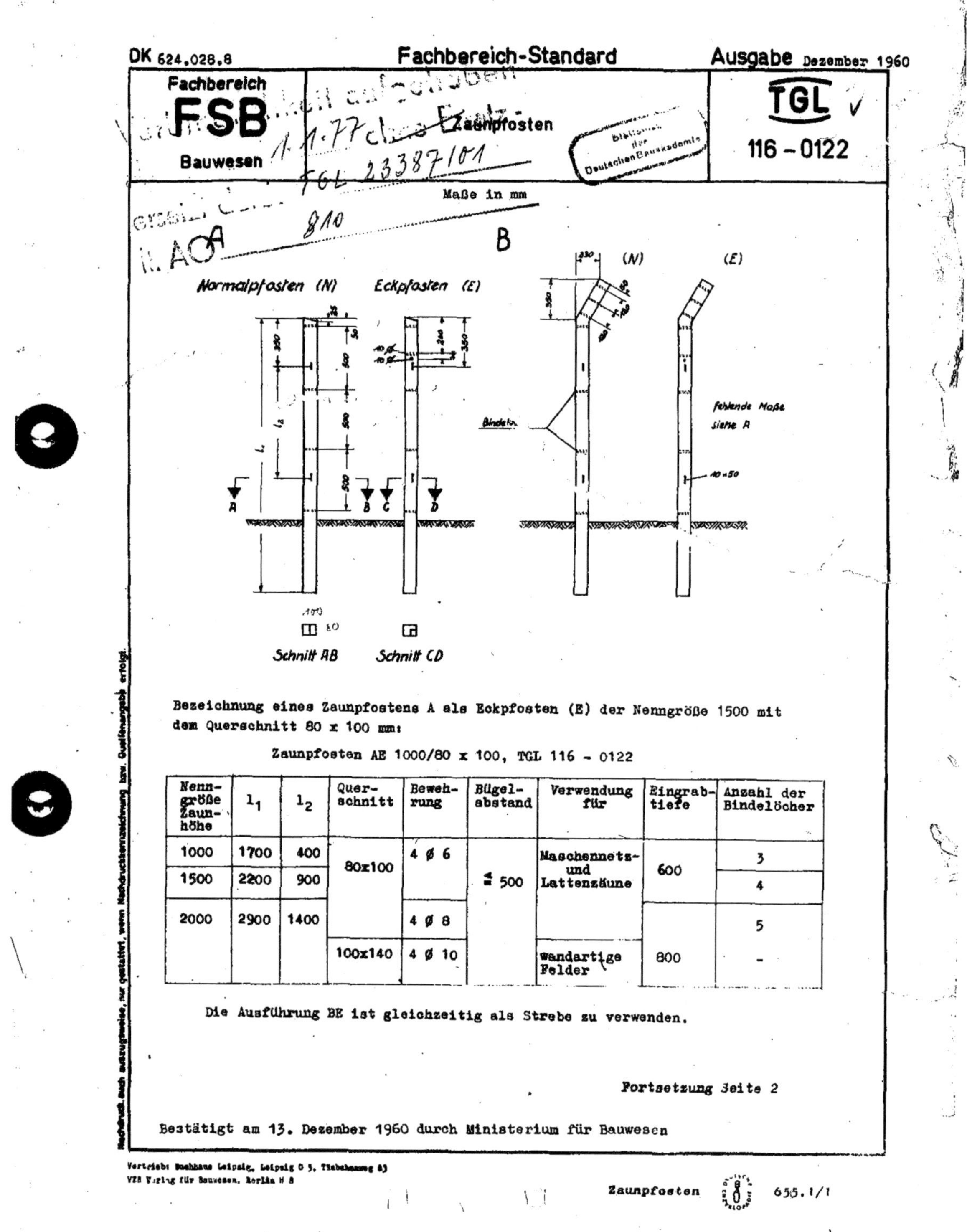

DK 624.028.8 | **Fachbereich-Standard** | Ausgabe Dezember 1960

Fachbereich **FSB** Bauwesen | Zaunpfosten | **TGL 116 – 0122**

Maße in mm

Bezeichnung eines Zaunpfostens A als Eckpfosten (E) der Nenngröße 1500 mit dem Querschnitt 80 x 100 mm:

Zaunpfosten AE 1000/80 x 100, TGL 116 – 0122

Nenngröße Zaunhöhe	l_1	l_2	Querschnitt	Bewehrung	Bügelabstand	Verwendung für	Eingrabtiefe	Anzahl der Bindelöcher
1000	1700	400	80x100	4 ø 6	≦ 500	Maschennetz- und Lattenzäune	600	3
1500	2200	900						4
2000	2900	1400		4 ø 8				5
			100x140	4 ø 10		wandartige Felder	800	-

Die Ausführung BE ist gleichzeitig als Strebe zu verwenden.

Fortsetzung Seite 2

Bestätigt am 13. Dezember 1960 durch Ministerium für Bauwesen

Vertrieb: Buchhaus Leipzig, Leipzig O 5, Täubchenweg 83
VEB Verlag für Bauwesen, Berlin W 8

Zaunpfosten 655.1/1

Abb. 44 TGL 116-0112 Zaunpfosten, Dezember 1960 (BBR, Bauarchiv DDR)

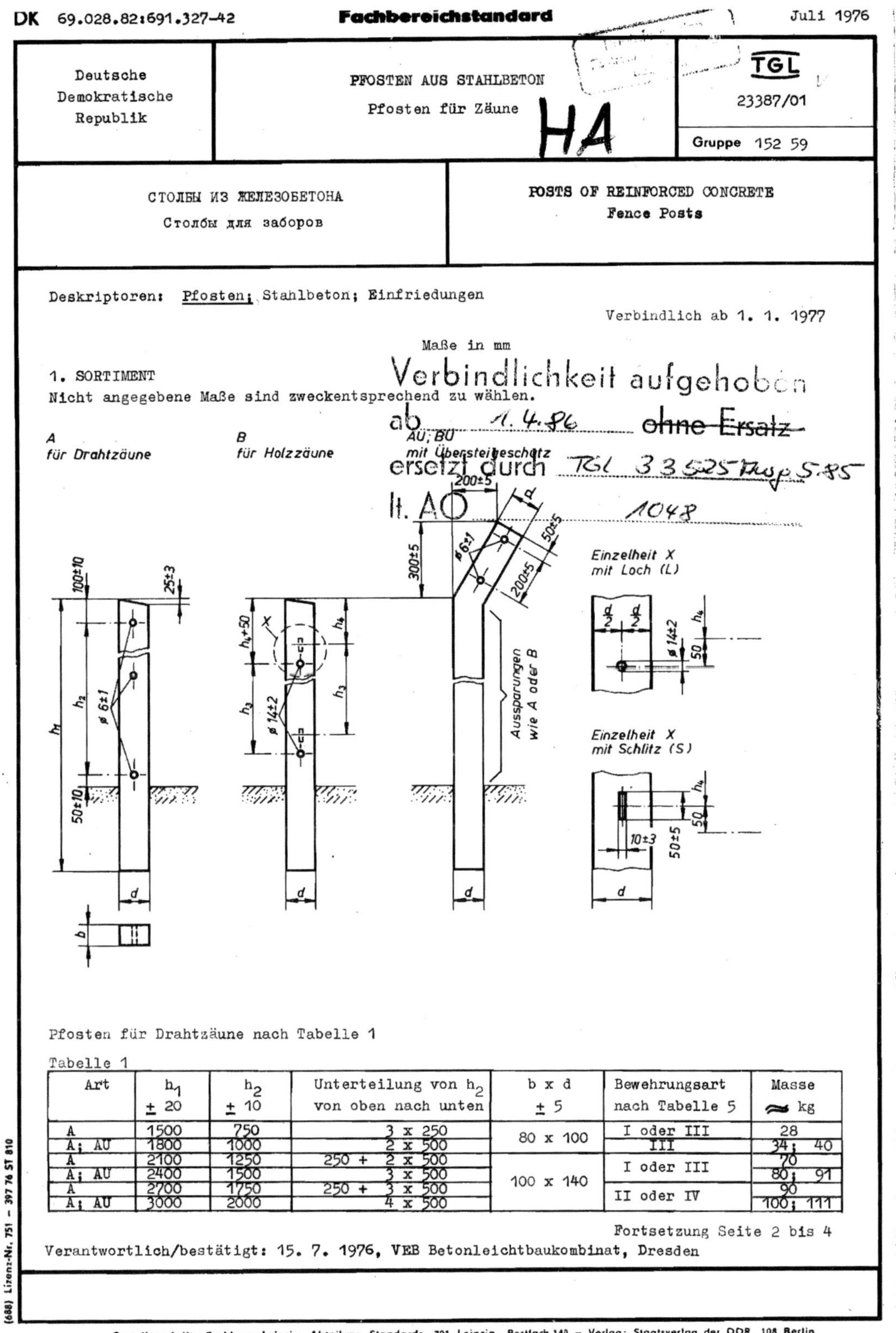

DK 69.028.82:691.327-42 **Fachbereichstandard** Juli 1976

Deutsche Demokratische Republik	PFOSTEN AUS STAHLBETON Pfosten für Zäune	TGL 23387/01 Gruppe 152 59

HA

СТОЛБЫ ИЗ ЖЕЛЕЗОБЕТОНА Столбы для заборов	POSTS OF REINFORCED CONCRETE Fence Posts

Deskriptoren: Pfosten; Stahlbeton; Einfriedungen

Verbindlich ab 1. 1. 1977

Maße in mm

1. SORTIMENT

Nicht angegebene Maße sind zweckentsprechend zu wählen.

Verbindlichkeit aufgehoben ab 1.4.86 ~~ohne Ersatz~~ ersetzt durch TGL 33525 Ausg. 5.85 lt. AO 1048

Pfosten für Drahtzäune nach Tabelle 1

Tabelle 1

Art	h_1 ± 20	h_2 ± 10	Unterteilung von h_2 von oben nach unten	b x d ± 5	Bewehrungsart nach Tabelle 5	Masse ≈ kg
A	1500	750	3 x 250	80 x 100	I oder III	28
A; AU	1800	1000	2 x 500		III	34; 40
A	2100	1250	250 + 2 x 500	100 x 140	I oder III	70
A; AU	2400	1500	3 x 500			80; 91
A	2700	1750	250 + 3 x 500		II oder IV	90
A; AU	3000	2000	4 x 500			100; 111

Fortsetzung Seite 2 bis 4

Verantwortlich/bestätigt: 15. 7. 1976, VEB Betonleichtbaukombinat, Dresden

(688) Lizenz-Nr. 751 – 397 76 ST 810

Bestellanschrift: Buchhaus Leipzig, Abteilung Standards, 701 Leipzig, Postfach 140 – Verlag: Staatsverlag der DDR, 108 Berlin

Abb. 45 TGL 23387/01 Pfosten aus Stahlbeton, Juli 1976 (BBR, Bauarchiv DDR)

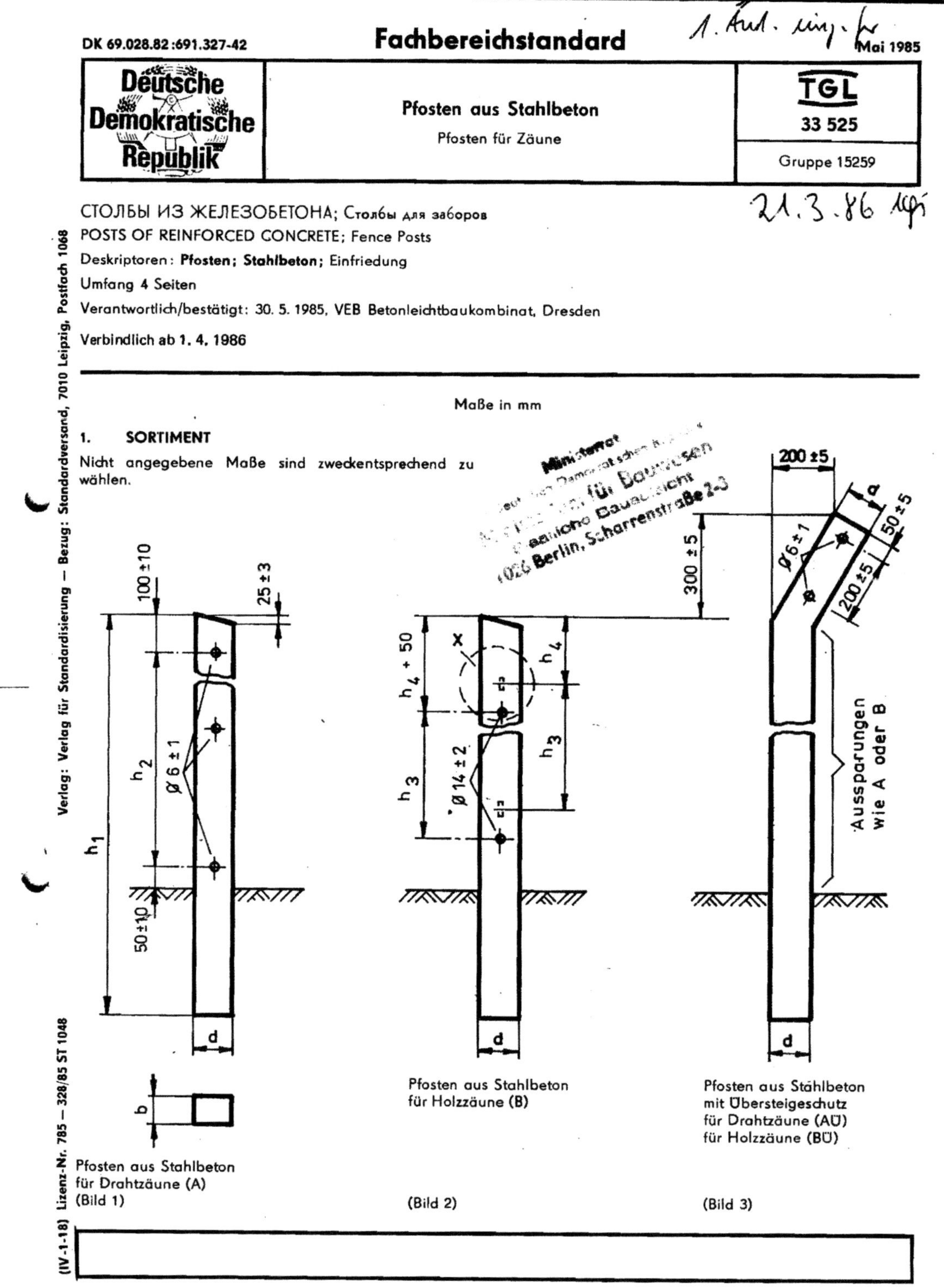
DK 69.028.82:691.327-42

Fachbereichstandard

Mai 1985

Deutsche Demokratische Republik

Pfosten aus Stahlbeton

Pfosten für Zäune

TGL 33 525

Gruppe 15259

СТОЛБЫ ИЗ ЖЕЛЕЗОБЕТОНА; Столбы для заборов

POSTS OF REINFORCED CONCRETE; Fence Posts

Deskriptoren: **Pfosten; Stahlbeton;** Einfriedung

Umfang 4 Seiten

Verantwortlich/bestätigt: 30. 5. 1985, VEB Betonleichtbaukombinat, Dresden

Verbindlich ab 1. 4. 1986

Verlag: Verlag für Standardisierung – Bezug: Standardversand, 7010 Leipzig, Postfach 1068

Maße in mm

1. SORTIMENT

Nicht angegebene Maße sind zweckentsprechend zu wählen.

Pfosten aus Stahlbeton für Drahtzäune (A) (Bild 1)

Pfosten aus Stahlbeton für Holzzäune (B) (Bild 2)

Pfosten aus Stahlbeton mit Übersteigeschutz für Drahtzäune (AÜ) für Holzzäune (BÜ) (Bild 3)

(IV-1-18) Lizenz-Nr. 785 – 328/85 ST 1048

Abb. 46 TGL 33 525 Pfosten aus Stahlbeton, Mai 1985 (BBR, Bauarchiv DDR)

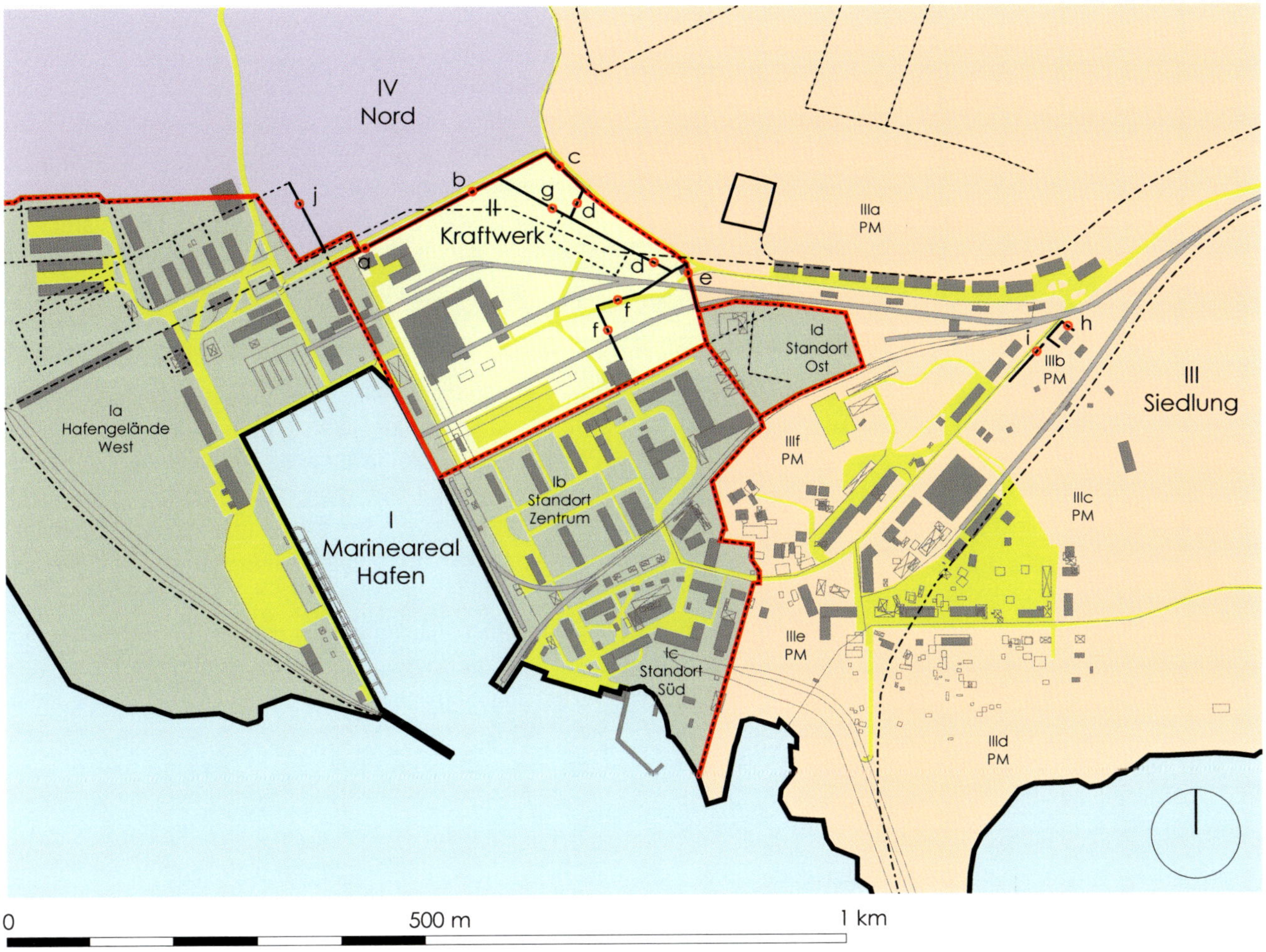

IV Nord
Kraftwerk
IIIa PM
Ia Hafengelände West
Id Standort Ost
IIIb PM
III Siedlung
IIIf PM
Ib Standort Zentrum
I Marineareal Hafen
IIIc PM
IIIe PM
Ic Standort Süd
IIId PM
0 500 m 1 km

Areal des Entwicklungswerks der ehem. HVA Peenemünde
Legende

Straßen und Wege

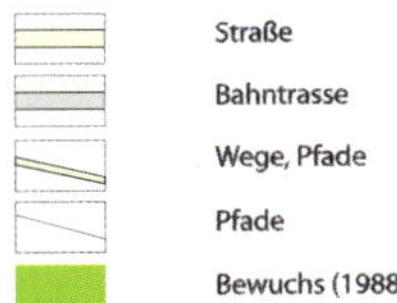

Gebäude und bauliche Anlagen

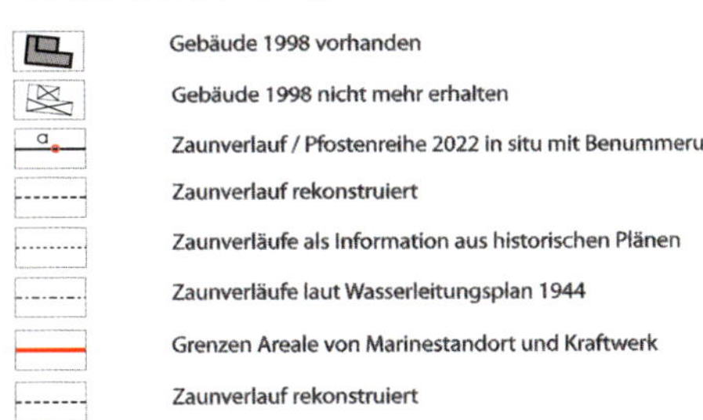

Zaunanlagen um das Kraftwerk Peenemünde herum

a) westlicher Abschnitt der bestehenden Zaunanlage an der Nordseite des Kraftwerksareals, Typ 4
b) östlicher Abschnitt der bestehenden Zaunanlage an der Nordseite des Kraftwerksareals, Typen 1 und 3
c) Zaun am nördlichen Ende der Ostseite des Kraftwerksareals, Stahlrohrpfosten
d) Zaun zwischen Kraftwerksareal und Besucherparkplatz, Typ 9
e) Zaun vor der Ostseite des Wachhauses an der Einfahrt zum Kraftwerksareal, Typ 1 und Stahltore zwischen Ziegelpfeilern
f) Zaun zwischen Bunkerwarte und Wachhaus, Typ 25
g) Zaun zwischen Freiluft-Starkstromanlage und Zaunanlage an der Nordseite des Kraftwerksareals, Typ 1
j) Reihe von Betonpfosten entlang der Ostseite des nördlichen Hafenareals, Typ 3

Zaunanlagen und Betonpfosten im Bereich Peenemünde Dorf

h) Umzäunung des Wasserwerks Peenemünde, Typ 18
i) einzelne Betonpfosten als Elemente der Umfriedungen einzelner Kleingärten, versch. Typen

Abb. 47 Peenemünde, Lageplan im Bereich von PM OSt (EW und PM West (Karlshagen)
(Grundlage: LVAMV 1952, LVAMV 1988 LVAMV 1998; BM 1/13007, BM 24/74; DVM 10/25272, DVM 10/50261, DVM 50382; Mense/Schmidt 2013)

mit verkürztem Übersteigeschutz wurde in der Regel in Schrägstellung zur Stabilisierung der Pfostenreihe verwendet. Offensichtlich ist das der Zweck dieser bestimmten Variante. Eine recht markante, schlitzartige Einarbeitung an der Oberseite des Übersteigeschutzes sowie drei an der Rückseite geweitete kreisrunde Löcher, weisen die Pfosten der Variante c auf (Taf. 1e), von denen drei Exemplare als Rest einer Zaunlinie von Osten in etwa halber Höhe auf die westliche Begrenzung des Gemeinschaftslagers Ost zulaufen (Nr. 5 auf Abb. 34 bzw. Nr. ag auf Abb. 50). Ein einzelner, aus dem Boden gelöster Pfosten des Typs 3c ist auch im Bereich des Prüfstands VI (Nr. 17 auf Abb. 34 bzw. Nr. l auf Abb. 50) zu finden.

Wiederum andere Pfosten (Typ 8) weist die Begrenzung des Kraftwerksareals nach Osten hin auf, wo das Areal ebenfalls mit einem Zaun gegen den hier für die Besucher des Historisch-Technischen Museums angelegten Parkplatz geschlossen wurde (Nr. 2 auf Abb. 34 bzw. Nr. II.d auf Abb. 47). Der Zaun schließt im Süden an die Pfostenreihe des Typs 1 an, die nördlich der Zufahrt zum Kraftwerksareal vor dem Wachhäuschen gezogen ist, und endet an der Nordostecke des Parkplatzes, wo das fehlende Stück bis zum östlichen Ende des Zaunes an der Nordseite des Kraftwerksareals (Nr. II.c auf Abb. 47) mit einem von Stahlrohren getragenen Maschendrahtzaun geschlossen ist. Die Pfosten des Typs 8 haben einen über die gesamte Länge gleichbleibenden, quadratischen Querschnitt, sind an ihrem oberen Ende abgeschrägt und abgerundet und weisen keine Bindelöcher zur Drahtbefestigung auf. Zwei Varianten unterscheiden hinsichtlich der Ausführung ohne (Typ 8a) und mit Abwinkelung bzw. Übersteigeschutz (Typ 8b). Hinsichtlich Betonfarbe, Feinheit des Zuschlags, Erhaltungsqualität unterscheiden sich die Pfosten dieses Typs deutlich von allen anderen. Es ist aber nicht zuletzt die Aufstellung im Zusammenhang mit dem erst nach 1990 eingerichteten Parkplatz, die diese Pfosten des Typs 8 als die jüngsten in der Reihe der entsprechenden Peenemünder Bauelemente erscheinen lässt.

Doch zurück zu der Aufstellung der Pfosten im Zaun an der Nordseite des Kraftwerksareals: Bemerkenswerter Weise wechselt dort die Orientierung der Pfosten ab dem 20. Pfosten von Westen: Während die ersten 20 Pfosten mit dem Übersteigeschutz nach außen, also zur Straße hin weisen, ist die Aufstellung im weiteren Verlauf gedreht und zum Inneren des Kraftwerkareals hin gerichtet. Aufgesetzte eiserne Abweiser, wie sie im Zusammenhang mit den Betonplattenwänden (Typ 4) beschrieben wurden, gleichen hier die Ausrichtung des Übersteigeschutzes der Orientierung im westlichen Abschnitt an. Dieser Befund ließe sich dahingehend interpretieren, dass der östliche Abschnitt mit den Pfosten des Typs 1 als älterer Bestand in den Verlauf eines später erneuerten oder verlängerten Zaunes mit einbezogen wurde[172]. Die Datierung dieser Veränderung kann anhand der zeitlichen Einordnung der Pfosten der Typen 3 und 4 vorgenommen werden. Eine Zuordnung des älteren Zaunabschnitts zur Zeitschicht der HVA erscheint schließlich auch wegen der Pfosten des Typs 1 plausibel. Die Orientierung des Übersteigeschutzes würde dann nicht auf eine Sicherung des Kraftwerksareals, sondern auf eine Abschirmung des nördlich anschließenden Geländes deuten. Dem Wasserleitungsplan zufolge dürfte an dieser Stelle auch kein auf das Kraftwerk bezogener Zaun zu erwarten sein, denn die vom Hafen kommende Straße müsste das heute dem Kraftwerk zugeschlagene Areal durchschnitten haben. Allerdings erweisen die Luftbilder der Britischen Luftaufklärung die Information des Planes in diesem Punkt als nicht zutreffend, da die Straße dort bereits in ihrem heutigen Verlauf zu erkennen ist[173]. Andererseits ist zu belegen, dass die Pfosten der ehemaligen HVA Mitte der 1950er Jahre als Verfügungsmasse der NVA betrachtet und entsprechend wiederverwendet wurden[174]. Danach kann die Aufstellung der Pfostenreihe ebenso gut mit der Einrichtung des Flottenstützpunktes der Seestreitkräfte verbunden werden. Der Wechsel in der Orientierung des Übersteigeschutzes in den angrenzenden Zaunabschnitten bleibt auch weiterhin erklärungsbedürftig.

Weniger zweifelhaft als Teil der ursprünglichen, HVA-zeitlichen Umzäunung des Kraftwerkareals dürften die vier Pfosten des Typs 1 angesehen werden, die mit nach außen weisendem Übersteigeschutz nördlich des Zufahrttores vor dem Wachhaus stehen. Hier wie auch im Falle des westlichen Abschnittes an der Nordseite des Kraftwerksareals wurden die Pfosten, im Unterschied zu der Situation an der Südseite des Verwaltungsareals

172 Auf dem Lageplan einer Planung, die 1968 für die Unterbringung von Garagen auf dem Gelände des Kraftwerks angefertigt wurde, ist zumindest eine Zaunanlage entlang der Straße zum Hafen Peenemünde so eingetragen, dass sie als bestehend interpretiert werden kann – vgl. BArch Freiburg, DVM 10/50382, Bl. 35.

173 Vgl. das Luftbild 106/0458, Frame 1042 vom 23.05.1944 auf NCAP o. J.

174 BArch Freiburg, DVM 10/599, NVA Seestreitkräfte, Inspektion K 17, 22.4.1956, Inspektion in der Flottenbasis Peenemünde in der Zeit vom 14.4. bis 20.4.1956, Bl. 44 [lfd. Nr. 3:] Mängel: Einzäunung des gesamten Werkstattgeländes einschl. der Slipanlage fehlt, [...]; Vorschläge: [...] Durch Sondereinsätze mit dem Personalbestand der Dienststelle K 17 Betonpfeiler aus dem Gelände Peenemünde zur Schaffung einer Einzäunung herausholen; T.[ermin]: 30.6.56."; Eine Neubeschaffung von 470 Zaunsäulen ist aktenkundig allein in einem Fall, im Zusammenhang mit einem Ausbau des Flughafens in den späten 1960er Jahren – BArch Freiburg, DVH 17/31459, Bl.

des VSW, ohne Betonrandleiste zwischen den Pfosten aufgestellt. Anhaltspunkt hierfür ist der stimmige Zusammenhang der Pfostenreihe mit den Ziegelpfeilern, die die Toreinfahrt flankieren. Eine entsprechende Kombination von Typ 1-Pfosten und Ziegelpfeilern ist auch für die Umzäunung der F1 zu rekonstruieren[175]. Zudem bemerkenswert ist der Umstand, dass dieser Teil der Umzäunung des Kraftwerksareals in einem Plan aus dem Jahr 1957 als einziger Teil der Umzäunung besonders kenntlich gemacht wurde[176]. Wie die F1 und das KZ-Außenlager Karlshagen I war das Kraftwerk mithin als eigenständiger Komplex innerhalb des Sperrgebiets der HVA gesichert. Im Gegensatz zum Kraftwerksareal und zum Bereich des Lagers Karlshagen I lag die F1 jedoch innerhalb eines bereits abgegrenzten Areals und war so zweifach gesichert.

Der Zaun auf der Nord- und Ostseite des VSW

Diejenige Linie, die im Wasserleitungsplan den Verlauf des Zaunes an der Nordseite des Versuchsserienwerkes angibt, beginnt im Westen, wo sie entlang des von einem Deich verstärkten Peeneufers eingetragen ist, verläuft nördlich des Kämmerer Sees und südlich am Sauerstoffwerk vorbei auf die nach Karlshagen führende Landstraße zu. Diese begleitet die Linie bis kurz vor dem Abzweig der Straße zum Flughafen, knickt nach Südosten ab, um in Höhe der nördlichen Schleife der Werkbahn um das Areal der Produktionsstätten des Versuchsserienwerkes dieser weiter entlang der Innenseite der Umgehungsbahn zu folgen und an der Südseite an die Wache an der Einfahrt zum Versuchsserienwerk anzuschließen. Dieser Abschnitt, von dessen noch erhaltenen Resten im Zusammenhang mit den Typ 1-Pfosten bereits die Rede war, kann vor November 1940 errichtet worden sein. Sowohl anhand der erhaltenen Reste als auch ausweislich einer Reihe von Fotographien, die die Zaunanlage südlich der nördlichen Kehre der Umgehungsbahn zeigen, wurden für diese Zaunanlage ausschließlich Pfosten des Typs 1 verwendet[177].

Der Zaun auf der Südseite des VSW und um das VKN-Lager – Pfostentypen 9 bis 12

Wie im Falle des Zauns entlang der Nordseite des Versuchsserienwerkes führt auch der im Plan entlang der Südseite des VSW eingetragene Verlauf der Umzäunung, die im Plan westlich des VSW-Areals entlang des Deiches eingezeichnet ist, nach Osten weiter. Die Linie führt entlang der Nordseite des Karlshagener Hafens und der Straße Richtung Karlshagen bis zu einem Punkt, der in Höhe der Ostseite der Wagenhalle des VKN-Lagers anschließt. Von hier knickt sie in rechtem Winkel nach Norden ab und läuft an der Ostseite der Wagenhalle vorbei bis kurz vor dessen Nordwestecke, knickt erneut in rechtem Winkel nach Westen, um in etwa in Höhe des Wirtschaftsgebäudes des VKN-Lagers wiederum annähernd rechtwinklig nach Norden umzulenken und in Höhe der Wagenhalle, die nördlich des VKN-Lagers an der Westseite der Straße von Karlshagen nach Peenemünde gelegen ist, nochmals nach Westen gekehrt nördlich des VKN-Lagers auf die Südostecke der Werkbahn-Wagenhalle zuzulaufen. Ab hier ist der weitere Verlauf nach einer Unterbrechung auf dem Plan erst wieder am West- und Nordrand der Siedlung Karlshagen zu erkennen. Auf dem Plan folgt die Linie dem Verlauf der Straße, geht etwa in Höhe der Nordostecke eines geplanten Stadions im rechten Winkel nach Osten ab und endet nach Querung des Strandes im Meer. Dieser letzte, heute nicht mehr erhaltene Abschnitt ist auch auf Luftbildern der Britischen Luftaufklärung deutlich zu erkennen, ebenso wie eine parallel zum Küstenverlauf einem Dünenweg folgende Zaunlinie und die Einfassung eines weiteren Weges zum Strand etwa 1 km nördlich. Auf dem Plan erscheint der südliche Teil der Umgehungsstraße zu beiden Seiten von einem Zaun begleitet. Während jedoch von der Zaunlinie auf Seiten des VSW noch die erwähnten Reste im Feld zu beobachten sind, haben sich für die Existenz eines Zaunes auf Seiten der Siedlung Karlshagen keine weiteren Hinweise ergeben. Entweder sind alle Reste eines solchen Zaunes spurlos beseitigt oder die Angabe des Planes ist in diesem Fall unzuverlässig.
Ob von der Südseite des VSW weitere Reste der HVA-zeitlichen Zaunanlage erhalten sind, ist ohne nähere Untersuchungen im Feld nicht zu klären. Denkbar ist dies im Falle der Umgrenzung des Wasserwerks, auf die im Zusammenhang mit den Pfosten des Typs 1 bereits eingegangen wurde und deren Lage und Verlauf eventuell in Übereinstimmung mit den Angaben

1–24: NVA, Kdo des Militärbezirkes V, Chef des Pionierwesens, VVS-Nr. F-02377, betr.: Abschlußbericht der Maßnahmen zur Erhöhung der Sicherheit der Jagdgeschwader der Luftstreitkräfte/Luftverteidigung auf den operativen Flugplätzen I. und II. Ausbaustufe, 1968, hier Bl. 13: Tab. 2, Tabelle des Materialverbrauches auf den operativen Flugplätzen I. und II. Ausbaustufe.

[175] Zur Situation und Rekonstruktion der Zaunanlage um die Fertigungshalle 1 s. SCHNEIDER/RÖHL (in Vorbereitung).

[176] BArch Freiburg, DVM 2/6531, Lageplan – Peenemünde (16.02.1957). Auf einem weiteren, nicht datierten Lageplan des Kraftwerkes Peenemünde im gleichen Aktenkonvolut ist dieser Teil der Umgrenzung ebenfalls gesondert hervorgehoben und mit dem Hinweis versehen: „Drahtzaun in Abweichung von der Grenze".

[177] Zu Datierung und Anlage des Zauns entlang der parallel zur Umgehungsbahn verlaufenden Straße zwischen Karlshagen und Peenemünde Ende November 1940 s. Anm. 166.

des Plans verstanden werden können. Gleiches gilt für einen Zaun, der in Verlängerung der Hauptstraße der Karlshagener Siedlung in westlicher Richtung von der Landstraße Karlshagen – Peenemünde in das Gelände abgeht (Nr. 8 auf Abb. 34), und dessen Anlage dem auf der Planzeichnung vermerkten Zaunverlauf an dieser Stelle entspricht. Der Typ der hier aufgestellten Betonpfosten (Typ 3) deutet jedoch auf eine spätere Anlage, vielleicht eine Erneuerung. Das gleiche gilt für den Zaun, der zwischen dem Standort der Wagenhalle und der Hauptzufahrt zum VKN-Lager heute den Fahrradweg zwischen Karlshagen und Peenemünde begleitet (Nr. 9 auf Abb. 34), und der bis zur Nordostecke des VKN-Areals und zwei Zaunfelder darüber hinaus durchgehend aus Pfosten des Typs 3 errichtet ist. Südlich davon wird der weiterlaufende Maschendrahtzaun von Pfosten eines neuen Typs (Typ 9) fortgesetzt. Die Pfosten dieses Typs haben keinen Übersteigeschutz, das obere Ende ist leicht gerundet, und in den Seiten öffnen sich mittig Löcher, die in unregelmäßigen Abständen über einander liegen. Die Körnung des Zuschlags und die Farbe des Betons lassen eine NVA-zeitliche Entstehung vermuten.

Im Übergang zwischen dem nördlichen, mit den Pfosten des Typs 3 errichteten Zaunabschnitt und dem südlichen befindet sich ein Pfosten des Typs 5, der als Einzelstück hier offensichtlich, wie bereits erwähnt, wiederverwendet wurde. Wieder einem anderen Typ gehören die Pfosten desjenigen Zaunes an, die als nördliche Umgrenzung der nicht mehr vorhandenen Bebauung nördlich der Hauptzufahrt des VKN-Lagers von dem oben genannten Zaun nach Westen abgeht (Nr. 10 auf Abb. 34). Die Pfosten gehören dem gleichen Typ (Typ 7) an wie diejenigen, die für den südlichen Abschnitt der westlichen Begrenzung des EW (Nr. 6 auf Abb. 34) verwendet und in diesem Zusammenhang auch weiter unten besprochen werden.

Im Bereich der Hauptzufahrt zum VKN-Lager befindet sich auf deren beiden Seiten jeweils ein Betonpfosten eines in besonderer Weise verwendeten Typs (Typ 10). Bis zu ihrer Entfernung im Jahr 2020 standen sich beide Pfosten auf gleicher Höhe der Hauptzufahrt einzeln gegenüber. Wiederum jeweils nur ein einzelner Pfosten des gleichen Typs ist an der Zufahrt zum Versuchsserienwerk, die von der Landstraße Karlshagen – Peenemünde abgeht, sowie an der Südwestecke des Entwicklungswerks, in kurzer Entfernung des Abzweigs der Flughafenstraße aufgestellt. Bemerkenswert ist mithin, dass die Pfosten dieses Typs an allen drei Orten als Einzelpfosten und nicht als Teil einer Zaunlinie auftreten.

Ein weiterer Pfostentyp (Typ 12), der ebenfalls nur mit einem einzelnen Stück vertreten ist, befindet sich an der Südseite des VKN-Lagers entlang der Straße von Karlshagen zum Hafen, wo an der Zufahrt zum Wirtschaftsgebäude ein Zaun aus unterschiedlichen Pfosten offensichtlich provisorisch neu aufgestellt oder aber sukzessive ergänzt wurde (Nr. 11 auf Abb. 32). Dass das VKN-Lager während der Zeit der HVA an dieser Seite umzäunt war, ist anhand dieses Zaunes mithin nicht zu belegen. Diese Pfosten mögen vielmehr die letzten Reste der Zaunanlage sein, die im Zuge der Einrichtung des Sperrgebiets in der zweiten Jahreshälfte 1962 errichtet wurde und deren Verlauf auf einer Karte entsprechend eingetragen war[178].

Als letzter Zaun ist schließlich derjenige anzuführen, der ein Gelände südlich des südlichen Gebäudes der Wagenhalle des VKN-Lagers umschließt (Nr. 12 auf Abb. 34). Der Zaun setzt an der Südostecke des Werkstattgebäudes an und verläuft etwa 30 m in südlicher Richtung und setzt sich in westlicher Richtung als südliche Grenze des Areals fort. Dieser letzte Teil des Zaunes, der mit Pfosten des Typs 3 errichtet ist, wurde bereits oben im Zusammenhang mit diesem Typ erwähnt. Für den östlichen Abschnitt allerdings wurden Pfosten eines eigenen Typs (Typ 11) verwendet, die mit gleichbleibendem, rechteckigen Querschnitt und Übersteigeschutz den Pfosten des Typs 2 gleichen, sich von diesen jedoch, wie diejenigen des Typs 17, durch die Verminderung des Querschnitts im oberen, abgewinkelten Teil sowie durch das Fehlen der seitlichen Schlitze, wie sie bei Typ 2 vorhanden sind, über die regelmäßige Folge von kreisrunden Drahtlöchern hinaus kennzeichnen. Hinsichtlich des Merkmals eines sich vermindernden Querschnitts im oberen, abgewinkelten Teil gleichen die Pfosten des Typs 11 wiederum denen des Typs 17, auf die weiter unten noch einzugehen bleibt. Als Umgrenzung des rückwärtigen Werkstattareals ist dieser Teil des Zaunverlaufs nicht identisch mit demjenigen Zaunverlauf, der hier im Wasserleitungsplan eingezeichnet ist. Die Zaunlinie an der Südseite des VSW, so wie sie im Plan erscheint, verläuft stattdessen östlich an der Wagenhalle des VKN-Lagers vorbei.

[178] BArch Berlin, DO 1/104221, Bl. 9 f: Schreiben Chef BDVP Rostock an MdI Gen. Maron vom 31.07.1962 betr.: Sperrgebiet Peenemünde, Kreis Wolgast, Bezug: Ihr Befehl Nr. 40/62: „Nach Vereinbarung mit dem Kommando der Volksmarine wurden örtlich mit dem Standortältesten der Dienststelle Peenemünde (VM) und Vertreter der Dienststelle der Luftstreitkräfte alle sich ergebenden Fragen präzisiert. Laut Protokoll verpflichtet sich die Dienststelle der LSK, den Bau des Zaunes zur Abgrenzung des Sperrgebietes zu übernehmen. Ein Bauvertrag ist abgeschlossen. Danach soll am 11.9.1962 begonnen werden und die Arbeiten sollen bis zum 20.12.1962 abgeschlossen sein." – die zugehörige Karte ist enthalten in: BArch Berlin, KART 1002.

Abb. 48 Ummauerung an der Nordseite des Kraftwerksareals entlang der Straße zum Hafen Peenemünde, Pfosten und Wandelemente des Typ 4 mit angeschraubtem Bügel als Übersteigeschutz (Foto: Peter Schneider)

Abb. 49 Reste der Zaunanlage der HVA Peenemünde im Norden des Entwicklungswerks, Pfosten Typ 5 (Foto: Constanze Röhl)

5. Zaunanlagen im Bereich des ehemaligen Entwicklungswerks

Während die südliche Abgrenzung des Entwicklungswerks zur Landstraße Peenemünde–Karlshagen hin sowie die durch den Wald nach Osten auf den Strand zuführende Zaunlinie auf dem Wasserleitungsplan angegeben ist, fehlen jegliche Eintragungen zu weiteren Umzäunungen nördlich davon. Die zahlreichen Zaunanlagen, die sich hier im Bereich des ehemaligen Entwicklungswerks befinden und insbesondere auf Luftbildern der 1980er Jahre gut zu erkennen sind[179], müssen denn auch mit wenigen Ausnahmen der NVA-zeitlichen Nutzung des Areals zugerechnet werden.

Abgrenzung des ehemaligen Entwicklungswerks nach Westen – Pfostentypen 7 und 21

Von einem Zaun umgeben ist auch das Areal des ehemaligen Entwicklungswerks im Westen (s. Nr. 6 auf Abb. 34 bzw. Nr. aa–ad auf Abb. 50). Bereits oben wurde näher auf die Anlage eingegangen, die auf der Ostseite der zum Flughafen führenden Straße ab Höhe des ehemaligen Wachgebäudes bis in Höhe des Tanklagers entlang der Westseite des EWs verläuft. Ausweislich eines im Mai 1953 aufgenommenen Luftbildes, auf dem noch keine Zäune zu erkennen sind, sollten beide Maßnahmen jedoch als Teil der NVA-zeitlichen Nutzung angesehen werden. Die Verwendung der beiden unterschiedlichen Pfosten der Typen 3 und 7 für die Abschnitte nördlich bzw. südlich der heutigen Hauptzufahrt zum Areal deutet zum einen auf die NVA-zeitliche Errichtung, zum anderen aber zugleich auf eine zeitliche Differenz in der Ausführung der jeweiligen Abschnitte. Die Betonpfosten des Typs 3, die im nördlichen Abschnitt aufgestellt wurden, sind mit ihrem Übersteigeschutz nach außen zur Straße hin orientiert. Ohne Übersteigeschutz, nur mit einem leicht abgeschrägten oberen Abschluss des Schafts, stehen hingegen die Pfosten des Typs 7 im südlichen Bereich, der in seinem Verlauf hinter den ehemaligen Bahnsteig des EW gezogen ist, aber auch an der Nordseite des Areals vor der Hauptzufahrt zum VKN-Lager (s. Nr. 10 auf Abb. 34).

Die hier als Typ 7 bezeichnete Zaunsäule (Abb. 66, Taf. 3b) entspricht dem Stahlbetonpfosten für Drahtzäune (mit runden Löchern) ohne Übersteigeschutz, der in den nach TGL 116-0122 (1960), TGL 23387 (Juli 1976) und TGL 33525 (1985) beschrieben ist (s. Abb. 45–46), dort allerdings ohne Abfasung der seitlichen Kanten. Mit dem Standardpfosten TGL 116-0122-Typ stimmen die Typ 7-Pfosten zudem im Hinblick auf die Richtung der Drahtbefestigungslöcher – in Vorder- und Rückseite – überein, während bei den späteren TGL-Typen die Lochungen an den Seiten angeordnet sind. Wie erwähnt ist die Lochung für die typologische Betrachtung nur bedingt von Wert. Bedeutsamer erscheint dagegen das Merkmal der abgefasten Kanten, das nur bei den Pfosten des Typ 7 auftritt. Als standardisiertes Bauelement fand dieser Pfosten selbstverständlich auch Verwendung beim Bau der Grenzanlagen der Berliner Mauer, und zwar ab der dritten Ausbaustufe[180]. In den letzten Planungen zu Ende der 1980er Jahre ist es dieser Typ, der in den Zeichnungen standardmäßig verwendet erscheint[181].

Aufgrund des fehlenden Übersteigeschutzes und der stattdessen abgeschrägten Ausführung des oberen Pfostenendes sowie wegen ihrer Nähe zu den Formen der TGL-Standardpfosten sind die Pfosten des Typs 7 grundsätzlich neben diejenigen der Typen 16 und 21 zu stellen. Unterschiede zu Pfosten des Typs 16 bestehen hinsichtlich der Tiefe des Schafts (Typ 7: 13 cm; Typ 16: 8 cm), der Verwendung von Bindelöchern anstelle von Krampen zur Drahtbefestigung sowie in der Ausführung der seitlichen Kanten des oberen Abschlusses mit Abfasung. Unabhängig von den Maßen des Schaftquerschnitts entspricht auch die Form des Typs 21 (Abb. 78, Taf. 6a–b) grundsätzlich derjenigen der Typen 7 und 16, allerdings kommt dieser Typ ohne jegliche Einarbeitung von Bindelöchern oder Eisenkrampen zur Drahtbefestigung aus. Stattdessen ist der Typ 21 kombiniert mit den gleichen Stahlbügeln, wie sie bereits im Falle der Nutenpfosten (Typ 4a) als angeschraubter Übersteigeschutz erwähnt wurden. Pfosten des Typs 21 haben in Peenemünde sowohl bei der oben bereits erwähnten Umzäunung des Wasserwerks Karlshagen (Nr. 21 auf Abb. 34) Verwendung gefunden, als auch an der südlichen Begrenzung des ehemaligen EW-Areals in Höhe des späteren Munitionslagers des Jagdfliegergeschwaders 9 (Nr. 14 auf Abb. 34 bzw. Nr. x auf Abb. 50).

179 Z.B. LVA-MV, Luftbild 88_179_01_0010 (13.06.1988), Luftbild 88_180_02_0096_N_33_64_D (1988).

180 Vgl. die Abbildungen bei Cramer/Arera-Rütenik 2011, auf S. 95 unten, 98, 107, 128 unten oder bei Klausmeier/Schmidt 2004, Abb. auf S. 54.

181 Vgl. bei Rathje 2001, Bd. 2 z.B. die Zeichnungen auf S. 1619 (23.11.1988), 1632–1635 (Januar 1987), 1643–1644 (Januar 1987), 1662–1664 (6.12.1988), 1679 (6.12.1988).

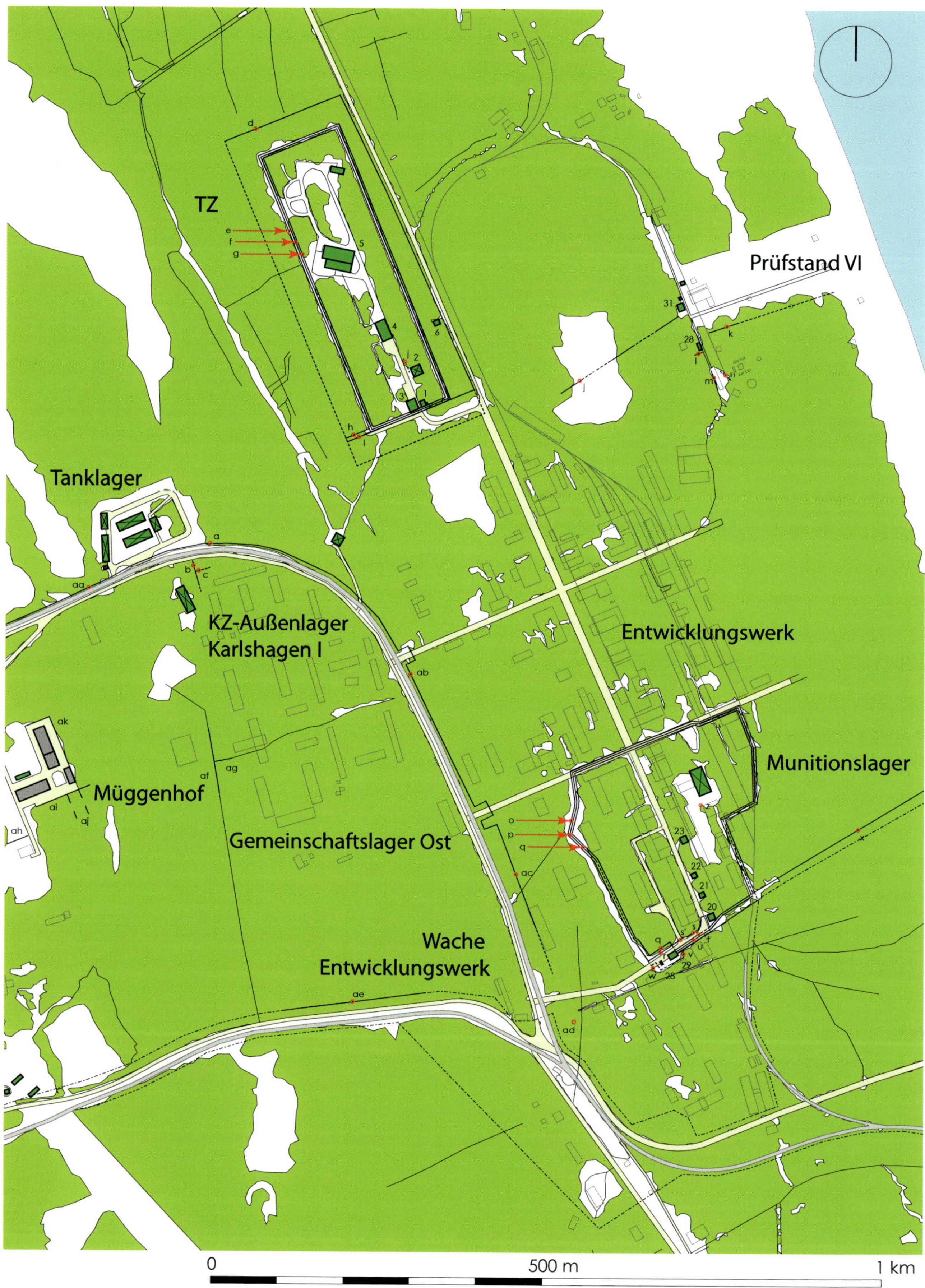

Abb. 50 Peenemünde, Lageplan im Bereich von PM OSt (EW und PM West (Karlshagen) – Ausschnitte (Grundlage: DM BN_06877, LVAMV 1988, Mense – Schmidt 2013, Kanetzki 2014b)

Reste von Zaunanlagen im und um das KZ-Außenlager Karlshagen I herum
(PM-KH I)

a) Abgrenzung Tanklager zur Straße, Typ 2, bis 2021 in situ
b) Zaunlinie im Bereich, Typen 5 und 24
c) Reihe von umgestürzten Pfosten des Typs 1

Reste von Zaunanlagen um die Technische Dienstzone (TZ) herum
(PM-Ost (EW), TZ)

d) Zaunlinie um die TZ außerhalb der HSA
e) Äußere Zaunlinie der HSA um die TZ (Zaun 3), Typ 16
f) Mittlere Zaunlinie der HSA um die TZ (Zaun 1), Typ 15
g) Innere Zaunlinie der HSA um die TZ (Zaun 2), Typen 17, 18 und 19
h) Zaunlinie in Verlängerung der Südseite von Zaun 2 um die TZ (s. g), Typ 16
i) Zaunlinie in Verlängerung der Südseite von Zaun 3 um die TZ (s. e), Typ 16

Reste von Zaunanlagen im Norden des Entwicklungswerks
(PM-Ost (EW), Nord)

j) Reste einer Zaunlinie im Norden des EW, Typ 5
k) Reste einer Zaunlinie südlich des Prüfstands VI, Typ 24
l) Zwei Pfosten in Reihe sowie ein loser Pfosten südlich von Gebäude Nr. 30, Typen 23 und 3c
m) Reste einer Zaunlinie westlich des Weges vom EW zum Prüfstand VI, Typ 3
n) Reste einer Zaunlinie östlich des Weges vom EW zum Prüfstand VI, Typ 3

Straßen und Wege

Straße
Bahntrasse
Bahntrasse im Bereich des EW
Wege, Pfade
Pfade
Bewuchs (1988)

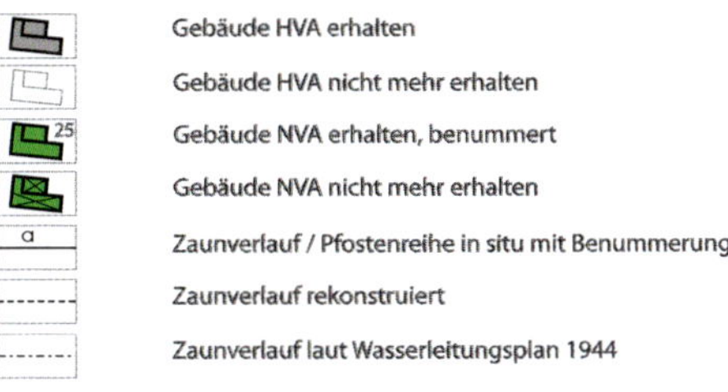

Reste von Zaunanlagen um das Munitionslager des Jagdfliegergeschwaders 9
(PM-Ost (EW), Süd, Munitionslager)

o) Äußere Zaunlinie um das Munitionslager (Zaun 3), Typ 3
p) Mittlere Zaunlinie um das Munitionslager (Zaun 1), Typ 15
q) Innere Zaunlinie um das Munitionslager (Zaun 2), Typen 3 und 18

Reste von Zaunanlagen an der Südseite des EW und des Munitionslagers entlang des Weges zwischen Wache und Meer (PM-Ost (EW), Süd, Weg zum Meer)

r) Reste des Zauns entlang der Nordseite des Weges zwischen der Südwest-Ecke des Munitionslagers und dem ehemaligen Zufahrtstor in Höhe des Gebäudes Nr. 29
s) Zaun zwischen den beiden in das Innere des Munitionslager führenden Straßen, Stahlrohre
s‘) Zaun zur Sperrung der westlichen der beiden in das Innere des Munitionslager führenden Straße, Stahlrohre
t) Zaun entlang der Südseite des Weges zwischen den Gebäuden Nr. 29 und 28, Typ 3
u) Zaunlinie im Wechsel von Süd- zu Nordseite des Weges im Bereich zwischen Gebäude 29 und der Südostecke des Munitionslagers, Typ 21
v) Äußere Zaunlinie entlang der Südseite des Weges, Typ 3
w) Zaunverbindung zwischen der äußeren Zaunlinie um das Munitionslager (s. o) und der Äußeren Zaunlinie entlang der Südseite des Weges (s. v)
x) Zaun entlang der Nordseite des Weges östlich des Munitionslagers, Typ 21 und Typ 3
y) Östlicher Abschnitt des Zaunes entlang der Nordseite des Weges, Typen 21 und 15
z) Einzelne Zaunpfosten im Inneren des Munitionslagers, Typ 21

Reste von Zaunanlagen an der Westseite des EW und entlang der Landstraßen zwischen Wache und Peenemünde Dorf sowie zwischen Wache und Flughafen
(PM-Ost (EW), Süd, Westseite)

aa) Südliche Begrenzung Luftwaffenareal, Typ 3 in situ
ab) Westliche Begrenzung des EW zwischen nördlichem und südlichem Zugang, Typ 3
ac) Westliche Begrenzung des EW südlich des südlichen Zugangs, Typ 7
ad) Einzelner Zaunpfosten in der Nähe des Abzweigs der Landstraße zum Flughafen, Typ 10
ae) Reste der Zaunlinie entlang der Nordseite der Landstraße zwischen der ehem. Wache des EW und Peenemünde Dorf, Typ 1

Reste von Zaunanlagen im Bereich des Gemeinschaftslagers Ost sowie auf dem Areal des Müggenhofs

af) Westliche Begrenzung des Gemeinschaftslagers Ost, Typ 5
ag) In ost-westlicher Richtung verlaufende Reihe von Pfosten des Typ 3c im mittleren Teil des Gemeinschaftslagers Ost
ah) Zaun nördlich des zum Müggenhof gehörenden Kaninchenstalls, Typ 1
ai) Zaun südlich des Hauptgebäudes des Müggenhofs, Typ 1
aj) Umzäuntes Areal an der Südwestecke des Müggenhofs, Typ 1
ak) Zaun entlang der Ost- und der Nordseite des Müggenhofs, Typ 3

Südliche Begrenzung des Areals des ehemaligen Entwicklungswerks (Weg zum Meer) – Pfostentypen 15, 18, 20 und 21

Die Südseite des Munitionslagers des Jagdfliegergeschwaders 9 ist Teil einer Grenzlinie, die im Süden des ehemaligen Entwicklungswerks zwischen der ehemaligen Wache und dem Strand verläuft und damit womöglich – von der HVA-zeitlichen Situation unterschieden – die NVA-zeitliche Begrenzung dieses erneut als gesondertes Sperrgebiet ausgewiesenen Areals bezeichnet (Nr. 14 auf Abb. 34 bzw. Nr. x auf Abb. 50). Die Anlage verschiedener Zäune ist hier recht unübersichtlich (s. Abb. 50). Im Süden des ehemaligen Entwicklungswerks in Höhe der Wache sowie bei der auf den Strand zulaufenden Zaunlinie durchtrennt die NVA-zeitliche Begrenzung dieses erneut als gesondertes Sperrgebiet ausgewiesene Areal und ist damit wahrscheinlich von der HVA-zeitlichen Situation unterschieden. Die Zaunanlagen beginnen in Höhe der Südwestecke des ehemaligen Munitionslagers des Jagdfliegergeschwaders 9 und enden im Osten am Strand. Relativ eindeutig nachzuvollziehen erscheint die Zaunanlage östlich des Lagers. Hier grenzt eine einfache Zaunlinie, die mit Pfosten des oben bereits angeführten Typs 21 errichtet ist, das Areal des ehemaligen EWs von dem Weg ab, der auf den Strand zuführt. An die Pfostenenden angeschraubte Stahlwinkel mit drei Stacheldrahtbahnen als Übersteigeschutz, wie er in dieser Ausführung bereits im Zusammenhang mit den Nutenpfosten der Plattenmauer (Typ 4) beschrieben wurde, sichern das Areal nach Süden gegen den Weg hin. Zum Strand hin wechselt das Material der Pfosten, die nun durch Pfosten des Typs 3 sowie in zunehmend regelmäßigen Abständen von solchen des Typs 15 ersetzt werden. Die Pfosten des Typs 15 sind eigens für die Anlage von Hochspannungssicherungsanlagen konzipiert und dort entsprechend ihrer Funktion in eindeutiger Weise orientiert aufgestellt – mit den Halterungslöchern quer zum Verlauf der Zaunlinie (Abb. 51, 72, Taf. 4a–b). Hier jedoch ist anhand der verdrehten Aufstellung zu erkennen, dass an dieser Stelle nur Restbestände verwendet wurden, sicherlich als Reparatur.

Komplex ist auch die Situation um die Südgrenze des Munitionslagers herum. In ihrem Aufbau, der Reihenfolge ihrer zeitlichen Entstehung und Entwicklung ist die Anordnung, bei der mehrere Zaunlinien und –anlagen ineinander übergehen ebenfalls nicht in befriedigender Weise geklärt.

Auf der Nordseite des Weges befinden sich so zwei Zaunlinien, deren innere mit Pfosten des Typs 18 (Abb. 75, Taf. 5d–f) errichtet und der inneren Zaunlinie der HSA zuzurechnen ist. In der äußeren Zaunlinie sind demgegenüber Pfosten des Typs 18, 20 und 21 miteinander kombiniert – sei es infolge sukzessiver Reparaturen oder sei es aufgrund uneinheitlicher Materialbestände zur Bauzeit.

Die einfache, gerundete Form des oberen Abschlusses der Pfosten des Typs 20 sowie die grobe Betonqualität der einzelnen Exemplare verleitet mit Blick auf die Pfosten des Typs 5 dazu, diese als die ältesten der an dieser Stelle vorgefundenen Pfosten zu deuten. Eine Besonderheit dieses Typs sind die in regelmäßigen Abständen übereinander befindlichen rechteckigen Hohlstellen an der Vorderseite, in denen kleine Holzblöcke zur genagelten Befestigung einer Drahthalterung eingesetzt gewesen sein mögen. Pfosten dieses Typs 20 (Abb. 77, Taf. 5g) flankieren in regelmäßigen, zugleich weiten Abständen den Weg, der, von Norden aus dem Bereich des ehemaligen EWs bzw. des Munitionslagers kommend, etwa in Höhe des NVA-zeitlichen Gebäudes mit der Nummer 29 senkrecht auf den Strandweg zuläuft.

Die innere Zaunlinie, die an der Südseite des Munitionslagers auf den gleichen Weg zuführt, ist hingegen aus Pfosten des Typs 18 errichtet und geht in die bereits erwähnte innere, parallel zum Strandweg verlaufende Zaunlinie an dieser Stelle über. Östlich des NVA-zeitlichen Gebäudes mit der Nummer 29 bis zur Zufahrt zur zentralen Straße, die das Munitionslager bzw. das ehemalige Entwicklungswerk in Nordsüd-Richtung erschließt, ist der mit Betonpfosten errichtete Zaun durch eine Reihe von Stahlrohren mit dazwischen eingefügten Maschendrahtfeldern ersetzt, wobei die ersten fünf Rohrpfosten den in das Munitionslager hineinführenden Weg versperren. Dieser Bereich muss ausweislich eines Luftbildes aus dem Jahr 1988 erst nach Aufgabe des Lagers geschlossen, die fünf Stahlrohrpfosten hier entsprechend nachträglich eingesetzt worden sein. Der östlich anschließende Abschnitt des Maschendrahtzauns mit den Stahlrohrpfosten bis zur Hauptzufahrt in das Munitionslager scheint, dem gleichen Luftbild zufolge, jedoch zuvor bereits bestanden haben. Östlich der Hauptzufahrt setzt sich der Zaun in Richtung Strand in der oben bereits beschriebenen Weise vergleichsweise einheitlich mit Pfosten des Typs 21 fort.

[182] Zum ML des JG 9 s. Schneider/Röhl [HGR] – der früheste den Autoren bekannt gewordene Hinweis auf die Existenz des Munitionslagers des JG 9 besteht in der mit einem Plan versehenen Erläuterung zur geplanten Baumaßnahme für eine Erweiterung des Munitionslagers 1 – vgl. BARch Freiburg DVM 10/50358, Bl. 57–61: VVS-Nr. D 265 867, Konzeptpapier des Stellvertreters des Chefs für Rückwärtige Dienste der 1. Flottille der Nationalen Volksarmee vom 7.12.1979, betr. Anforderungen und Standortvorschlag für Investbaumaßnahme Munitionslager-1, hier: Bl. 61.

[183] LVA-MV, Luftbild 88_179_01_0010 (1988); Luftbild 98_04_10_0064_N_33_64_d (1998).

Nicht weniger komplex zeigt sich die Situation auf der Südseite des zum Strand führenden Weges, die ebenfalls durch bis zu drei parallel verlaufende Zaunlinien begleitet wird. Im Gegensatz zu den Zaunlinien auf der Nordseite des Weges dominieren hier Pfosten des Typs 3 in unterschiedlichen Varianten, die sich hinsichtlich des Querschnitts als auch in Bezug auf die Art und Anordnung der Drahtbefestigungslöcher unterscheiden. Davon abgesehen ist die mittlere der drei Zaunreihen, die nördlich des NVA-zeitlichen Gebäudes mit der Nummer 29 verlaufen und unmittelbar bis an die Nordseite des Gebäudes heranführen, aus Pfosten des Typs 18 errichtet, darunter auch solchen mit abgewinkeltem oberem Ende bzw. Übersteigeschutz. Die parallel angelegten inneren Zaunlinien deuten auf weitere separat ausgegrenzte Bereiche südlich des Strandweges, deren Umfang bislang jedoch nicht ersichtlich ist.

Umzäunung des ehemaligen Munitionslagers im südlichen Teil des ehemaligen Entwicklungswerks (EW-Süd) – Pfostentypen 3, 15, 18 und 21

Das Munitionslager des Jagdfliegergeschwaders 9 wurde zu einem bislang nicht näher bekannten Zeitpunkt im südlichen Teil des ehemaligen Entwicklungswerks eingerichtet (Nr. 15 auf Abb. 34 bzw. Nr. o–q auf Abb. 50)[182]. Es nimmt östlich der in Nordsüd-Richtung verlaufenden Hauptstraße den Raum des Logistikzentrums ein, sowie westlich der Hauptstraße bis zum Standort von Haus 6 (Kasino/Offiziersheim) den Bereich zwischen Haus 4 im Norden und Haus 18 (Nachrichtenzentrale) im Süden. Die dort errichteten baulichen Anlagen im Inneren des Munitionslagers waren durch eine elektrifizierte Zaunanlage (Zaun 1) umschlossen, die wiederum zum umschlossenen Innen- als auch zum ausgegrenzten Außenbereich hin jeweils von einer weiteren Zaunlinie (Zaun 2 und Zaun 3) abgeschirmt war. Alle drei Zäune bildeten die Hochspannungssicherungsanlage um das als Munitionslager bezeichnete Objekt. Der Verlauf der HSA ist auf Luftbildern ab 1988 gut zu erkennen[183], und anhand der weitgehend noch in situ befindlichen Betonpfosten aller drei Zaunlinien auch im Gelände zu bestimmen. Nicht untersucht ist bislang jedoch der südliche Teil der HSA bzw. das Verhältnis und die Anschlüsse der drei Zaunlinien zu den bzw. an die Zaunreihen auf der Nordseite des Weges zwischen Wache und Strand. Hier scheinen keine Reste einer HSA mehr vorhanden zu sein, stattdessen verlaufen Zaunlinien mit gänzlich anderen Pfostentypen.

Sicher nachvollzogen ist bislang allein der nördliche Teil der HSA. Hier ist für den Zaun 1 ein eigener Pfostentyp (Typ 15) zur Anwendung gekommen, dessen Betonpfosten in Abständen von rd. 5,2 m zueinander Aufstellung gefunden haben. Die Pfosten weisen einen deutlich stärkeren Querschnitt von 14 cm im Quadrat sowie eine Reihe von Löchern mit kreisrundem Querschnitt, die in mehr oder weniger regelmäßigem Abstand 40 und 47 cm übereinander angeordnet sind. Im unteren Bereich befinden zusätzlich zwei weitere, im gleichen Abstand eingebrachte Löcher, die um wenige Zentimeter gegenüber den übrigen Löchern nach unten versetzt sind. Die Löcher, senkrecht zur Verlaufsrichtung des Zaunes ausgerichtet sind, nehmen Metallbügel auf, die große Keramikisolatoren halten, an denen wiederum der elektrifizierte Draht angebracht war. Während die beiden Isolatoren, die von den Halterungen in der unteren Lochreihe gehalten werden, nach innen weisen, sind die fünf Isolatoren, die von Halterungen über die gesamte Pfostenhöhe gehalten werden, nach außen.

Für die Errichtung des Zauns 2, der auf der Innenseite mit einem Abstand von rd. 5 m parallel zur Linie von Zaun 1 verläuft, wurden Pfosten des Typs 18 verwendet, die in Abständen von rd. 2,6 m aufgestellt wurden. Allerdings gilt dies nur für den Teil der HSA, der sich westlich der Haupterschließungsstraße des Munitionslagers befindet. Für den Zaun 2 östlich der Straße wurden Pfosten des Typs 3 verwendet. Auch Zaun 3, der mit einem Abstand von rd. 5 m außerhalb vor Zaun 1 verläuft, ist beiderseits der Straße mit Typ 3-Pfosten errichtet. Auf beiden Seiten des elektrifizierten Zauns 1 dienten die beiden Zäune 2 und 3 mithin der Ausgrenzung eines insgesamt 10 m breiten Sicherheitsstreifens.

Von der Zaunanlage der HSA abgesehen befindet sich im Bereich des ehemaligen Munitionslagers in situ lediglich eine geringe Anzahl von Betonpfosten des Typs 21, die der Unterteilung der versiegelten Freifläche dienen, die zwischen den Standorten des Lokschuppens und der Fahrbereitschaft des ehemaligen Entwicklungswerks angelegt ist.

Umzäunung der sog. Technischen Dienstzone (TZ) im Nordwesten des ehemaligen Entwicklungswerks – Pfostentypen 15, 16, 17, 18 und 21

Eine weitere komplexe Zaunanlage, einschließlich einer HSA, befindet sich in dem Areal nordwestlich des ehemaligen Entwicklungswerks, jenseits der Haupterschließungsstraße, die weiter nach Norden zu den Prüfständen führt. Zwischen 1953 und 1975 muss hier die sog. TZ auf einem zuvor offensichtlich ungenutzten Stück Land errichtet worden sein[184]. Den Kern des Komplexes, der an seiner Südseite durch eine Betonplattenstraße erschlossen ist, bildet eine Anzahl von Gebäuden, die durch eine HSA umgeben ist. Die Anlage der HSA mit drei Zaunlinien, deren mittlere elektrifiziert ist und von den beiden anderen, die innen und außen parallel verlaufen, abgeschirmt wird, entspricht in ihrer Struktur derjenigen im Süden des ehemaligen Entwicklungswerks um das Munitionslager des Jagdgeschwaders 9. Wie dort, so ist auch hier die mittlere, elektrifizierte Zaunlinie mit Pfosten des Typs 15 errichtet. Die Anlegung des Stroms erfolgte über einen Transformatorraum an der Rückseite des NVA-zeitlichen Gebäudes Nr. 1, das sich rechts der Einfahrt zur TZ befindet. In der Außenwand ist allein die Fassung des durchgeführten Kabels erhalten, in der Nähe fand sich ein Fragment des zugehörigen Keramikbauteils, mit dem das Kabel an dieser Stelle isoliert war. Die innere Zaunlinie (Zaun 2) wird von Pfosten des Typs 17 gebildet, einer Variante des Typs 3, bei der sich der Querschnitt des oberen abgewinkelten Teils des Übersteigeschutzes ähnlich wie bei den Pfosten des Typs 1 verjüngt. Zwischendurch und an den Ecken befinden sich an der Ost- und an der Nordseite Pfosten des Typs 18. An der Ostseite ersetzt ein Pfosten des Typs 18 regelmäßig jeden fünften Pfosten des Typs 17, an den Ecken an der Nordseite sind mehrere Pfosten des Typs 18 in Folge aufgestellt. Die äußere Zaunlinie (Zaun 3) wiederum bilden Pfosten des Typs 16. Die Abstände zwischen den Pfosten der einzelnen Zäune entsprechen der bereits beschriebenen Situation der HSA um das Munitionslager des Jagdgeschwaders 9. Eine weitere Zaunlinie (Zaun 4) mit Pfosten des Typs 17 grenzte dabei das so mehrfach umzäunte Areal von der zu den Prüfständen führenden Hauptstraße ab.

Improvisiert wirkende, mit Sprühfarbe zu einem unbekannten Zeitpunkt aufgebrachte Beschriftungen an einigen der Gebäude verweisen auf eine Benummerung der einzelnen Zaunlinien, ohne dass jedoch allein damit eine klare, eindeutige Zuordnung zu den bestehenden Pfostenreihen möglich wäre. Weitere Zaunlinien begleiten den Weg, der an der Südseite der TZ Richtung Westen führt (Zaun 5) oder verlaufen parallel zur Nordseite der Zaunlinie 3, möglicherweise als Nordseite von Zaun 4. Die Verwendung von Pfosten des Typs 16 mag als Indiz für eine zeitgleiche Aufstellung gedeutet werden. Einzelne Zaunpfosten des Typs 3 haben sich zudem auf der Ostseite der inneren Erschließungsstraße der TZ in situ erhalten. Sie gehörten womöglich zu einer separaten Umschließung der hier nicht mehr vorhandenen Gebäude nördlich der Zufahrt.

Zwei Gebäude, Gebäude Nr. 3 im Westen, Gebäude Nr. 2 im Osten, flankieren die Zufahrt zur TZ, deren bauliche Ausführung selbst nicht mehr zu erkennen ist. Ein Raum auf der Rückseite des Gebäudes Nr. 1 (Ostseite), das wiederum an der Rückseite des Gebäudes Nr. 2 angeordnet ist, muss die Bedienelemente und den Anschluss der Elektrifizierung enthalten haben. Ein Bruchstück des länglichen keramischen Isolators, der als Einleiter in der runden Öffnung der Rückwand gesteckt haben muss, fand sich südlich des Gebäudes.

Zaunverläufe und –pfosten am nördlichen Rand des ehemaligen Entwicklungswerks (EW-Nord) – Pfostentypen 5, 24 und 25

Zwischen Technischer Dienstzone und Prüfstand V finden sich Reste mehrerer Zaunanlagen, die oben bereits in unterschiedlichen Zusammenhängen Erwähnung gefunden haben. Hierzu gehören die Reste der mit Pfosten des Typs 5 errichteten Zaunlinie, die in ostwestlicher Richtung quer über den unbebauten Bereich unmittelbar nördlich des Entwicklungswerks verläuft. Sie endet im Osten vor einem NVA-zeitlichen Gebäude mit der Nummer 31, das sich in Höhe des Prüfstands V auf der Westseite der Straße befindet, die die Prüfstände I bis X miteinander verbindet. Möglicherweise bezeichnen die erhaltenen Betonpfosten an dieser Stelle die nördliche Begrenzung des Entwicklungswerkes. Allerdings waren die Pfosten so aufgestellt, dass die Bedrahtung auf der Südseite, also zum Entwicklungswerk hin, angebracht wurde. Mithin bleibt zu überlegen, ob es sich diese Zaunlinie nicht eher die südliche Abgrenzung der Prüfstandzone zum Entwicklungswerk hin bezeichnet hatte.

Weitere Zaunreihen laufen in der Umgebung eines weiteren NVA-zeitlichen Gebäudes mit der Nr. 30 zusammen, das sich auf der gleichen Straßenseite nur wenige Meter südlich des Gebäudes Nr. 31 befindet.

[184] Zur Anlage und Bezeichnung der TZ s.: Schneider/Röhl [HGR]. Zur Nutzung des Areals vor 1945: Hinweise auf bauliche Anlagen oder eine Nutzung sind weder aus textlichen Dokumenten noch aus Kartenmaterial oder Luftaufnahmen zu entnehmen. Die Anlage ist ausweislich der Luftbilder des Jahres 1953 noch nicht vorhanden, auf der Ausgabe 1975 der Topographischen Karte der DDR, Kartenblatt N-33-64-D-a (Peenemünde) – enthalten in BArch Freiburg, DVM 10/50358, Bl. 34, das den Stand 1972 repräsentiert, sind die Gebäude der Anlage wiedergegeben, das Areal ist umfahren von einer Strichpunktlinie. Anhand der Stempel, die auf einigen der Isolatoren der mittleren Zaunreihe aufgebracht sind und deren Angabe als Herstellungsdatum gedeutet wird, legt die Zahl „1968" auf eine Existenz der Anlage bereits zu Ende der 1960er Jahre nahe – sofern es sich tatsächlich um eine Jahresangabe handelt. Nicht vor dieser Zeit dürfte auch die Mitte der 1960er betriebene konzeptionelle Entwicklung der HSA zu anwendungsfähigen Lösungen geführt haben – zur Entwicklung der HSA s. Kap. 6, Zur Elektrifizierung von Zaunanlagen. Die Zahlen „1983" und „1984", die auf einer Reihe anderer Isolatoren zu finden sind, deuten wiederum auf eine Reparatur oder Ertüchtigung der Anlage ab den 1980er Jahre. Die Zahlen sind Bestandteil der folgenden Stempel bzw. Aufdrucke: „1983 D.P.R.K. S t 20", „1984 D.P.R.K. S t 20" und „St 20 1968", begleitet von einem kleinen gezackten Wimpel mit einem Punkt.

Jede dieser Zaunlinien ist von Pfosten unterschiedlichen Typs errichtet: 1.) ein Zaun mit Pfosten des Typs 24, der jenseits der Straße zwischen den Prüfständen I bis X in Höhe des Gebäudes Nr. 30 parallel zur Straße, die auf den Prüfstand V zuführt, nach Osten auf das Meer zuläuft; 2.) wenige Meter südlich davon ein parallel dazu verlaufender Zaun mit Pfosten einer Variante des Typs 3; 3.) zwei einzelne Pfosten unterschiedlichen Typs (Typen 21 und 23) die südlich von Gebäude 30 parallel zu dessen Südwand aufgestellt sind; 4.) ein etwas weiter südlich ebenfalls auf der Westseite der Straße zu den Prüfständen in geringem Abstand parallel verlaufender Zaun, bei dem sich Pfosten des Typs 7 mit solchen einer Variante des Typs 3 abwechseln, sowie 5.) ein gleichartig ausgeführter Zaun auf der gegenüberliegenden Seite der Straße.

Sonstige Zaunpfosten und -anlagen

Weitere Zaunanlagen oder einzelne Pfosten sind schließlich noch an verschiedenen Orten nördlich der Straße zum Hafen Karlshagen zu finden. Sie sollen der Vollständigkeit wegen nicht unterwähnt bleiben. Hierzu gehören die Betonpfosten, die häufig an Vorgartenzäunen oder an den Begrenzungen von Gartenparzellen in Karlshagen und Peenemünde Verwendung gefunden haben. Insbesondere bei den nördlich an das Wasserwerk Peenemünde anschließenden Kleingartenparzellen sind mindestens zwei Pfostentypen zu vermerken, für die sonst kein zweites Beispiel gegeben ist – darunter auch die beiden einzigen Exemplare eines Orkan-Pfostens mit halbkreisförmig gebogenem Übersteigeschutz. Die beiden auffällig gedrungenen Betonpfosten flankieren den Zugang zu einem der Gärten am Ortsausgang. Das Missverhältnis zwischen der andernorts ubiquitären Verbreitung dieses Pfostentyps und der Situation auf Usdeom und das, von diesen beiden einzelnen Exemplaren abgesehen, gänzliche Fehlen des gekrümmten Orkanpfostens in Peenemünde und Karlshagen bleibt bemerkenswert, die Frage nach der Herkunft der beiden einzelnen Exemplare offen.

Abb. 51 Reste der elektrifizierten Zaunanlage um die Technische Dienstzone, Pfosten Typ 15 (Foto: Constanze Röhl)

6. Exkurs und Ausblick: Zaunanlagen und Elektrifizierung

Die ab Mitte der 1960er Jahre realisierten Hochspannungssicherungsanlagen des EW weisen auf dem Areal der ehemaligen HVA den besten Erhaltungszustand von Befunden der Ein- und Abgrenzung des Geländes auf. Es handelt sich dabei allerdings nicht um die ersten dortigen elektrifizierten Zaunanlagen. Diese stellen vielmehr mit großer Wahrscheinlichkeit die in archivalischen Quellen erwähnten Absperrungen der beiden KZ-Außenlager Karlshagen I und Karlshagen II dar, die in ihrem Aufbau nur über rekonstruierende Überlegungen zu fassen sind. Da die Genese solcher Anlagen – sei es aus baugeschichtlicher oder sei es aus technikgeschichtlicher Perspektive – bislang offensichtlich nur unzureichend geklärt ist, mag ein Exkurs den für das Verständnis der Baugeschichte und entsprechender Rekonstruktionen erforderlichen Kenntnisstand rekapitulieren[185]. Dabei werden zunächst exemplarisch bauliche Vorgaben, Richtlinien und Zuständigkeiten für Lagerzaunanlagen vorgestellt, denen eine Darstellung der Entwicklung elektrifizierter Zaunanlagen zu unterschiedlichen Zwecken folgt. Abschließend werden Überlegungen zur Genese der elektrifizierten Zäune der nationalsozialistischen Konzentrationslager zur Diskussion gebracht.

Bauliche Vorgaben, offizielle Richtlinien und Publikationen zu Lagerzäunen von den 1920er Jahren bis in die späte NS-Zeit

Ziel dieses Exkurses ist ein ergänzender Überblick zu Genese und Einsatz von elektrifizierten Defensivwaffen und Elektrozäunen unterschiedlicher Bauart und Bestimmung, von den ersten Anfängen im 19. Jahrhundert bis, durch die angetroffene Befundsituation in Peenemünde bedingt, zu den 1990er Jahren in der DDR. Es soll an dieser Stelle kein Anspruch auf geographische oder chronologische Vollständigkeit des Themas erhoben werden, gleiches gilt für die Darstellung technischer Details. Vielmehr steht der historische Kontext der erfassten Artefakte und Befunde diverser Peenemünder Zaunlagen als Mittel der – hier potentiell letalen – Aus- und Abgrenzung von Räumen im Fokus.

Zaunanlagen als wesentliche, standardmäßige bauliche Komponente bei der Einrichtung von Lagern werden zu Beginn der 1920er Jahre in einer medizinischen Schrift zur Hygiene behandelt und zwar explizit im Kontext der Abhandlung von Kriegsgefangenenlagern basierend auf Erfahrungen aus dem Ersten Weltkrieg[186]. Die Details werden dort wie folgt geschildert: „Das Erste bei Einrichtung eines Lagers ist seine Umgrenzung. Diese geschah meistens durch Herstellung einer doppelten Umzäunung von 2–2,5 m Höhe mittels Stacheldrahtes. Der Zwischenraum zwischen den beiden Zäunen betrug gegen 4 m. Anfänglich war dieser ‚leere Raum' unbenutzt, er durfte nicht betreten werden; in den späteren Kriegsjahren wurden in ihm mit Nutzen Gemüse, besonders Kartoffeln, gezogen. Einige Lager wurden außerdem mit einem Graben umgeben, um so zugleich hochstehendes Grundwasser oder die Regenwässer abzuleiten. Um die äußeren Drähte patrouillierten die „Außenwachen"[187].
Auch für ‚Moor- und Heidelager', neben dem ‚Industrielager' als Beispiel für ‚Arbeitslager' genannt, wird in derselben Publikation der doppelte Stacheldrahtzaun erwähnt[188]. Als Aufgabe der Umzäunung wird hier zudem die Unterbindung von Kontakten zwischen Kriegsgefangenen und Zivilbevölkerung deutlich artikuliert. So verweist der Autor in seinen Ausführungen zu den Industrielagern, die stark variierende Formen der Unterbringung aufweisen konnten – darunter auch umgewidmete Gebäude –, auf das Beispiel „Gute Hoffnungshütte" in Sterkrade: „Im Beginn der Abgabe an die Industrie war befohlen worden, daß ein Verkehr der Gefangenen mit dem Publikum verhindert werden müsse und es solle nach der Straßenseite hin eine feste Bretterwand gezogen werden" – eine Vorgabe, die später revidiert wurde: „Man ist dann auch in der zweiten Hälfte des Krieges milder denkend geworden, und hat vielfach Drahtzäune gezogen."[189] Die Gewichtung der unterschiedlichen Aspekte, mögliche Fluchtbarriere' und ‚Kontaktunterbindung' bleibt im

[185] An dieser Stelle ebenfalls Dank an Jan Hasil für Hinweis, dass in der tschechischen Fachliteratur davon ausgegangen wird, dass das technische Know-How zur Zeit des deutschen Nationalsozialismus der Ausgangspunkt für den Elektrozaun an der Westgrenze in den 1950er Jahren war.

[186] Gärtner 1922, S. 162–280.

[187] Ebd. S. 165.

[188] Ebd. S. 172: „Die einzelnen Baracken lagen meistens, durch einzelne weite Zwischenräume getrennt, hinter einem Doppelstacheldrahtzaun um einen freien Platz, ihn von drei Seiten einschließend."

[189] Ebd. S. 174 f. Die Ausführung eines Bretterzauns in Kombination

Fall der Industrielager allerdings offen, insbesondere da die Ausführung der späteren Drahtzäune nicht ersichtlich wird. Auch in der Folgezeit findet sich Ende der 1930er Jahre die Anweisung zur Umzäunung als grundsätzlich umzusetzende Baumaßnahme in Heeresdienstvorschriften des Oberkommandos des Heeres zum Kriegsgefangenenwesen. Die Umzäunung wird sowohl für die Stammlager als auch für Durchgangslager vorgestellt. Im Gegensatz zu den vorhergehenden Ausführungen werden die Angaben allerdings um eine explizite Erwähnung von Wachtürmen und Beleuchtung ergänzt.

Zu den Stammlagern, die von den jeweiligen Kommandanten unfertig übernommen wurden, aber vom ersten Tag an auf volle Aufnahmefähigkeit vorzubereiten waren, wird in der im Februar 1939 genehmigten Heeresdienstvorschrift ausgeführt: „Erste Vorbedingung hierfür ist die Einfriedung durch den vorgeschriebenen Drahtzaun." Die Bedeutung dieser Baukomponente wird ein weiteres Mal betont: „Erste Sicherheitsmaßnahme beim Bau muß die lückenlose Einfriedung mit dem vorgesehenen doppelten Drahtzaun und seine ausreichende Beleuchtung sein. Sollten nach Ansicht des Kdt. die Maßnahmen des Bauplanes (auch die Aufstellung von Wachtürmen) nicht ausreichen, ist die W. V. sofort zu unterrichten."[190] Letzterer Aussage entsprechen wortgleich auch die Vorgaben für Durchgangslager[191]. Die Ausführung der zunächst knapp als ‚vorgeschriebener Drahtzaun' bezeichneten Zaunanlagen wiederum wird, ergänzt um eine schematische Skizze, in einer gesonderten Dienstanweisung zu Raumbedarf, Bau und Einrichtung eines Kriegsgefangenenlagers dargelegt:

„Die Einfriedung der eigentlichen Gefangenenunterkunft und des Vorlagers besteht aus 2 Stacheldrahtzäunen von 2 ½ m Höhe und 2 m Abstand. Bei der Einfriedung zwischen Vor= und Hauptlager beträgt jedoch der Abstand 4 m. Die waagerecht zu spannenden Stacheldrähte haben 20 cm Abstand voneinander und werden durch senkrechte Stacheldrähte in Abständen von 50 cm miteinander verbunden. Diese Bespannung reicht bei sandigem Boden etwas ½ m tief in die Erde hinein. Die Pfosten können aus Holz, Eisenbeton oder Eisen bestehen; sie sind mindestens 1 m tief einzugraben und mit Stacheldraht zu umwickeln. Der Raum zwischen den beiden Zäunen wird mit spanischen Reitern u. dgl. Hindernissen ausgefüllt. Das Vorlager und die eigentliche Kriegsgefangenenunterkunft erhalten nur je 1 Tor von 6 m Breite und 3 m Höhe mit Mittelpfosten und je 1 Fußgängerpforte von 1,25 m Breite. Tor und Pforte müssen stark gebaut und gegen Überklettern mit Stacheldraht gesichert werden. Neben den Toren und an den Ecken der Einfriedung, allenfalls auch an anderen Stellen, sind Wachtürme nach Angabe des Kommandanten zu erstellen. Die für je 1 000 Kriegsgefangene bestimmten Lagerabteile mit zugehöriger Abortbaracke und etwa 15 000 qm großem Antrete- und Sportplatz werden mit einfachem, 2 m hohem Stacheldrahtzaun eingefriedigt, welcher gegen die Hauptlagerstraße hin offen bleibt."[192]

Neben weiteren Angaben, bspw. dem Abstand der Baracken zur Zaunanlage, sind dieser Vorschrift auch Details zur Stromversorgung zu entnehmen, die häufig für Konzentrationslager nicht oder kaum zu klären sind: „Licht- und Kraftstrom ist im Regelfalle als hochgespannter Drehstrom durch Freileitung bis dicht vor das Lager heranzuführen und dort auf 380/220 Volt umzuformen. In einer Mannschaftsbaracke (250 Mann) sind etwa 22 Deckenpendel zu je 50 bis 75 Watt für die Unterkunftsräume und etwas 8 Deckenlampen zu je 25 Watt für die Nebenräume und Eingänge nötig. Für die übrigen Baracken ist Art und Stärke der elektrischen Beleuchtung nach dem Bedürfnis zu ermitteln – siehe auch Anl. 14 zur Wm. Verw. V. II –. Die Außenbeleuchtung muß so beschaffen sein, daß die Barackeneingänge auffindbar, Straßen und Rondewege begehbar, aber die Gesamtanlagen aus der Luft nicht erkennbar sind. Es sind also vor den Barackeneingängen sowie an Straßen und Einfriedungen in Abständen von etwa 25 m sogenannte Breitstrahler, 25 Watt, mit blau gefärbtem Glas anzuordnen. Diese Außenbeleuchtung wird, in mehrere Gruppen eingeteilt, von der Wache aus schaltbar gemacht. Außerdem sind in jedem Wachturm 2 Steckkontakte anzuordnen, so daß im Bedarfsfalle das Gelände mit Scheinwerfern von etwa 1 000 Watt abgeleuchtet werden kann. Die Leitungen werden außerhalb der Einfriedungen als Freileitungen, innerhalb derselben, wo möglich, als Kabel verlegt. Gemessen wird der Gesamtstrom in der Umformerstation. Unterzähler für Außenbeleuchtung und andere Sonderzwecke sind zu Kontrollzwecken einzubauen. Bei der Planung der Starkstromzuleitung und –umformung ist das

mit einem Stacheldrahtzaun findet sich 1941 bei einem Lager für zu Zwecken der Rüstungsindustrie eingesetzter russischer Kriegsgefangener auf dem vormaligen Areal der Saline Artern, wurde anscheinend aber eher zur Absperrung als zum Sichtschutz gebaut. S. Baranowski 2017, S. 382 f.

[190] OKH 1939b, S. 16, 37.

[191] OKH 1939a, S. 37.

[192] OKH 1939c, S. 15.

[193] Ebd., S. 14 f. und 8.

[194] OKH 1941.

[195] Ebd., S. 34, sowie Abb. 27 und 28 auf S. 34 f.

[196] Vgl. zu diesem Typ des Übersteigeschutz ebenfalls die Ausführungen zu Typ 4a. S. des Weiteren ähnliche Vergleichsstücke aus dem Nebenlager Ihlenfelder Straße des Ravensbrücker Au-

Stromlieferwerk zu berücksichtigen. Schwachstromanlagen für Fernsprech- und Alarmanlagen werden durch das Wehrkreiskommando geplant und ausgeführt. Zu diesem Zweck ist 1 Satz Baupläne, sobald diese von der Wehrkreisverwaltung geprüft sind, dem Wehrkreiskommando zu übergeben." sowie bzgl. der Stromversorgung bei den Außenanlagen von Kommandantur und Landesschützenbataillons: „Der elektrische Strom wird in der Umformerstation der Kriegsgefangenenunterkunft niederspannungsträchtig abgenommen und besonders gemessen. Für die Innenbeleuchtung gilt Anl. 14 der Wm. Verw. V. II. Als Außenbeleuchtung genügen breitstrahlende 15-Watt- Richtungs- und Hauseingangslampen mit blauem Glas, so daß das Lager aus der Luft unerkennbar bleibt. Die Außenleitungen werden als Freileitungen verlegt. Die Einfriedung wird möglichst einfach aus Holz oder Maschendraht in etwa 1,50 m Höhe ausgeführt."[193] Beilage 9 zeigt in einfacher schematischer Darstellung ohne weitere Details – abgesehen von Pfostenabständen – die Einfriedung.

1941 werden Zaunanlagen im Rahmen behelfsmäßiger Bauten des Heeres erneut im Zusammenhang mit Kriegsgefangenenlagern behandelt[194]. Die äußerst knappe Beschreibung „Außenanlagen: Umzäunung doppelter Stacheldrahtzaun" ist durch zwei schematische Abbildungen ergänzt, denen bauliche Details zu entnehmen sind. Gezeigt wird eine doppelte Zaunreihe mit 2 m Abstand, deren Holzpfosten 1 m tief in den Boden eingelassen sind. An der Innenseite erreicht der Zaun einschließlich eines gewinkelten Übersteigeschutzes eine Höhe von 3 m, an der Außenseite 1,50 m. In der Zaungasse ist ‚Stacheldrahtgewirr' ausgelegt[196].

Eine weitere Fachpublikation zur Hygiene, in diesem Fall zum Thema der Durchgangslager der Arbeitseinsatzverwaltung, beschreibt im Jahr 1944 die zugehörige Zaunanlage: „Die Umzäunung der D[urchgangs] L[ager] besteht zweckmäßigerweise aus einem 2 m hohen Drahtzaun, der auf Betonsäulen oder auf etwa 15 cm i. Dmr. messenden Rundholzsäulen, die alle 3 m versetzt sind, befestigt wird. In der Längsrichtung etwa 9 Drähte. Jedes Feld wird noch mit 3 senkrechten und zwei diagonal gezogenen Drähten versehen. Vorteilhafter wäre ein Maschengeflecht. Soweit das Lager nach außen oder an den Wirtschafts- und Verwaltungsteil grenzt, ist im Abstand von 2 m eine doppelte Einfriedung errichtet worden. In einem DL ist ein einfacher Drahtzaun und eine Hecke vorgesehen."[197]

Die aus den dargestellten Vorgaben ersichtlichen Grundzüge der Bauweise finden sich auch im Jahr 1933 im Kontext erster Konzentrationslager. So wurde, in diesem Fall in Zuständigkeit des kommissarischen Regierungspräsidenten in Osnabrück per Auftrag des Preußischen Innenministeriums, im April 1933 bezüglich der Einrichtung von vier Lagern im Emsland beschlossen: „Als Einfriedung ist ein drei Meter über den Boden ragender Stacheldrahtzaun vorgesehen, der zu beiden Seiten durch ein je 2 Meter breites Drahtverhau verstärkt wird. An zwei sich diagonal gegenüberliegenden Ecken soll je 1 Wachturm mit M.G. Stand errichtet werden. Zur Beleuchtung der Einfriedung bei Nacht werden um das ganze Lager in 30 Meter Entfernung voneinander starke elektrische Lampen aufgestellt [...]."[198]

Nur wenige Jahre später, im Jahr 1938, wird aus dem Übergabeprotokoll für den ‚Elektrischen Zaun' des Konzentrationslagers Flossenbürg die bauliche Zuständigkeit der SS, in diesem Fall der ‚Bauleitung der Waffen-SS und Polizei, Floßenbürg', zwischen der Bauleitung, dem Lagerkommandanten, dem ‚Leiter der Verwaltung und dem Unterkunftsverwalter im KL.Floßenbürg/Opf.' ersichtlich[199]. Die Phasen der Flossenbürger Zaunanlage wurden 2007 durch den Leiter der Flossenbürger Gedenkstätte, Jörg Skriebeleit, als erste, noch nicht elektrisch geladene Zaunanlage beschrieben. Die „Perfektionierung der Sperranlagen durch einen doppelreihigen, elektrisch geladenen Lagerzaun" ab 1940 folgte, und eine 4 m hohe Mauer, die die Zaunanlagen schlussendlich ersetzen sollte – allerdings nicht mehr errichtet wurde – wird als letzte Phase angegeben. Ein Verweis auf bestehende bauliche Vorgaben oder Richtlinien ist dem Flossenbürger Dokument nicht zu entnehmen. Zur Ausführung heißt es dort: „Das Hindernis ist als zweidrei-reihiger Zaun errichtet und nach der Lagerseite zu durch spanische Reiter verstärkt. Als Beleuchtung für das Hindernis sind Flutstrahler auf Holzmasten angebracht; die mit einem Abstand von durchschnittlich 30 m aufgestellt sind. Die Stromzuführung erfolgt durch Erdkabel, die Stromverbindung von Mast zu Mast ist durch Freileitung hergestellt."[200] Bei der Anlage handelte es sich um ein ‚provisorisches Drahthindernis', für das aus den Dokumenten zur

ßenlagers Waldbau im archäologischem Kontext bei Szczesiak 2019, S. 27.

197 Puntigam 1944, S. 50 f.

198 Tuchel 1991, S. 65 f.

199 BArch Berlin, NS 4/FL 454. Ein Umsetzen von Vorgaben der SS ist auch für Außenlager anzunehmen, wobei offenbleibt, ob dies grundsätzlich der Fall war. S. aber zu einem entsprechenden Beispiel für sicherheitstechnische Vorgaben Szczesiak 2019, S. 26.

200 Ebd. BA VII/18 Bestandsblatt Elektrischer Zaun (div. Provisorien) aus dem Etatjahr 1938. S. desw. dort die Anmerkung „Mit Ausnahme der Stromführung, die durch die Oberpfalzwerke, Regensburg erfolgte, sind alle Arbeiten im Häftlingseinsatz ausgeführt worden." (Vgl. oben die ‚Betonkolonne' Auschwitz).

Übergabe sowie den zugehörigen Abrechnungen einige Details zu entnehmen sind. Beispielsweise lässt die aufgrund der Rechnungen zumindest abzuschätzende Anzahl von Isolatoren eine Elektrifizierung des eigentlichen Zauns als unwahrscheinlich erkennen[201]. Auch der in den Unterlagen zur Übergabe beigefügte, sehr akribisch ausgeführte Situationsplan (Abb. 52) lässt hierfür keinerlei Anzeichen erkennen; lediglich Freileitungen führen zu Beleuchtungsmasten, Wachtürmen und Baracken. Während zwar ‚Beton – und Eisenbetonarbeiten' in einer Zusammenstellung der Übergabe aufgelistet werden, macht bereits u. a. die hohe Gesamtzahl von Holzpfosten mit 1.800 Stück und die fehlenden expliziten Nennung unwahrscheinlich, dass für dieses ‚provisorische Drahthindernis' Betonpfosten verwendet wurden[202]. Die vorliegenden Akten stellen daher wohl lediglich denjenigen Teilbestand des Gesamtvorhabens ‚Elektrischer Zaun' dar, welche die als Zwischenlösung gedachten Konstruktionen vor dem endgültigen Bau beinhalteten[203].

Zur Elektrifizierung von Zaunanlagen

Aufgrund der technischen Geschichte der Elektrifizierung von Zaunanlagen unterscheiden wir für den Zweck dieses Exkurses zunächst zwischen ziviler und militärischer Nutzung. Im Bereich der zivilen Nutzung wird ab dem 19. Jahrhundert, unabhängig voneinander in mehreren Ländern[204], die Idee eines elektrisch geladenen Weidezauns verfolgt. Nach der heute gültige Definition EN 60335-2-76 von 2002 ist darunter eine Schranke zu verstehen, „die einen oder mehrere elektrische Leiter, die gegenüber der Erde isoliert sind, enthält, und auf die elektrische Impulse durch ein Gerät aufgebracht werden." Das erste Patent, das dieser später so gefassten Definition entsprach, wurde 1905 in den USA angemeldet und nutzte eine Batterie zur Stromerzeugung[205]. Mit anschließender weiter Verbreitung in den USA sowie im europäischen Ausland kommen Elektrozaungeräte[206] als Impulsgeber für Batteriebetrieb und Netzanschluss auf[207]. Der erstmalige Einsatz im damaligen deutschen Raum geschah 1934 durch einen Max Domsch, nach dem Zweiten Weltkrieg Mitarbeiter der Landesanstalt für Ackerbau, Bodenkunde und Pflanzenernährung in Jena, der ein eigenes einfaches Gerät entwickelte und publizierte[208], das mit Niederspannung und Dauerstrom operierte[209]. Ein wesentlicher Vorteil des elektrisch geladenen Weidezauns liegt darin, durch den Verzicht auf Stacheldraht die Verletzungsgefahr für Vieh zu vermeiden. Auch kann mit versetzbaren Zäunen die wirtschaftlich effiziente Nutzung temporärer Weideflächen leicht gesteuert werden. Die Weidewirtschaft im damaligen deutschen Raum wurde so mit einer Fülle an sowohl industriellen als auch privat hergestellten Produkten modernisiert[210]. 1941 legte daher die erste nationale Norm VDE 0131 ‚Leitsätze für elektrische Weidezäune' – ein mit Holzpfählen oder Metallstangen gebauter Zauntyp – Grenzwerte zur Sicherheitsvorkehrung fest[211]. Prinzipiell kann zwischen drei Formen der Ausführung unterschieden werden: „Der nicht versetzbare Zaun, der versetzbare, voll ausgebaute Zaun und der ‚Wanderzaun'"[212]. Diese Klassifizierung, die bereits 1914 bestand[213] blieb so auch später, bspw. 1963 in der DDR, erhalten[214].

Die ersten Einsätze elektrifizierter Anlagen im Kontext militärischer Auseinandersetzungen sind für das frühe 20. Jh. erfasst und laufen somit parallel zu Entwicklungen im Bereich zivil genutzter Nieder- bis Hochpannungstechnik[215] und der Auseinandersetzung mit deren Gefahren[216]. Den medizinischen Überlegungen zur Verhütung und Behandlung von Unfällen folgten bewusste Entwicklungen zum Einsatz als Waffe; so nachzuvollziehen für Österreich-Ungarn ab 1915/16 in einer Außenstelle des Kriegsministeriums an der Technischen Hochschule in Wien, als ‚elektrotechnische Versuchsstelle' zur Optimierung von Hochspannungs-Drahthindernissen, wie diese von der Deutschen Heeresverwaltung in Posen initiiert wurden[217]. Entsprechende Anlagen wurden dann bspw. von der österreichischen AEG industriell produziert[218]. Den wohl umfassendsten Einblick bietet die k.u.k. Publikation von Robert

201 Vgl. BArch Berlin, NS 4-FL/454 sowie NS 4-FL/38.

202 Der in BArch Berlin, NS 4-FL/454 in der Materialanweisung auf S. 3 genannte Begriff ‚Säulen' für das Liefern und Herstellen des Drahthindernisses für das Schutzhaftlager lässt ebenfalls keine Rückschlüsse auf deren Material zu.

203 Zu den Ausbauphasen s. Skriebeleit 2007, S. 15, 23 f.

204 S. entsprechende Quellen zu elektrifizierten Weidezäunen in den USA 1888 sowie Neuseeland in den 1930er Jahren: TSHA o. J.; Jones 1988. Ergänzend sei erwähnt, dass die früheste bekannte Konstruktion elektrifizierter Drähte 1832 von der Schriftstellerin Francis Milton Trollope zum Schutz eines Museumsdisplays entwickelt wurde – vgl. Milton Trollope 1832.

205 Eying 2006, S. 13.

206 S. bspw. eine Annonce der *Peha-Elektro-Fabrik, Pitzner & Held* von 1941 in: Wochenblatt 1941, S. 177.

207 Eying 2006, S. 13.

208 Ebd.; s. des Weiteren dort zum Elektrozaun bis zum Ende des Zweiten Weltkriegs S. 201–203.

209 Wirleitner 1964, S. 2.

210 Zu den genannten Vorzügen s. Eying 2006, S. 14.

211 Vgl. ebd. S. 78 zu der Tatsache, dass keinesfalls ein direkter Anschluss an das Wechselstromnetz vorgenommen werden darf, da dieses sowohl für Mensch und Tier ein hohes Risiko für Herzkammerflimmern birgt.

212 S. N. N. 1941; s. ebd. S. 211 zur nicht abschließend zu beantwortenden Frage nach dem Vorzug von Netzanschluss oder Batteriegeräten für die drei zu unterscheidenden Bauarten.

213 Eying 2006, S. 201.

214 Ebd., S. 207. S. ebenfalls dort S. 202–232 zu Nachkriegsentwicklungen in BRD und DDR.

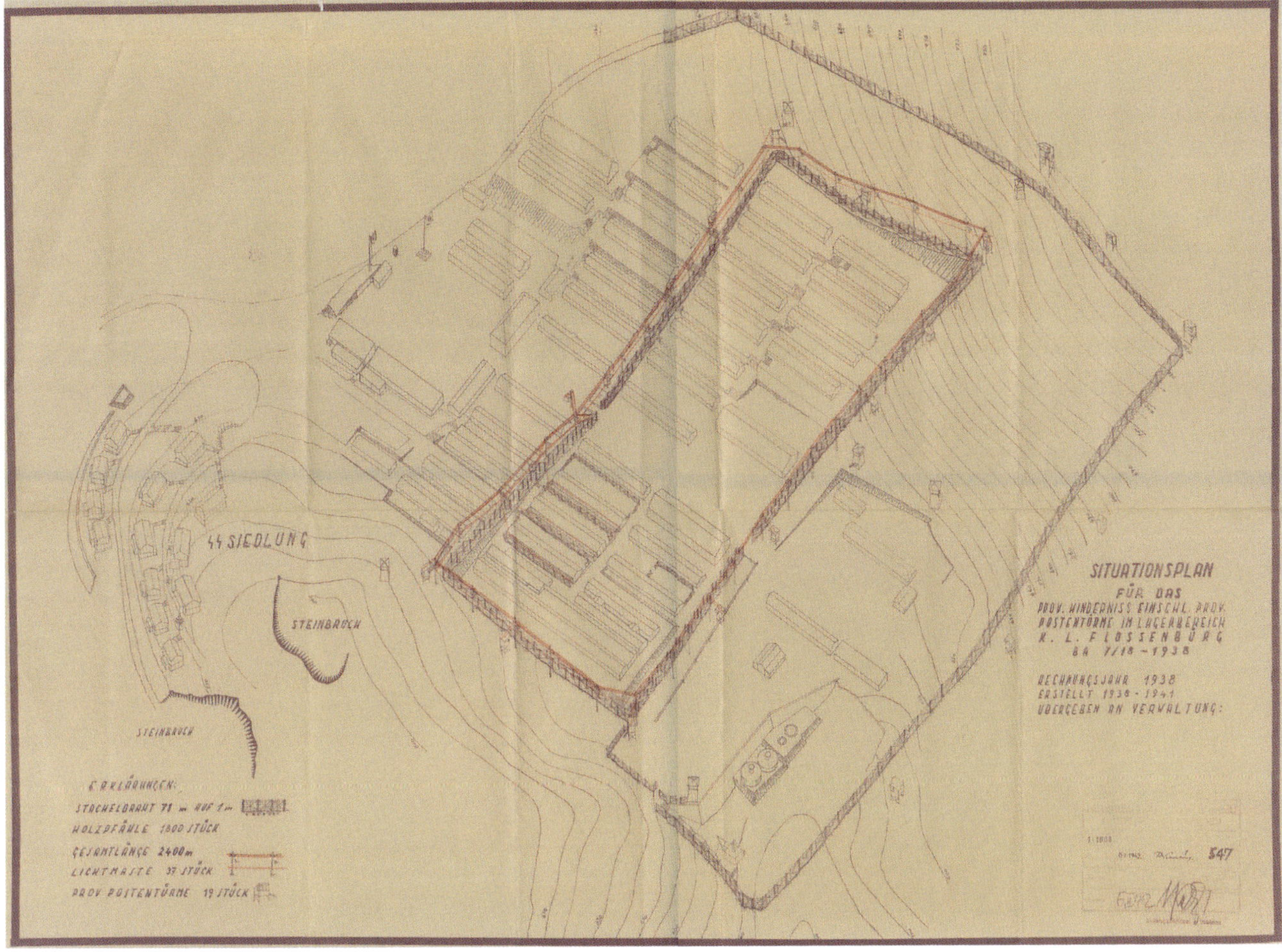

Abb. 52 Situationsplan für das provisorische Hindernis einschließlich provisorischer Postentürme im Lagerbereich KL Flossenbürg (BArch Berlin NS 4/FL 545)

Pollack R. von Rudin aus dem Jahr 1919, *Die Elektrotechnik im Kriege*[219]. Diese Publikation liefert nicht nur detaillierten technischen Aufschluss und eine Entwicklungsgeschichte, sondern nennt beispielsweise auch zu Lehrzwecken besuchte Betriebe; darunter u.a. neben der bereits genannten AEG zwei Zweigstellen der Siemens-Schuckert-Werke in Wien, oder auch die Daimler-Motoren-Gesellschaft[220].

Die ersten bekannten Einsätze auf dem Schlachtfeld sind vor allem mit Beispielen im Kontext der k.u.k. Streitkräfte Österreich-Ungarns als Defensivwaffen[221] erfasst, so an der Italienfront am Görzer Brückenkopf ab Mitte 1915, an der Ostfront überwiegend in Bereichen andauernder Grabenkämpfe, an der russischen Grenze in den Festungen Brody und Prezemyśl. In der Summe waren dies wohl über 200 km Hochspannungshindernisse an Frontabschnitten[222]. Der hohen Wertschätzung dieser Technik mit zwei Erwähnungen in der Zeitschrift ‚Illustrierte Geschichte des Weltkrieges‘[223] steht die Aussage eines

[215] Im Duktus der Zeit sind diese Neuerungen im Bereich der Elektrotechnik aus dem ersten Viertel des 20. Jahrhunderts ebenfalls unter der Bezeichnung ‚Starkstromanlagen‘ zu finden. Vgl. hierzu die Publikationen von Kyser 1932 und Dettmar 1927.

[216] Darstellung und Analyse dieses Themas findet sich bei Luxbacher 1999 mittels eines Fokus auf den zur Elektropathologie forschenden und publizierenden österreichischen Pathologen Stefan Jellinek als Beispiel für "die militärische Instrumentalisierung medizinischer Hilfstätigkeit" in diesem Feld der „Elektrohygiene" – s. ebd. S. 252, 258. Luxbacher vermerkt dort des Weiteren: „Technische Elektrizität wurde in Form von elektrisch geladenen Drahtverhauen zu einem Kampfmittel an der Front, bevor sie später als Absperrung in Gefangenenlagern und Konzentrationslagern verwendet wurde." S. ebenfalls die Erwähnung der lebensgefährlichen Auswirkungen von Wechselstrom mit 22–230 V Spannung und 50 Hz Frequenz sowie hohen Gleichstroms bei Eying 2006, S. 55.

[217] Luxbacher 1999, S. 257.

[218] Ebd.

[219] Pollack R. von Rudin 1919.

[220] Ebd., S. 96.

[221] Vgl. Luxbacher 1999, S. 258 zu der Tatsache, dass ein Einsatz als Offensivwaffe wohl im Entwicklungsstadium verblieb.

[222] Ebd. Zum Görzer Brückenkopf und den technischen Details s. des Weiteren Pollack R. von Rudin 1919, S. 107–124.

[223] Vgl. die zwei Abbildungen "Österreichisch-ungarischer Soldat beim Legen von Kabeln in die Drahtverhaue der galizischen Front" und "Österreichisch-ungarische Hochspannungsmaschinen, die die Elektrizität zu den Drahthindernissen der vordersten Linien liefern" in Illustrierte Geschichte des Weltkrieges

Angehörigen der österreichischen Elektroformationen gegenüber: "Wer kann sich je davon eine Vorstellung bilden, wie es einer stürmenden, feindlichen Masse ergehen mag, welche trotz des heftigsten Abwehrkrieges bis an die Drahthindernisse gelangt und hier eine Katastrophe erlebt, grauenhaft und furchtbar in ihren Wirkungen – wenn die Kraft des elektrischen Hochspannungszaunes in den geladenen Drahthindernissen ein entsetzliches Halt gebietet."[224] Anstelle von solcherart zum Ausdruck gebrachten Skrupeln gegen den Einsatz elektrischer Hindernisse bot der Mediziner Stefan Jellinek[225] jedoch eine pädagogische Bewertung just diesen Aspekts an, wonach „gerade die Verwendung der Elektrizität als gefährliches Kampfmittel [...] hohen erzieherischen Wert [hat], weil auch den Ungläubigsten die Gefahr in drastischer Weise vor Augen geführt wird."[226]

Sowohl geographisch als auch chronologisch betrachtet stehen diese Entwicklungen allerdings nicht für sich allein. So wurde 1905 parallel zum ersten Weidezaunpatent in den USA während des Russisch-Japanischen Kriegs in Lǚshùnkǒu Qū, unter kolonialem Namen im Westen besser als Port-Arthur bekannt, neben Stacheldraht bereits elektrisch geladener Draht als Hindernis gegen angreifende Truppen eingesetzt[227]. Auch auf deutscher Seite bediente man sich rund eine Dekade später der Technik, so bspw. 1914 gegen die französische Armee auf dem ‚Chemin des Dames'. Die verheerenden Folgen schilderte ein französischer Augenzeuge: „Nous devions faire un coup de main. À l'heure dite, un deluge de fer encircle le petit poste qu'il nous fallait surprendre. Un groupe bondit mais il bute sur une ligne électrifiée; plusieures sont foudroyés, les autres font demi-tour." [228] Ein Blick in die erwähnte Publikation der k.u.k. Elektrobataillone zeigt eindrücklich die damalige Relevanz des Themas und die Bandbreite der damit einhergehenden Forschungen[229]. Während eine entsprechende Publikation des deutschen Heeres in dieser Zeit nicht bekannt scheint, so ist der Vergleich mit den Entwicklungen in Österreich-Ungarn durchaus valide, da ein entsprechender Austausch zwischen beiden Staaten bestand. Pollack R. von Rudin schildert einen Besuch der „reichsdeutschen Kameraden", der 1917 stattgefunden habe, und kommt zu folgendem Schluss: „Dieser Besuch [...] war für unser Bataillon hauptsächlich deshalb von großem Werte, weil durch eingehende Aussprachen festgestellt werden konnte, daß die deutsche Armee vielleicht hinsichtlich des Elektromaterials und dessen zweckmäßiger Anwendung gegenüber der österreichisch-ungarischen Armee im Vorteile sei, daß sich aber unsere Armee durch den vollständig durchgebildeten Lehr- und Ersatzkörper, und die zu jeder selbständigen Facharbeit befähigten Elektrofeldformationen auszeichnete, eine Organisation, die sich in der deutschen Armee bisher noch nicht vorfindet."[230] Teils hat man sich diese frühen Hindernisanlagen beider Heere daher als mittels Wechselstrom[231] elektrifizierter Varianten bekannter Feldbefestigungstechniken mit Holzpfählen wie bspw. Stangenhindernisse und Spanische Reiter vorzustellen.[232] Dabei wurde aber ebenfalls mit dem Ersatz des witterungsanfälligen Holzmaterials durch mechanisch unempfindlichere Eisenstäbe gearbeitet, die aufgrund der Erdung bei einem Fall auf den Boden allerdings wiederum mit ganz eigenen technischen Herausforderungen einhergingen[233]. Es bleibt offen, ob die Technik einen umfassenden Eingang als Standardpraxis in Feld-

1918, S. 115, sowie die Beschreibung entsprechender Schutzkleidung italienischer Truppen zum Durchschneiden der Drähte in Illustrierte Geschichte des Weltkrieges 1916, S. 101.

224 Zitiert bei Luxbacher 1999, S. 258 nach Pollack R. v. Rudin 1919, S. 343.

225 Zu Jellinek s. Anm. 216.

226 Zitiert bei Luxbacher 1999, S. 258 f.

227 Hierbei machten sich anscheinend beide Parteien gegenseitig den Einsatz dieser Technik zum Vorwurf – s. Die Schilderung bei Topefer 1910, S. 196: „Both adversaries impute to each other the leading of strong electric currents through single wires of the wire entanglements.".

228 Zitiert bei Nobécourt 2017, S. 89.

229 Pollack R. von Rudin 1919, S. 5 merkt hier ebenfalls an, dass der Einsatz der Elektrotechnik, trotz vereinzelter Anwendungen wie bspw. der bereits 1859 durch Werner Siemens entwickelten Methode zur Fernzündung von Unterseeminen bislang "keine folgerichtige Erforschung, keinen systematischen Ausbau als Kriegswissenschaft erfahren" hatte.

230 Ebd., S. 34.

231 Ebd., S. 45 f.

232 Ebd., S. 47. Als weitere Möglichkeit wurden laut Luxbacher 1999, S. 258 elektrifizierte Stolperdrähte untersucht.

233 Ebd., S. 47.

234 Von den Autoren in Auswahl herangezogen: Feldbefestigung und technischer Unterricht 1915, insbes. S. 54–59 zu Hindernissen; Bundesministerium für Landesverteidigung 1935, insbes. S. 30–37 zu Bewegungshindernissen.

235 OKH 1930, S. 36.

236 OKH 1942.

237 Saint Louis o. J. S. ebenfalls dort eine Skizze der Anlage sowie eine weitere, zeitgenössische bei Alsace 2015-04-24. Lt. Alsace 2018-11-18 sowie Winkelhistoirelocale o. J. wurde die Anlage nach einem generellen Baubeginn 1914 erst 1916 von einer auf drei Zaunreihen erweitert und mit diesem Schritt elektrifiziert.

238 Alsace 2018-11-18.

239 S. Vanneste 2013a sowie weitere Beiträge zu diversen Aspekten in Janssen 2013. Die Details der nicht einheitlich gestalteten Anlage sollen an dieser Stelle lediglich knapp in den wesentlichen Aspekten für den Zweck dieses Exkurses zusammengefasst werden.

240 Ebd., S. 44.

241 Ebd., S. 78 schätzt die Anzahl der Todesopfer auf 300–500.

242 Ebd., S. 44, 46.

befestigungsvorschriften der Zeit fand[234]. Allerdings vermerkt im Jahr 1930 das deutsche Oberkommando des Heeres in der Heeresdienstvorschrift 276: „Elektrisch geladene Hindernisse sind durch Artilleriefeuer sehr leicht verwundbar. [...] Elektrische Hindernisse und Minen haben mehr moralischen als tatsächlichen Wert."[235] Vermutlich hat man also zu diesem Zeitpunkt die Technik als probate Waffe auf dem Schlachtfeld, womöglich auch aufgrund diverser logistischer Gründe, nicht mehr in Betracht gezogen. Entsprechend findet sie auch keine Erwähnung in den deutschen Vorgaben zum Stellungsbau von 1942[236].

Wendet man sich dem Einsatz auf dem Schlachtfeld während des Ersten Weltkriegs zu, so tritt die elektrifizierte Zaunanlage als Mittel zur Grenzabsperrung in Erscheinung. Eine solche frühe Konstruktion findet sich als 45 km langer Abschnitt an der Grenze zur Schweiz im südlichem Elsaß zwischen Pfefferhouse und Rosenau. Auf Beschluss des Generals Hans Gaede[237] wurde er vermutlich 1916 mittels einer Anlage von drei Zaunreihen, deren mittlere mit 2000 Volt elektrifiziert war, von deutscher Seite her abgesperrt[238]. In Anordnung und strukturellem Aufbau gleich bzw. ähnlich angelegt war ein Hochspannungszaun entlang der Belgisch-Niederländischen Grenze[239]. Dieser wurde von einem Offizier namens D. Schütte initiiert und von Pioniertruppen zwischen April und August 1915 gebaut[240]. Die als ‚Elektrischer Grenzabsperrungszaun' bezeichnete Anlage wurde in der Region hingegen unter der Bezeichnung ‚Doodendraat' erinnert[241]. Die unter Starkstrom gesetzte 2 m hohe Anlage[242] bestand aus u. a. rund 20.000 Holzpfosten, 700 Leitungsmasten, annähernd 40 t verzinktem Eisendraht und 45.000 Isolatoren[243]. Je nach Ort wurde die aus unterschiedlichen Quellen von Elektrizitätswerken, Generatoren naher Fabriken oder seltener auch durch Generatoren mit Dieselmotoren gespeist, und mittels eigener Schalthäuser geregelt[244]. Zwischen zwei Linien von Schutzzäunen mit Stacheldraht verlief der eigentliche Hochspannungszaun[245]. Bezüglich des Werts der Spannung sind die Angaben nicht eindeutig. Eine Spannung von 2.000 Volt wird in deutschen Nachkriegsquellen genannt[246]. ‚Grenzschutzanweisungen'[247] von 1917 geben Auskunft zum Betrieb der Anlage, deren Ausführung allerdings variieren konnte[248], so beispielsweise mit Anzahlen von Drähten zwischen drei und zehn[249] sowie je nach Materialversorgung unterschiedlichem Einsatz von Stacheldraht und Glattdraht[250]. Bei den Hindernisanlagen auf dem Schlachtfeld versuchte man im Rahmen taktischer Überlegungen, auf die nicht nur empfindlichen sondern auch auffälligen, gut sichtbaren Porzellan- oder Glasisolatoren zu verzichten, und experimentierte mit verschiedenen Ideen zu deren Ersatz[251]. Die Fotos der Anlage von der Belgisch-Niederländischen Grenze hingegen zeigen ein Spektrum an Isolatoren, das auf die damals bei zivilen Weidezaunanlagen verwendeten Porzellanisolatoren in Rollenform weist[252].

Anders als im Falle des zivil genutzten elektrischen Weidezaunes weist der Kenntnisstand bezüglich der Weiternutzung und -entwicklung der militärischen, bzw. gegen Menschen gerichteten Verwendung elektrifizierter Zauanlagen eine chronologische Lücke zwischen dem Ersten Weltkrieg und der zweiten Hälfte der 1960er Jahre auf, in denen in der DDR die HSA entwickelt wurden[253]. Im Falle der zivilgenutzten Zaunanlagen ist zumindest anhand einer Reihe von Patenten in den 1940er Jahren eine rege Entwicklungstätigkeit fest-

243 Zum Materialbedarf anhand von Originaldokumenten s. Ruland 2018, S. 419.

244 Vanneste 2000, S. 46 f.

245 Ruland 2018, S. 416.

246 Vanneste 2000, S. 48 f., allerdings ohne Quellenangabe. Laut Vanneste ist eine Spannung von 2.000 Volt aus deutschen Nachkriegsquellen bestätigt. 2000V entspricht lt. Eying 2006, S. 79 ebenfalls der für Weidezäune benötigten Mindestspannung.

247 Vanneste 2000, 59 – dort Verweis auf Bayerisches Hauptstaatsarchiv, ohne Signaturangabe.

248 Ebd.

249 Vanneste 2013b, S. 37.

250 S. Doodendraad o. J. unter Punkt 5: 'What did the wire of death look like?'

251 Pollack R. v. Rudin 1919, S. 47.

252 Vgl. Eying 2006, S. 160–162. Ergänzend sei angemerkt, dass diese des Weiteren typologisch an das Prinzip der bei dem Physiker Gustav Benischke 1921, S. 30 in seiner Abhandlung zu Porzellan-Isolatoren dargestellten Telegraphenglocken erinnern, für die er allerdings anmerkt, dass diese für Starkstromanlagen mit Niederspannung geeignet seien. S. des Weiteren dort S. 31, dass bereits 1898 eine erste „regenschirmartig" verbreiterte Form der Porzellanfabrik Hermsdorf für Anlagen mit höherer Spannung patentiert wurde, die allerdings noch nicht ideal war und eine „wesentliche Verbesserung" mit den „Delta-Isolatoren" desselben Herstellers erfuhr.

253 Für die Entwicklung der HSA wird auf die Errichtung der Versuchsanlage am Bunker Ladeburg verwiesen, mit deren Bau nach Beschluss im Dezember 1966 im Januar 1967 begonnen wurde – vgl. BArch Freiburg DVL 3/36297, Bl. 107–114: Erprobungsbericht vom 21.08.1968, VVS-Nr. C 76125. Die ‚Ordnung des Ministers für Nationale Verteidigung über die Planung, Vorbereitung, Errichtung, Nutzung und Hauptinstandsetzung von stationären Hochspannungssicherungsanlagen in den Objekten der Nationalen Volksarmee – Hochspannungssicherungsanlagenordnung – (HSAO)' vom 01. April 1970 sowie die ‚ORDNUNG Nr.: 072/9/001 über die Vorbereitung und Durchführung der Planung, Erhaltung, Erneuerung, Erweiterung und Nutzung von stationären Hochspannungssicherungsanlagen durch die Nationale Volksarmee und die Grenztruppen der Deutschen Demokratischen Republik – Hochspannungssicherungsanlagenordnung – (HSAO) vom 03. Februar 1975' dokumentieren den Schlusspunkt dieser technischen Entwicklung – ws. DVW 3/DRUCK 1779 und DVW 3/DRUCK 1780. –

zustellen[254]. Mehrere Artikel in landwirtschaftlichen und elektrotechnischen Fachzeitschriften referieren in der zweiten Hälfte der 1940er Jahre den Stand der Technik im Kontext weidetechnischer Neuerungen[255]. Dem Impuls zur Fortentwicklung der Weidetechnik ist auch die erneute Auseinandersetzung der Deutschen Akademie für Landwirtschaftswissenschaften der DDR mit dem Elektrozaun zu Beginn der 1960er Jahre zuzuschreiben. Hinsichtlich eines *Programms zur Steigerung der Grünlanderträge (Grünlandprogramm)* formulierte das 1963 zusammengetretene Forschungskollektiv ‚Weidekombinate' die Einsicht, „dass die systematische Durchführung des Umtriebs- und Portionsweidefahrens [...] funktionsfähige Zäune" voraussetzt. Ziel müsse es sein, „in ständig zunehmendem Maße mit Elektrozäunen zu arbeiten." Dass Deutschland als führend bei der Anlage von elektrifizierten Außenzäunen gesehen wurde, deutet auf eine starke Bedeutung der Arbeiten auf diesem Feld in den vorangegangenen Jahren[256]. Worauf diese besondere Expertise konkret zurückzuführen war und inwieweit das Programm der 1960er Jahre zur Fortentwicklung der Weidetechnik auch zur Entwicklung der HSA beitrug, bleibt bis auf Weiteres offen. Die weitere Entwicklung und Ausführung elektrischer Sicherungsanlagen, deren Einsatz zumindest an den Umzäunungen der nationalsozialistischen Konzentrationslager als allgemein bekannt vorausgesetzt werden darf, ist – von Einzelinformationen abgesehen[257] – unklar[258]. Fest steht zumindest, dass die Technik der elektrifizierten Sicherungsanlage im Frühjahr 1943 für den Gebrauch in Konzentrationslagern soweit ausgereift war, dass diese auch in Peenemünde bei den bereits erwähnten Umgrenzungen der Lager Karlshagen I[259] und Karlshagen II[260] zur Anwendung kam. Die Zaunanlagen um diese beiden Lager sind die einzigen in Peenemünde, für die eine Elektrifizierung während des Krieges dokumentiert ist, und die wahrscheinlich durch die Stettiner Siemens-Schuckert Werke ausgeführt wurde[261]. Hinsichtlich der Entwicklung elektrischer Zauntechnik[262] in den 1940er Jahren ist im Falle der Firma Siemens-Schuckert ein Engagement für den Anwendungsfall des Weidezaunes zu belegen, nicht aber belastbar für die Entwicklung von elektrifizierten Sicherungsanlagen[263].

Diskussion

Die aus den unterschiedlichen baulichen Handreichungen ersichtlichen Charakteristika von Zaunanlagen um Lagerbereiche unterschiedlicher Typen weisen hohe Übereinstimmungen untereinander

Für Informationen zur Geschichte elektrifizierter Zaunanlagen als Sicherungsanlagen und ihrer Einsatzformen bislang noch immer relevant: englische Wikipedia `Electric Fence´.

254 Zum Stand der Entwicklungen bis 1941 s. von Trotha 1941; auf folgende Erfindungen zwischen 1938 und 1944 kann anhand ihrer deutschen Patente verweisen werden: DE 737924A: Patentschrift des Reichspatentamts vom 23.11.1940 [Mitteilung bekannt gemacht am 24.06.1943, ausgegeben am 29.07.1943] an L. Schätz (AEG) für eine Einrichtung zum elektrischen Aufladen von Zäunen o. dgl.; DE000000764717A: Patentschrift des Reichspatentamts vom 04.08.1939 [Mitteilung bekannt gemacht am 25.02.1954, ausgegeben am 31.05.1954] an E. Reinboth (AEG) für eine Einrichtung zum elektrischen Aufladen von Zäunen, insbesondere von Viehweidezäunen; DE DE 752485A: Patentschrift des Reichspatentamts vom 10.12.1938 [Mitteilung bekannt gemacht am 25.01.1945, ausgegeben am 27.03.1945] an Max Nippold (AEG) für eine Einrichtung zum elektrischen Aufladen von Zäunen; deutsches Patent: DE 886177B: Patentschrift des Deutschen Patentamtes (Bundesrepublik Deutschland) vom 19.06.1943 [Mitteilung bekannt gemacht am 02.07.1953, ausgegeben am 13.08.1953] an F. Christensen (Fa. Reofon, Dänemark) für einen Impulsgeber insbesondere für elektrische Zäune; deutsches Patent: DE 910183B: Patentschrift des Deutschen Patentamtes (Bundesrepublik Deutschland) vom 19.12.1944 [Mitteilung bekannt gemacht am 13.03.1954, ausgegeben am 29.04.1954] an F. Christensen (Dänemark) für einen Stromeinschalter, insbesondere für elektrische Zäune]; Eying 2006.

255 S. z.B. die bei Schonnopp 1949 angegebene Literatur.

256 Als ‚Welthöchststand' bezeichnet der 1965 vorgelegte Forschungsbericht der Jenaer Zweigstelle des Instituts für Grünland- und Moorforschung die deutsche Technologieführung: „Es ist bekannt, daß in Westdeutschland der E-Zaun besonders als Innenzaun weitgehend Anwendung findet. [...] Daraus läßt sich erkennen, daß die Besitzverhältnisse in der westdeutschen Landwirtschaft eine breite Anwendung des E-Zaunes als Außenzaun nicht zulassen. Es besteht kein Zweifel, daß die DDR bei der Entwicklung der Weidekombinate und insbesondere der Weideführung großer Herden führend ist. Das trifft für den Einsatz des E-Zaunes in derart großen Weidenutzungseinheiten im gleichen Maße zu. Es ist nicht bekannt, daß irgendwo ein EZ-Gerät vom Ausmaß des EZV hergestellt wird." – BArch Berlin, DK 107/26117, Gutachten zum Forschungsabschlussbericht „Elektrozaun" Plan Nr. 368092/5-36/3, S. 20a (o. Pag.).

257 Unter den wenigen verfügbaren Informationen dürften die Abrechnungsunterlagen für den elektrischen Zaun des Konzentrationslagers Flossenbürg den reichhaltigsten Bestand darstellen – vgl. BArch Berlin NS4-FL/38. Struktur und Aufbau der Anlage wird daraus jedoch nicht ersichtlich. Dem Bestandsblatt selbst, aus dem hervorgeht, dass der im Etatjahr 1938 bewilligte elektrische Zaun bis 1941 jährlich weiter ausgebaut wurde, sind keine Hinweise zur Elektrifizierung zu entnehmen. Ohne Kenntnis des noch erhaltenen Bestandes sind Hinweise zum Aufbau der Anlage allein auf Grundlage der Massenaufstellung und der in den Rechnungen der Lieferfirmen aufgelisteten Einzelteile zu rekonstruieren. Als einzige technische Darstellung einer elektrischen Zaunanlage ist uns bislang die Detailzeichnung am Rande des Lageplans des Neuengammer Außenlagers der Continental AG in Stöcken bekannt geworden, aus dem mit einem schematischen Schnitt der grobe Aufbau der Zaunanlage gezeigt ist – s. Fröbe u. a. 1985, Abb. 102. Selten detailliert ist schließlich auch die Rekonstruktionszeichnung, mit der der ehemalige Häftling Henry Gayout nur kurze Zeit nach der Befreiung am 30. April 1945 eine anschauliche dreidimensionale Skizze des KZ-Außenlager Allach vermittelt. Dabei stellte er auch ein Transformatorenhaus dar, über das wahrscheinlich der Stromanschluss erfolgte – vgl. Schalm 2011, S. 97, Abb. 5. Auf dem Areal des Dachauer Außenlagers Allach ist noch heute ein Transformatorenhäuschen in Nutzung, das neben der nicht erhaltenen SS-Baracke stehend auch die Zaunanlage mit Strom versorgte – s. Gedenkstätte Dachau 2018, S. 46 f. Ein Transformatorenturm ist auch auf einem

auf. Sie führen zudem den Betonpfosten als probates Bauelement für diesen Kontext ein. Während sich jedoch beispielsweise der zunächst ungenutzte oder für ‚zivile' Zwecke eingesetzte Mittelraum zwischen den Zaunreihen im Lauf der Zeit durch die Bestückung mit Spanischen Reitern bzw. allgemein ‚Stacheldrahthindernissen' als eine zusätzliche Barriere entwickelt, tritt hingegen in diesen Quellen die Elektifizierung von Zaunanlagen zurück. Die bei Konzentrationslagern des NS-Regimes wichtige Komponente der Elektrifizierung von Zaunanlagen wäre nach vorhandener schriftlicher Quellenlage in der Frühzeit anscheinend noch nicht zur Fluchtverhinderung in Erscheinung getreten. Dies würde bedeuten, dass auf eine Weiterentwicklung des durchaus ja vorhandenen theoretischen Wissens um die grundsätzliche Funktionsweise und um die technischen Voraussetzungen verzichtet wurde. Wurde diese Form der Wachunterstützung als zu aufwändig, als zu teuer oder schlicht als unnötig erachtet? Die Gründe hierfür bleiben letztlich im Dunkeln.
Die Quellenlage zu individuellen Gestaltungsspielräumen der jeweiligen Lagerbetreiber erschwert einen konsequenten und detaillierten Nachvollzug der Entwicklung elektrifizierter Zaunanlagen in Bezug auf das System der Konzentrationslager des NS-Regimes. In der Zusammenschau der geschilderten Vorschriften mit der Entwicklung des zivilen Elektrozauns zur potentiell letalen Grenz- oder Hindernisanlage während des Ersten Weltkriegs ergibt sich eine Technik, die den Zaunanlagen der Konzentrationslager bereits plausibel entspricht. Inwiefern im Falle der Konzentrationslager an Erfahrungen aus dem Ersten Weltkrieg konkret angeknüpft wurde und ob institutionelle Kontinuitäten hier womöglich eine Rolle gespielt haben, bleibt zu klären[264]. Hierzu gehört insbesondere die Frage nach dem möglichen Wissenstransfer[265]. Für Peenemünde könnte in dieser Hinsicht beispielsweise das Zusammenwirken der beiden Elektroingenieure Sigismund Theodor Müller-Jungwirt und Dieter Huzel diskutiert werden. Als Angehörige der Baugruppe Schlempp (BGS) waren beide in das Bauvorhaben Peenemünde involviert. In den Lebenserinnerungen des 1912 geborenen Huzel ist – in der 1994 in deutscher Sprache veröffentlichten Version – eine knappe Schilderung von Müllers Persönlichkeit zu entnehmen. „Der Abteilungsleiter [für Elektrotechnik bei der Bauleitung der Baugruppe Schlempp in Peenemünde – Verf.] war Siegmund

Foto des Neuengammer Arbeitslagers Laagberg abgebildet – s. ´t Hoen 2013, Abb. auf S. 84 unten. Auf die zu klärende Frage der Einspeisung des Stroms in den Lagerzaun verweist auch Poggel 2020, S. 28 in Bezug auf das zum Konzentrationlager Buchenwald gehörende Außenlager Witten-Annen. Für das in den Jahren 1990/1991 archäologisch untersuchte Lagerareal liegen zwar entsprechende Befunde (ebd. S. 23 „Befund 12 – Betonpfeiler" inkl. dortiger Abb. 9) und Artefakte vor (ebd. S. 30 Abb. 16 „Fragmente von Keramikisolatoren und eine Leuchtmittel-Keramikfassung, vielleicht Bestandteil einer Zaunbeleuchtung, Funde 12, 67"), diverse Details der Zaunanlage bleiben jedoch offen (ebd. S. 28).

258 In diesem Kontext stellt sich daher auch die Frage nach der Relevanz der Weiterentwicklung der essentiellen Bauelemente Isolatoren und Pfosten. Es erscheint logisch, dass die Entwicklung zunehmend witterungsbeständiger Isolatoren (s. Benischke 1921) ebenso wie der Betonpfosten die Verbreitung solcher Anlagen begünstigte. Betonpfosten konnten ggf. mit einer hohen Stückzahl von Isolatoren versehen werden und waren im Vergleich zum Holzpfosten robuster und verursachten im Gegensatz zum Eisenpfosten im Schadensfall keine Erdungsprobleme.

259 Neben vielfachen Aussagen ehemaliger Häftlinge des Lagers Karlshagen II, die das Vorhandensein einer elektrifizierten Zaunanlage belegen, können die Reste von Isolatoren angeführt werden, die im Rahmen einer Ortsbesichtigung des Areals des ehemaligen KZ-Außenlagers Karlshagen I im Februar 1969 von einem Ermittlungsteam der Bezirksstaatsanwaltschaft Rostock beobachtet wurden – vgl. BStU Berlin, MfS HA IX/11 ZUV Nr. 34 Bd. 10, Bl. 223–225: Bericht über eine Ortsbegehung vom 05.02.1969: „Aufgrund der noch vorhanden Pfähle konnte festgestellt werden, daß das Objekt, welches eingezäunt war, in der Kurve der Straße, die zum ehemaligen Werk `West´ hinführte, lag. [...] An einigen Zaunpfählen mit gut unterschiedlichen Standorten waren noch Reste von Stacheldraht zu erkennen. Diese Reste waren sowohl an Pfählen als auch an Auslegern vorhanden. Daraus ergibt sich die Schlußfolgerung, daß es sich um einen Stacheldrahtzaun gehandelt haben kann, der das Objekt umzäunte, wie es auch von verschiedenen Zeugen erklärt wurde. [...] An einigen Zaunpfählen waren auch noch Isolatoren oder Reste davon vorhanden. Diese Tatsache weist daraufhin, daß der Zaun unter Spannung gestanden haben kann." – S. 2/Bl. 224.

260 Zur Quellenlage und zur Rekonstruktion der Zaunanlage um das KZ-Außenlager Karlshagen II s. Schneider – Röhl (in Vorbereitung).

261 Die entsprechenden Belege in der Schubert-Chronik lauten: „Schriftl. Aufträge auf elektr. Zaunsicherung (S.S.W. Stettin)" – BArch Freiburg, RH 8/1210, Eintrag zum 21.07.1943; „Besprechungen mit Herrn Eckelt, Lehmann, Hahn von S.S.W. über Personalfragen, elektr. Zaun pp." – ebd., Eintrag zum 25.06.1943. An beiden Stellen ist weder ausdrücklich von der Zaunanlage um die F1 bzw. um das Lager Karlshagen II noch von derjenigen um das Lager Karlshagen I die Rede. Andere elektrifizierte Zaunanlagen sind jedoch nicht überliefert, insbesondere keine landwirtschaftlich genutzten Anlagen. Auch ist von einer Viehhaltung im Bereich des Heeresgutsbezirk Peenemünde, die durch elektrische Weidezäune unterstützt worden wäre, nichts bekannt, und eine solche dürfte nach bisherigem Kenntnisstand wohl auch nicht in der Zuständigkeit der Abteilung des Heereswaffenamtes gelegen haben, die mit dem Aufbau der Fertigungsstelle Peenemünde betraut und für die Vergabe der dokumentierten Aufträge zuständig war. Stattdessen lässt die parallele Überlieferung im Falle der elektrifizierten Zaunanlage um die Serbenhalle der Rax-Werke in Wiener Neustadt, die laut Freund – Perz 1987, S. 70 f. ebenfalls von der Fa. *Siemens & Schuckert* geliefert worden sein soll, auf ein zumindest minimales Engagement der Siemens Schuckert Werke im Bereich elektrifizierter Sicherheitsanlagen schließen.

262 Zu den Siemens-Werken und der Entwicklung von Starkstromtechnik im Kontext der Publikation von Pollack R. v. Rudin 1919 s. Anm. 229.

[sic!] Müller-Jungwirt, ein angenehmer und freundlicher Mann. Müller war vorher lange bei der AEG gewesen und hatte eine Reihe von Jahren in China zugebracht. Die Planung für Stromversorgung und –verteilung für große Fabriken und Industrieanlagen war sein Lebenswerk. Etwa fünfzig Jahre alt, mit schütterem Haar, trug er eine dünngerahmte Brille mit dicken Gläsern, durch die er einen wohlwollend, aber bestimmt anschaute. Ich hatte oft Gelegenheit, seine umfassenden Kenntnisse zu bewundern. Dabei war er ausgesprochen menschlich, und zwischen uns entwickelte sich bald eine freundschaftliche Beziehung, die den Krieg überdauerte und noch viele Jahre anhielt, bis zu seinem Tode."[266] Geboren 1898 in der kleinen niederösterreichischen Stadt Scheibbs, war Müller-Jungwirt eine halbe Generation älter als Huzel. Am Ersten Weltkrieg hatte er in der zweiten Hälfte [von Mai 1916 bis November 1918] als Angehöriger des „k.u.k. Scheinwerfer Ers.[atz]-Bat[talion]. Wien" teilgenommen. Als Angehöriger einer Beleuchtungsabteilung der Artillerie konnte er somit durchaus auch die bei Pollak R. von Rudin (s.o.) geschilderten elektrotechnischen Entwicklungen zur Kenntnis genommen haben. Für den Dienst bei der Baugruppe Schlempp war er – anscheinend trotz politischer Probleme[267] – von mindestens Juni 1941 bis Herbst 1943 verpflichtet worden[268]. Als Leiter der Elektroabteilung müssen die Unterlagen zu Anforderung, Planung und Ausführung der Elektrifizierung der Zaunanlage um das KZ-Außenlager Karlshagen II über seinen Schreibtisch gegangen sein, ohne dass er sich mit dieser Aufgabe im Detail hätte befassen müssen. Die konkrete Bearbeitung einer Zaunanlage wäre eher einem Kollegen auf der Ebene von Huzel zu verorten. Das von Huzel geschilderte freundschaftliche Verhältnis dürfte dabei ganz allgemein als ein günstiger Rahmen für den Transfer von Wissen zwischen Kollegen aus verschiedenen Generationen und mit unterschiedlichen Erfahrungshorizonten angenommen werden.

Offen bleibt auch die Frage nach der Rolle sowohl des landwirtschaftlich als auch des militärisch begründeten Stranges der Technik als möglichem Ausgangspunkt für eine Neu-Entwicklung der HSA in den 1960er Jahren[269], die hinsichtlich des Wissenstransfers bzw. der möglichen Verbindungen zwischen den elektrifizierten Zaunanlagen der 1940er Jahre und denen der 1960er Jahre ebenfalls ungeklärt bleibt. Als militärischer bzw. sicherheitstechnischer Strang

[263] Mitteilung des Siemens-Archivs an Verf. vom 24.02.2022.

[264] Beispielsweise deuten die Wachtürme bei Konzentrationslagern teils mit anscheinend vorausgesetzter Selbstverständlichkeit der Bauausführung auf etablierte, verschriftlichte Vorgaben von Seiten des Heeres in Form eines in Feldbefestigungsvorschriften festgehaltenen Typenspektrums zurück. S. hierzu s. Schneider/Röhl (in Vorbereitung).

[265] An dieser Stelle Dank an Johannes Müller-Kissing, der darauf hinwies, dass auch an der Maginot-Linie entsprechende Technik zum Einsatz kam, somit auch zu überlegen wäre, ob ein generationenbedingter Wissenstransfer auf personeller Ebene zumindest in einigen Fällen in den Bereichen der Konzentrationslager erfolgte.

[266] Huzel 1994, S. 62.

[267] In den 1950er Jahren führt Schlempp Müller[-Jungwirt] unter denjenigen „Gegner[n] und Verfolgte[n] des Naziregimes" an, für deren Beschäftigung bei der Baugruppe Schlempp sich Heinrich Lübke eingesetzt haben soll – vgl. BArch Koblenz, N 1216/145, Bl. 224 f., Erklärung Walter Schlempp vom 19.01.1966. Müller-Jungwirt wiederum schilderte seine Situation folgendermaßen: „Zu meiner Dienstverpflichtung ist es durch Hilfe von Herrn Dr. Lübke gekommen, nachdem ich bei meiner Firma als Nicht-Pg. zunehmend Schwierigkeit mit der Betriebsvertretung bekommen hatte. [...] Herrn Lübke habe ich insbesonders wertvolle Hilfe und Beratung zu danken, als meine Frau Anfang 1955 von der Gestapo wegen Umgang mit Juden längere Zeit in Haft war." – vgl. BArch Koblenz, N 1216/148, Bl. 21 f., Schreiben Sigismund Müller-Jungwirt an Erich Maas vom 19.09.1959. Huzel wiederum war unter der Mitgliedsnr. 3230173 seit dem 01.05.1933 Angehöriger der NSdAP – vgl. BArch Berlin, R 9361-IX KARTEI/17510998 sowie R 9361-VIII KARTEI/13060446.

[268] BArch Koblenz, N 1216/148, Bl. 21; BArch Berlin, R 4606/3756: [30.06.1941:] „Der Genannte ist mit wichtigen Aufgaben für die Baugruppe Schlempp, Berlin, und das OKH-Rüstungsbauvorhaben Peenemünde, das der Sonderstufe SS der Fertigungsprogramme der Wehrmacht und der Baudringlichkeits-Stufe O angehört, betraut."

[269] Aufschlussreich sind hier auch die Dokumente zur Hochspannungssicherungsanlage des Schießplatz Brandenburg-Görden aus dem ehemaligen Bestand des Militärarchivs der Deutschen Demokratischen Republik. Diese ‚Handakte' zeigt auf der zugehörigen fotografischen Dokumentation das Aussehen einer vergleichbaren Anlage zum Zeitpunkt des Betriebs. Während sowohl in den Grundzügen als auch den Details, so bspw. in der Einspeisung des Stroms durch eine Wand des Transformatorenraums, eine hohe Übereinstimmung mit den Befunden der TZ besteht, konnte der für Görden abgebildete zugehörige Bretterzaun in Peenemünde zumindest im aktuellen Zustand nicht festgestellt werden – BArch Freiburg, DVL 3/36297.

[270] S. ebenfalls Drieschner 2016 zu ‚Indikator-, Orientierungs-, Zeugnis- und Korrekturfunktion' materieller Quellen, sowie exemplarisch das Potential von Untersuchungen mittels Archäologie und Bauforschung u.a bei Hirte 1999, S. 32–43 mit den Funden von Stacheldraht und Isolator als Zaunmaterial des Konzentrationslagers Buchenwald; bei Kaltofen 2016 S. 102, 97 mit Stromleitungskanal, Stromverteiler, Stromkabel und Porzellanisolatoren als Beleg der Elektrifizierung der Zaunanlage sowie Standspuren zugehöriger Laternen des Konzentrations- und Strafgefangenenlagers Esterwegen; bei Ibel 2016, S. 116 f. mit Befunden von Pfostenlöchern und Graben der Zaunanlage des Konzentrationslagers Flossenbürg (s.o. zu Flossenbürg als Beispiel für Vorgaben und Richtlinien); bei Kersting 2016, S. 56 mit Pfostengruben des Lagerzauns des Außenlagers Rathenow; bei Haubold-Stolle u. a. 2020, S. 60 f. mit Funden von Stacheldraht und Handscheinwerfer des Zwangsarbeiterlagers Berlin-Tempelhof sowie bei Sandner – Schürger 2018 mit dem Beispiel von sechs archäologisch nachgewiesenen Zaunkon-

der Technik erscheinen die HSA der NVA wie zuvor bereits die elektrifizierten Hindernisse des Ersten Weltkriegs und wie die Anlagen zur Elektrifizierung der Konzentrationslagerzäune während des Zweiten Weltkriegs als jeweilige Neu-Erfindungen, die in ihren Ursprüngen basierend auf Erfahrungen aus dem Bereich ziviler Nutzung entstanden. Zumindest ist der schriftlichen Überlieferung kein Hinweis auf die Wirksamkeit innermilitärischer Traditionslinien oder auf die Vermittlung entsprechender Erfahrungen zu entnehmen.

Es ist dies der Punkt, an der der Bearbeitung der tatsächlichen Relikte von Zäunen aus der NS-Zeit eine entscheidende Bedeutung zukommt. Angesichts der vielen Unklarheiten bezüglich der technischen Konzeption, der technischen Detaillierung und Ausführung elektrischer Sicherheitsanlagen, der organisatorischen Grundlagen ihrer Planung und Realisierung sowie der grundsätzlichen Genese stellt ein (typologisches) Kompendium der Zaunlagen im Kontext der nationalsozialistischen Konzentrations- und Zwangslager[270] und der dabei zu erwartenden Befunde und Artefakte[271] aus Sicht von Bauforschung, Bautechnik und Archäologie aktuell ein echtes Desiderat dar[272].

struktionen und zwei Typen von Stacheldraht für das Außenlager Gablingen. Vgl. ebenfalls Szczesiak 2009 in FN 181 sowie ebd., S. 37 zu Funden von Isolatoren. Anzunehmen ist, dass auch ein Blick auf ältere Anlagen, beispielsweise der Kriegsgefangenenlager des Ersten Weltkriegs, lohnend wäre. S. bspw. den Hinweis bei Theune 2016, S. 33 auf Bodenverfärbungen als Spuren des Stacheldrahtzauns eines Kriegsgefangenenlagers aus dem Ersten Weltkrieg bei Quedlinburg.

271 Vgl. die Darstellung der ‚NS-Lager als Fundorte' mit diversen Beispielen bei Theune 2016.

272 Beispielsweise wäre auf einer solchen Basis u. a. folgenden Fragen nachzugehen: Wo lag das Knowhow? wer plante solche Anlagen – das Baubauleitungsbüro unter Federführung des dort angestellten Elektroingenieurs? Eine Elektrofirma mit dem Know How eines Elektrikermeisters? Oder konnte ein ehemaliger Angehöriger einer im Ersten Weltkrieg aktiven elektrotechnischen Einheit eine solche Anlage ohne weiteres selbst konzipieren? Bis zu welchem Grad standen Standardlösungen zur Verfügung, für die lediglich Komponenten zu beschaffen waren, und in welchen Bereichen war eine individuelle Planung erforderlich? Waren die Anlagen überhaupt vereinheitlicht? Wo lagen gegebenenfalls die entsprechenden Zuständigkeiten hierfür? Griff man bspw. auch auf andere und/oder hybride Formen zurück? Unter welchen Umständen war es für einen Auftraggeber womöglich attraktiv, die Elektrifizierung als Gesamtleistung von der Abteilung eines großen Elektrokonzerns anstelle von Seiten einer kleineren lokalen oder regionalen Elektrofirma einzukaufen? Welche Rolle spielte die Versorgung mit Material, Ressourcen und Elektrizität? Wie erfolgte die Elektrifizierung? Für Auschwitz beispielsweise ist bekannt, dass die Zaunanlage aus dem Kraftwerk in Sierszna Wodna gespeist wurde – vgl. Setkiewicz 2008, S. 21.

Abb. 53 Reste der Umzäunung des KZ-Außenlagers Karlshagen I, Pfosten Typ 5 (Foto: Peter Schneider)

7 Zum Stacheldraht in Peenemünde – Typologische Ansprache des Stacheldrahts

Johannes Müller-Kissing

Egal ob Fabrik, Kaserne, Weide, streng geheimes Forschungsareal oder Gefängnis: Stacheldraht wurde und wird von Privatpersonen, Firmen und staatlichen Organen dazu genutzt, als Hindernis das Überqueren einer bestimmten Linie zu erschweren[273]. Er gehört somit zu den immer wiederkehrenden – und durch seine Grenzfunktion prägenden – Elementen neuzeitlicher Bauwerke und Komplexe. Sobald eine Mehrphasigkeit vorliegt, stellen sich daher für die Begrenzungsanlagen die gleichen Fragen nach ihrer Phaseneinteilung und Bauentwicklung, wie bei anderen Gebäudeteilen auch. Im Rahmen des Forschungsprojektes in Peenemünde stellte sich daher die Frage einer Zuordnung der geborgenen Stacheldrahtfragmente zu den jeweiligen Nutzungsphasen bzw. der staatlichen Nutzung im Allgemeinen.

Kurze Entwicklungsgeschichte unter besonderer Berücksichtigung Deutschlands

Aus technischer Sicht handelt es sich bei Stacheldraht um das Kernstück eines Hindernissystems, bestehend aus den Drahthaltern/Pfosten und dem Draht selbst, das durch den zugefügten Schmerz ein Überwinden des Hindernisses durch Lebewesen erschweren und im Idealfall verhindern soll.

So verwundert es nicht, dass sich Stacheldraht bereits kurz nach seiner Einführung in den späten 1860er Jahren zu einem symbolisch aufgeladenen Gegenstand entwickelte, bei dessen Abbildung oder Erwähnung dem Rezipienten bis Heute sofort eine Fülle negativer Assoziationen durch den Kopf schießen. Er galt – und gilt – als Symbol für die Einschränkung von verschiedenen differenzierten Freiheiten oder auch symbolisch überhöht für die Einschränkung der Freiheit im Allgemeinen, (staatlichen) Zwang sowie Unrechtsregime und wird nicht zuletzt auch als Symbol massiver Menschenrechtverletzungen seit dem ersten Drittel des 20. Jahrhunderts gesehen[274]. Nach Gudrun König ist er „eine Apparatur der Herrschaftssicherung (und) dient der effektiven Demonstration der Macht [...].“[275] Diese hohe symbolische Bedeutung kommt dem Stacheldraht nur zu, da er in den vergangenen 150 Jahren seine Effektivität gezeigt hat und noch heute zeigt.

Diese Effektivität lässt sich am besten an den Verkaufszahlen in den USA zu Beginn seiner Produktion verdeutlichen: 1874, kurz nach der Aufnahme der regulären Produktion, wurden fünf Tonnen Stacheldraht verkauft. Bereit im Folgejahr wurden 300 Tonnen verkauft, gefolgt von 10.000 Tonnen im Jahr 1878. Nur fünf Jahre später hatte sich diese Zahl auf 100.000 Tonnen verzehnfacht[276]. Im Deutschen Reich erwarb die Firma *Felten & Guilleaume* aus Köln-Mühlheim 1884 die Produktionsrechte an Stacheldraht. Offenbar war die Nachfrage so groß, dass die deutsche Firma sich das Recht herausnehmen konnte, in Frankreich und dem Deutschen Reich jeweils eine Viertelmillion Tonnen Stacheldraht frei von Abgaben an den Lizenzhaltenden US-Konzern *Washburn and More* zu verkaufen. Nach dem Lizenzgeber *Washburn and More* und dem britischen Lizenznehmer *Johnson and Nephew* entwickelte sich *Felten & Guilleaume* so zum größten Stacheldrahtproduzenten der Welt[277]. Mit Auslaufen der diversen Patente im ersten Viertel des 20. Jahrhunderts drängten immer weitere Hersteller auf den Markt und nutzten die bewährten Baumuster. Bereits nach den ersten fünf Jahren der Nutzung in den USA zeichnete sich ab, dass Stacheldraht für landwirtschaftliche Anforderungen keine langen Stacheln haben durfte, da diese das kostbare Vieh verletzten, weshalb Längen von etwa einen Zentimeter bzw. 2/5 Zoll zum Standard wurden[278]. Die technische Trennung von Stacheldraht, der Tiere stoppt und solchem, der durch die gerade in der Viehzucht vermiedene Verletzungsgefahr gegen Menschen eingesetzt werden konnte, fand also bereits kurz nach seiner

[273] Der Zweck von Hindernissen ist vielgestaltig, kann aber auf zwei Hauptpunkte zusammengefasst werden. Hindernisse sollen im Idealfall durch ihre bloße Existenz eine Überquerung verhindern, da die sich nähernde Person – aufgrund von bereits gemachten Erfahrungen, seiner Vorstellungskraft oder Erzählungen – vor der Aufgabe zurückschreckt. Im Fall des Menschen, der deutlich besser Hindernisse überwinden kann als ein Tier, liegt die Funktion auch darin, das Queren des Hindernisses so zu verlangsamen, sodass Wächter auf den Vorgang aufmerksam werden und reagieren können. Zu den dahinterstehenden Theorien aus dem Militärsektor vgl. General-Inspektion des Militär-Erziehungs- und Bildungswesens 1914, S, 112 f sowie Netz 2004, S. 91.

[274] Mit den sozialhistorischen Aspekten des Stacheldrahts haben sich eingehend u. a. Razac 2000, Krell 2002 und Netz 2004 befasst.

[275] König 2004, S. 57.

[276] Netz 2004, S. 31.

[277] Ebd., S. 40 f.

[278] Ebd., S. 36, 108; Razac 2000, S. 55.

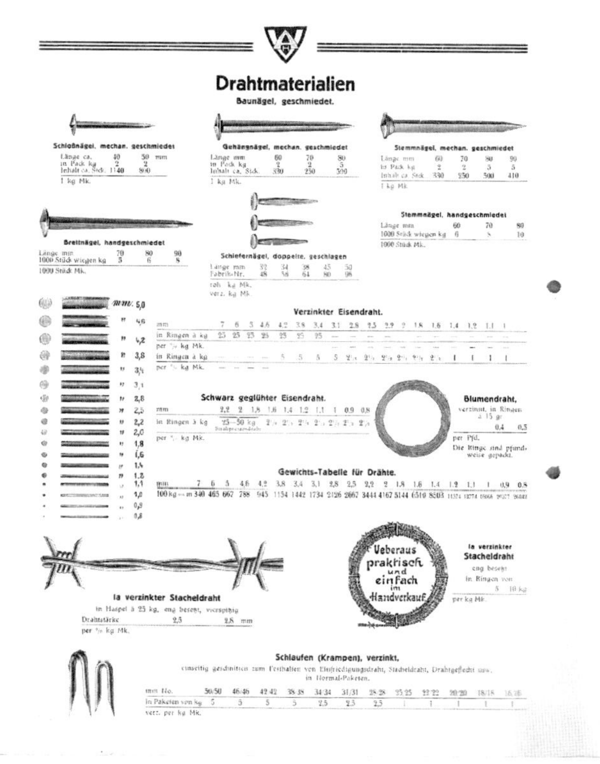

Drahtmaterialien

Baunägel, geschmiedet.

Schloßnägel, mechan. geschmiedet

Länge ca.	40	50 mm
in Pack kg	2	2
Inhalt ca. Stck.	1140	800
1 kg Mk.		

Gehängnägel, mechan. geschmiedet

Länge mm	60	70	80
in Pack kg	2	2	5
Inhalt ca. Stck.	330	250	500
1 kg Mk.			

Stemmnägel, mechan. geschmiedet

Länge mm	60	70	80	90
in Pack kg	2	2	5	5
Inhalt ca. Stck.	330	250	500	410
1 kg Mk.				

Brettnägel, handgeschmiedet

Länge mm	70	80	90
1000 Stück wiegen kg	5	6	8
1000 Stück Mk.			

Schiefernägel, doppelte, geschlagen

Länge mm	32	34	38	45	50
Fabrik-Nr.	48	56	64	80	96
roh kg Mk.					
verz. kg Mk.					

Stemmnägel, handgeschmiedet

Länge mm	60	70	80
1000 Stück wiegen kg	6	8	10
1000 Stück Mk.			

Verzinkter Eisendraht.

mm	7	6	5	4.6	4.2	3.8	3.4	3.1	2.8	2.5	2.2	2	1.8	1.6	1.4	1.2	1.1	1
in Ringen à kg	25	25	25	25	25	25	25	—	—	—	—	—	—	—	—	—	—	—
per ½ kg Mk.								—	—	—	—	—	—	—	—	—	—	—
in Ringen à kg	—	—	—	—	5	5	5	5	2½	2½	2½	2½	2½	2½	1	1	1	1
per ½ kg Mk.	—	—	—	—														

Schwarz geglühter Eisendraht.

mm	2,2	2	1,8	1,6	1,4	1,2	1,1	1	0,9	0,8
in Ringen à kg	25—50 kg Strohpressendraht		2½	2½	2½	2½	2½	2½	2½	
per ½ kg Mk.										

Blumendraht, verzinnt, in Ringen à 15 gr

0.4	0.5
per Pfd.	

Die Ringe sind pfundweise gepackt.

Gewichts-Tabelle für Drähte.

mm	7	6	5	4.6	4.2	3.8	3.4	3.1	2.8	2.5	2.2	2	1.8	1.6	1.4	1.2	1.1	1	0.9	0.8
100 kg = m	340	465	667	788	945	1154	1442	1734	2126	2667	3444	4167	5144	6519	8503	[illegible]	[illegible]	[illegible]	[illegible]	[illegible]

Ia verzinkter Stacheldraht

in Haspel à 25 kg, eng besetzt, vierspitzig

Drahtstärke	2,5	2,8 mm
per ½ kg Mk.		

Ia verzinkter Stacheldraht

eng besetzt

in Ringen von 5 10 kg

per kg Mk.

Schlaufen (Krampen), verzinkt,

einseitig geschnitten zum Festhalten von Einfriedigungsdraht, Stacheldraht, Drahtgeflecht usw. in Normal-Paketen.

mm No.	50/50	46/46	42/42	38/38	34/34	31/31	28/28	25/25	22/22	20/20	18/18	16/16
In Paketen von kg	5	5	5	5	2,5	2,5	2,5	1	1	1	1	1
verz. per kg Mk.												

Abb. 54 Seite aus einem Katalog der Fa. *August Vetter Hildesheim* (Vetter o. J.)

JRS

Verzinkter, weicher Bindedraht in kleinen Ringen von 200 gr

mm-Nr.		16	14	12	11	10
100 Ringe	M.	13.50	14.—	14.50	15.—	15.50

Verzinkter Stacheldraht 4 spitzig, **engbesetzt**

Länge in Metern für 100 kg				
mm-Nr.	28	25	22	20
engbesetzt = ca.	715	833	1000	1200 m
weitbesetzt = ca.	794	1000	1194	1300 m

mm-Nr.	28	25	22	20
auf 25 kg-Haspeln 100 kg M.	37.75	38.25	40.—	42.—
auf 10 kg-Haspeln 100 kg M.	—	—	48.—	—
auf 5 kg-Haspeln 100 kg M.	—	—	52.75	—
in 25 m-Ringen 100 Rg. M.	—	—	—	150.—

Drahtlitzen verzinkt, weich in Bunden von 250 m

	aus 2 Drähten		3 Drähten	
Drahtstärke mm-Nr.	20	18	20	18
100 kg = ca. m	2000	2400	1300	1600
100 kg . . M.	47.25	49.50	47.25	49.50

Preise für Koppel- und Zaundraht mm-Nr. 50—38 sowie Geflechtsdraht mm-Nr. 34—12 siehe Seite 1

Schlaufen, einseitig schräg gespitzt

Packung kg	5	5	5	5	2,5	2,5	1	1	1	1	0,5
mm-Nr.	60/60—50/50	46/46	42/42	38/38	34/34	31/31	25/25	20/20	18/18	16/16	14/14
blank . . 100 kg M.	32.25	31.50	32.—	32.50	33.50	35.25	37.50	40.75	45.75	51.25	58.—
verzinkt . . 100 kg M.	38.—	37.25	37.75	38.75	40.25	41.50	44.—	51.—	54.25	63.25	70.25

weitgestellte, blanke mm-Nr.	25/25	22/25	20/20
für Flachdraht . . 100 kg M.	37.50	38.75	40.75

Hängekrammen, blank

mm-Nr.	28 · 25 · 20
100 kg . . M.	54.50

Buschdraht, geglüht mm-Nr. 10
in Ringen von 2½ kg, etwa 40 cm Ringweite . . 100 kg M. 44.50

Stützendraht, verzinkt in langen Adern

mm-Nr.	70	65
100 kg . . M.	35.75	35.75

Holzbindedraht, geglüht in Bunden von 5 kg

mm-Nr.	12	10
in Enden von 47 cm . . 100 kg M.	—	50.75
in Enden von 78 cm . . 100 kg M.	48.60	—

Strohpressendraht, geglüht in langen Adern

mm-Nr.	28	25	22	20	18
100 kg . . M.	31.—	31.50	32.25	33.—	34.—

Stahl-Federdraht

mm-Nr.	42	40	38	36	34	31	28	25	22	20
hellblank verzinkt in langen Adern . . 100 kg M.	39.—	39.50	39.75	—	40.75	41.50	43.—	44.—	45.50	46.50
verkupfert in Ringen von 5 kg . . 100 kg M.	37.75	38.—	38.25	38.50	38.50	39.25	40.50	41.—	42.50	—

Spiraldraht, hellblank verzinkt

in langen Adern für Bettstellböden, Fußabtreter, Schläuche usw.

mm-Nr.	70—üb. 50	50	45	40	35	31	30	28	25	22	20	18	15	10½ u. 10
100 kg . . M.	35.75	34.50	35.—	35.50	36.75	37.50	38.—	38.50	39.50	40.50	41.50	42.50	47.50	53.25

Konditionen siehe grünes Vorwort

2

Abb. 55 Seite aus einem Katalog der *Fa. Joseph Ravené Söhne Eisenwarenhandlung Berlin* (Ravené 1934)

Erfindung statt. Gegen Menschen berichteter Stacheldraht zeichnet sich durch zwei Hauptkriterien aus, die aber nicht gleichzeitig auftreten müssen. Zum einen sind die einzelnen Stacheln deutlich länger als die von landwirtschaftlichem Draht und nach Möglichkeit auch spitzer abgeschnitten um Verletzungen sicher zu stellen, zum anderen wird durch ein mehr an Stacheln pro Laufmeter die Wahrscheinlichkeit und Schwere von Verletzungen noch gesteigert.

Da bereits zu diesem Zeitpunkt alle erdenklichen Grundtypen des Stacheldrahts patentiert – erdacht – worden waren, ist eine rein typologische Datierung bei den Standarddrähten praktisch nicht möglich. Die Frage, wann rein gegen Menschen gerichteter Stacheldraht mitlangen Stacheln in Auftrag gegeben wurde, konnte bisher nicht beantwortet werden.

Militärisch wurde Stacheldraht das erste Mal gesichert im Krieg zwischen Großbritannien und den Buren in Afrika 1899–1902 eingesetzt, dicht gefolgt vom russisch-japanischen Krieg 1904–05[279]. Photographien der britischen Blockhäuser in Afrika zeigen, dass es sich um Stacheldraht handelte, wie er auch in der Landwirtschaft genutzt wurde[278]. Im deutschen Festungsbau der frühen 1900er Jahre tritt zum ersten Mal spezieller Stacheldraht nach dem Bedarf des Militärs auf. Hierbei sitzen mit nur etwa einem Zentimeter Abstand zueinander vierstachlige Drahtbündel auf einem robusten und tordierten Draht mit quadratischem Querschnitt[279]. Auf französischer Seite fallen bei den Befestigungen dieser Epoche vor allem Drähte auf, bei denen die langenstacheligen Bündel einen normalen Abstand (etwa eine Handbreit) zu einander haben und auf einen einzelnen Draht aufgewickelt sind[280]. Der Befund durch Ortsbegehungen und Photographien widerlegt die Theorie von Reviel Netz, der 2004 davon ausging, dass erst mit dem 1.Weltkrieg die rein militärischen Stacheldrähte entwickelt werden[281]. Dies zeigt, wieviel Grundlagenforschung noch betrieben werden muss, um eine gesicherte Chronologie aufzustellen.

Es scheint nach diesem kurzen Überblick daher klar zu sein, dass bei dem derzeitigen Forschungsstand eine Datierung der Fundstücke aus sich selbst heraus nicht möglich ist. Lediglich die Ansprache, ob es sich

[277] Green 2020, S. 56; Razac 2000, S. 28.

[278] Green 2020, als Auswahl: S. 119, 123, 125 f.

[279] Zum deutschen Festungsbau und seinen Hindernissen vgl. Brutscher 1999, S. 226 f. Speziell zum sog. Festungsdraht fehlt leider eine aussagekräftige Bearbeitung. Auffällig ist aber, dass sich auf Fotografien und noch heute auf dem Gelände der Festen und bei kleineren permanenten Anlagen standardmäßig dieser Typ Stacheldraht findet.

[280] Die Literatur schweig zu diesem Thema ebenso wie zum deutschen Festungsdraht.

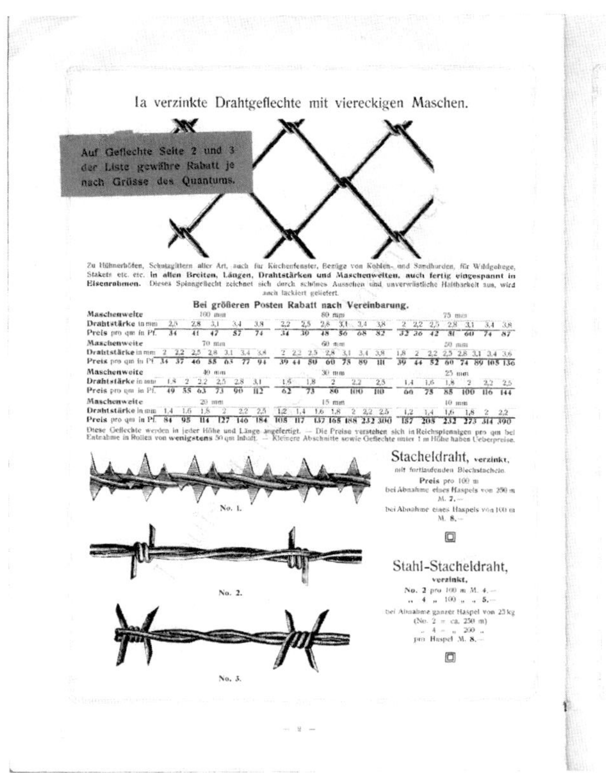

Ia verzinkte Drahtgeflechte mit viereckigen Maschen.

Auf Geflechte Seite 2 und 3 der Liste gewähre Rabatt je nach Grösse des Quantums.

Zu Hühnerhöfen, Schutzgittern aller Art, auch für Küchenfenster, Bezüge von Kohlen- und Sandhorden, für Wildgehege, Stakets etc. etc. **in allen Breiten, Längen, Drahtstärken und Maschenweiten, auch fertig eingespannt in Eisenrahmen.** Dieses Spinngeflecht zeichnet sich durch schönes Aussehen und unverwüstliche Haltbarkeit aus, wird auch lackiert geliefert.

Bei größeren Posten Rabatt nach Vereinbarung.

Maschenweite 100 mm					
Drahtstärke in mm	2,5	2,8	3,1	3,4	3,8
Preis pro qm in Pf.	34	41	47	57	74

Maschenweite 80 mm						
Drahtstärke in mm	2,2	2,5	2,8	3,1	3,4	3,8
Preis pro qm in Pf.	34	39	48	56	68	82

Maschenweite 75 mm							
Drahtstärke in mm	2	2,2	2,5	2,8	3,1	3,4	3,8
Preis pro qm in Pf.	32	36	42	51	60	74	87

Maschenweite 70 mm							
Drahtstärke in mm	2	2,2	2,5	2,8	3,1	3,4	3,8
Preis pro qm in Pf.	34	37	40	55	63	77	94

Maschenweite 60 mm							
Drahtstärke in mm	2	2,2	2,5	2,8	3,1	3,4	3,8
Preis pro qm in Pf.	39	44	50	60	75	89	111

Maschenweite 50 mm								
Drahtstärke in mm	1,8	2	2,2	2,5	2,8	3,1	3,4	3,6
Preis pro qm in Pf.	39	44	52	60	74	89	105	136

Maschenweite 40 mm						
Drahtstärke in mm	1,8	2	2,2	2,5	2,8	3,1
Preis pro qm in Pf.	49	55	63	73	90	112

Maschenweite 30 mm					
Drahtstärke in mm	1,6	1,8	2	2,2	2,5
Preis pro qm in Pf.	62	73	80	100	110

Maschenweite 25 mm						
Drahtstärke in mm	1,4	1,6	1,8	2	2,2	2,5
Preis pro qm in Pf.	66	75	85	100	116	144

Maschenweite 20 mm						
Drahtstärke in mm	1,4	1,6	1,8	2	2,2	2,5
Preis pro qm in Pf.	84	95	114	127	146	184

Maschenweite 15 mm							
Drahtstärke in mm	1,2	1,4	1,6	1,8	2	2,2	2,5
Preis pro qm in Pf.	108	117	137	165	188	232	300

Maschenweite 10 mm						
Drahtstärke in mm	1,2	1,4	1,6	1,8	2	2,2
Preis pro qm in Pf.	157	205	232	273	314	390

Diese Geflechte werden in jeder Höhe und Länge angefertigt. — Die Preise verstehen sich in Reichspfennigen pro qm bei Entnahme in Rollen von **wenigstens** 50 qm Inhalt. — Kleinere Abschnitte sowie Geflechte unter 1 m Höhe haben Ueberpreise.

Stacheldraht, **verzinkt,**
mit fortlaufenden Blechstacheln.
Preis pro 100 m
bei Abnahme eines Haspels von 250 m M. **7.**—
bei Abnahme eines Haspels von 100 m M. **8.**—

No. 1.

Stahl-Stacheldraht,
verzinkt,
No. 2 pro 100 m M. **4.**—
„ **4** „ 100 „ „ **5.**—
bei Abnahme ganzer Haspel von 25 kg
(No. 2 = ca. 250 m)
„ 4 = „ 200 „
pro Haspel M. **8.**—

No. 2.

No. 3.

Abb. 56 Seite aus einem Katalog der Fa. *Louis Hentschel, Erste Hannoversche Sieb-, Drahtwaren- und Stake-Fabrik Hannover* (Hentschel 1927)

E. & M., L. 3

0,8 0,9 1,0 1,1 1,2 1,4 1,6 1,8 2,0 2,2 2,5 2,8 3,1 3,4 3,8 4,2 4,6 5,0

Drähte
zu billigsten Tagespreisen lt. besonderen Listen.

Gewichts-Tabelle									
	alte Nr.	4	6	7	8	9	10	11	12
	mm Nr.	**60**	**50**	**46**	**42**	**38**	**34**	**31**	**28**
1000 m Eisendraht wiegen etwa:	kg	222	154	130	108	89	71	59	48
	alte Nr.	13	14	15	16	17	18	19	20
	mm Nr.	**25**	**20**	**18**	**16**	**14**	**12**	**11**	**10**
1000 m Eisendraht wiegen etwa:	kg	38,5	24,5	20	15,6	12	9	7,46	6,14

Verzinkter **Koppeldraht** in langen Adern in Ringen von						
	alte Nr.	4	6	7	8	9
	mm Nr.	**60**	**50**	**46**	**42**	**38**
	ca. kg	25	25	25	25	25

Verzinkter Eisendraht (Spalierdraht) in Ringen von									
	alte Nr.	10	11	12	13	14	15	16	17
	mm Nr.	**34**	**31**	**28**	**25**	**20**	**18**	**16**	**14**
	kg	5	5	5	5	5	5	2½	2½

Blanker Dachfirstdraht durch Fett gezogen in langen Adern, in Ringen von			
	alte Nr.	4	6
	mm Nr.	**60**	**50**
	ca. kg	25	25

Verzinkter Dachdraht in Bunden von 25 kg abgeteilt in Ringe von					
	alte Nr.	18	19	20	21
	mm Nr.	**12**	**11**	**10**	**9**
	kg	2½			

Ia geglühter Eisendraht in Bunden von 25 kg abgeteilt in Ringe von				
	alte Nr.	16	15	14
	mm Nr.	**16**	**18**	**20**
	kg	5	5	ca. 25

Geglühter Rohrdraht in Bunden von 25 kg abgeteilt in Ringe von			
	alte Nr.	19	20
	mm Nr.	**11**	**10**
	kg	2½	

Verkupferter Pantoffeldraht in Bunden von 25 kg abgeteilt in Ringe von		
	alte Nr.	20
	mm Nr.	**10**
	kg	2½

Blumendraht, blank geglüht in kleinen Ringen von 8 cm Durchm.		
	alte Nr.	28
	mm Nr.	**4,5**
	1 kg = 64 Ringe	

Blumendraht, blank geglüht									
	alte Nr.	18	19	20	21	22	23	24	26
	mm Nr.	**12**	**11**	**10**	**9**	**8**	**7**	**6,5**	**5**

in 21-cm-End. geschn., 1-kg-Pakete, 100 kg
in 28-cm-End. geschn., 1-kg-Pakete, 100 kg
in 1-kg-Ringen, Ringdurchm. ca. 20 cm

Kranzwickeldraht, weiß geglüht, in Paketen à 1 kg, enthaltend 10 Holzstäbchen mit je 100 g

Verzinkter Stacheldraht
auf Holzhaspeln von 25 kg, 4spitz.

Ein Haspel	**2,5**	**2,8 mm**
enthält ca.	210	180 m
	eng besetzt	weit besetzt

Billigster Tagespreis lt. besonderen Listen.

Verkupferte Sprungfedern
2mal geknotet, in Ballen von 25 kg, Papierpackung

Drahtstärke mm Nr.	**36**	**36**
	7	8 Gang

Abb. 57 Seite aus einem Katalog der Fa. *Engel & Mitterhusen Lübeck* (Engel Mitterhusen 1931)

um landwirtschaftlichen Draht oder aber Abwehrmittel gegen Menschen handelt, kann klar formuliert werden.

Chronologische und typologische Probleme sowie die sich hieraus ergebenden Folgen

Grundproblem bei der Untersuchung und Einordnung des zu bearbeitenden Stacheldrahts war die äußerst dürftige Quellenlage, wie sie auch bei anderen, vermeintlich allgemein bekannten Fundgattungen innerhalb der Neuzeit anzutreffen ist[282].

Die einzige Typologie für Stacheldraht wurde von Harold L. Hagemeier zwischen 1998 und 2015 aufgestellt und ständig erweitert. Der pensionierte Lehrer gehört zu dem großen Interessenkreis an Stacheldrahtsammlern in den USA. Dementsprechend ist seine Perspektive auch die der Besiedlung des Westens der USA, bei der Stacheldraht seinen Anfang nahm und eine bedeutende Rolle spielte. Europäische Stacheldrahttypen und -varianten werden nur am Rand erwähnt, besonders im Bereich der modernen militärischen Stacheldrahte nach 1945[283]. Da die Entwicklung des Stacheldrahts und seiner patentierten Typen in den USA ihren Anfang nahm und die dortige Sammlerszene sehr rührig ist, können zumindest über das Ausschlussverfahren Modelle erkannt werden, die auf Entwicklungen in Europa zurück gehen[284]. Dieses Ausschlussverfahren ist allerdings bei näherem Hinsehen nur bedingt zu gebrauchen: Durch den Wegfall des Patentschutzes Anfang des 20. Jahrhunderts, sind praktisch alle Standardtypen des Stacheldrahts, zu denen auch die untersuchten Exemplare aus Peenemünde gehören, nicht an sich datierbar. Bereits in den 1870er Jahren waren die Typen entwickelt worden, die noch heute der Standard sind.

Hingegen ist eine technische Trennung zwischen Stacheldraht aus landwirtschaftlichem Kontext und dem zum Abhalten von Menschen möglich. Wie bereits gesagt gilt, dass landwirtschaftlich genutzter Stacheldraht zwar Schmerz verursachen, das Vieh aber nicht verletzten soll. Für die Abwehr von Menschen hingegen ist es eben genau diese Eigenschaft, die Stacheldraht erst zu einem effektiven Hindernis

281 Netz 2004, S. 108.

282 Zu nennen sind hier ohne weitere Wertung die Datierung von Stromkabeln, Keramik und Gläsern.

283 Hierin liegt auch die einzige, eurozentristische, Kritik an den Enthusiasten aus den USA. Die wenigen aufgeführten Stacheldrähte aus dem 1. und 2. Weltkrieg werden nur sehr allgemein angesprochen. Hier ist dringend Grundlagenforschung gefragt.

284 Auf Fundplätzen des 1. Weltkriegs treten immer wieder Muster auf, die in der Typologie von Hagemeier nicht vorkommen und bei denen es sich vermutlich um europäische Typen und Varian-

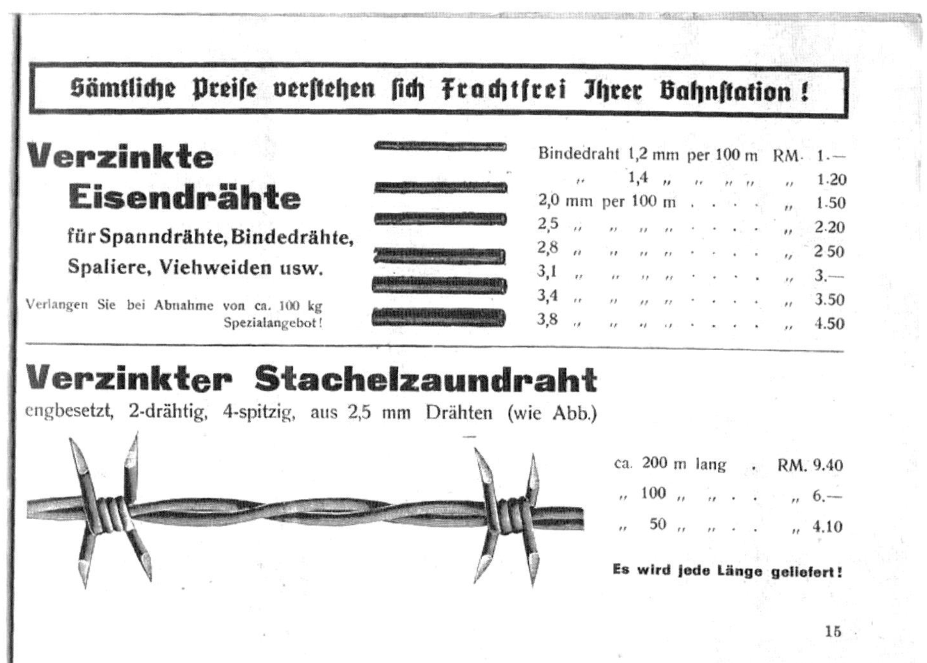

Sämtliche Preise verstehen sich frachtfrei Ihrer Bahnstation!

Verzinkte Eisendrähte

für Spanndrähte, Bindedrähte, Spaliere, Viehweiden usw.

Verlangen Sie bei Abnahme von ca. 100 kg Spezialangebot!

Bindedraht 1,2 mm per 100 m	RM.	1.—
" 1,4 " " " "	"	1.20
2,0 mm per 100 m	"	1.50
2,5 " " " "	"	2.20
2,8 " " " "	"	2.50
3,1 " " " "	"	3.—
3,4 " " " "	"	3.50
3,8 " " " "	"	4.50

Verzinkter Stachelzaundraht

engbesetzt, 2-drähtig, 4-spitzig, aus 2,5 mm Drähten (wie Abb.)

ca. 200 m lang .	RM.	9.40
" 100 " " . .	"	6.—
" 50 " " . .	"	4.10

Es wird jede Länge geliefert!

15

Abb. 58
Seite aus einem Katalog der Fa. *Otto Christ, Mannheim-Käfertal* (Christ 1937)

macht. Allerdings heißt das nicht, dass nicht auch Stacheldraht aus dem landwirtschaftlichen Kontext für militärische Zwecke eingesetzt wurde. Die Stacheldrahtfelder der französischen Maginot Linie sind aus handelsüblichem Landwirtschaftsdraht gespannt worden[285]. Da es sich um Bautätigkeit im Frieden handelte, kann davon ausgegangen werden, dass die Kosten für Sondertypen eingespart werden sollten. Stacheldraht wird dementsprechend in beiden Hauptarten gegen Menschen eingesetzt, jedoch wird für die Landwirtschaft nur der 'tierfreundliche' Stacheldraht genutzt[286]. Diese Erkenntnis ist insofern wichtig, da hierdurch zumindest eine zivile Nutzung bestimmter Drähte ausgeschlossen werden kann.

Fundmaterialauswertung

Auf Grundlage dieser eher ernüchternden chronologischen und typologischen Daten, soll nun eine Ansprache des gefundenen Stacheldrahtes erfolgen. Im Fundmaterial liegen Stacheldrahtfragmente von zehn unterschiedlichen Punkten vor, die in den Jahren 2017 bis 2021 aufgenommen wurden. Je nach Fundsituation waren die Stücke mehr oder weniger stark korrodiert, wobei ein sicheres Abnehmen der Maße meist möglich war.

Der Großteil der Fragmente ist aus 0,3 cm starkem Draht hergestellt worden, wobei wiederkehrende Abweichungen auf eine Stärke von 0,25 bis 0,28 cm nicht unbedingt auf Korrosionsschäden, sondern eine in der ersten Hälfte des 20. Jahrhunderts übliche Drahtstärke hinweisen[287]. Hingegen dürfte dies nicht für das einzige Stück (Kat.Nr. 4) mit einer Drahtstärke von etwa 0,2 cm gelten, da es das am stärksten Angegriffene ist und somit ursprünglich eher zu den 0,25 cm oder 0,28 cm starken Drähten gerechnet werden könnte.

Der für die Stacheln genutzte Draht hat entweder dieselbe Stärke wie der/die Trägerdrähte oder liegt mit 0,25 cm oder 0,2 cm Stärke etwas niedriger.

Für die Auswertung von besonderer Bedeutung sind die Stachellängen, da über sie eine Ansprache oder Ausschluss als landwirtschaftlich nutzbares Produkt möglich ist. Bis auf Kat.Nr. 8, deren Stachellängen bei 1,5 cm liegen, zeigen die restlichen Stachelumwicklungen Maximallängen von 2,0 cm. Ein Ausreißer, Kat.Nr. 2, kommt auf eine Maximallänge von 2,5 cm. Damit sind alle S-Drähte – die stark korrodierte Kat.Nr. 8 vorsichtig mit eingerechnet – aus dem Bereich der landwirtschaftlichen Stacheldrähte heraus zu nehmen und denen zur Abwehr von Men-

ten handelt. Gemeinsam ist ihnen, dass sie, den enormen Materialanforderungen des Stellungskrieges folgend, einen gewissen Grad von Materialersparnis zeigen, wie z.B. die Verwendung nur eines Drahtes oder nur kleinster aufgedrückter Stachelplättchen.

[285] Mary/Hohnadel 2001, S. 54.

[286] Während die französischen Bauern auf den ehemaligen Schlachtfeldern und Befestigungslinien die alten Stacheldrahthalter gerne weiterverwenden, findet sich an keiner Stelle langstacheliger Draht als Weidebegrenzung.

[287] Vgl. hierzu die Kataloge Engel–Mitterhusen 1931, S. 3; Christ 1937, S. 15; Vetter o. J. o. S.

[288] Hagemeier 2015, S. 86 Nr.560B.

[289] Ebd., S. 84 Nr.547B; 235 Nr. 4E.

[290] Hagemeier 2015, S. 30, Nr.128B.

schen zuzurechnen. Hieraus ergibt sich, dass die eingesetzten Stacheldrähte nicht aus der allgemeinen landwirtschaftlichen Produktpalette stammten, sondern spezielle Muster gegen Menschen angefordert wurden.

Die gefundenen Stücke lassen sich in drei Typen mit jeweils zwei Varianten aufteilen. Bei Typ 1a (Kat. Nr. 1 und 6) wurden Viererstacheln auf zwei in einander verdrehte Drähte aufgewickelt. Der Abstand zwischen den einzelnen Stachelbündeln liegt bei ca. 5,5 cm bzw. drei Tordierungen. Auffällig ist bei Kat. Nr. 6, dass die Stacheln stark verrutscht sind. Dies ist auf eine unzureichend starke Wickelung zurückzuführen, was auch an den beiden Tragedrähten zu erkennen ist. Der Typ 1b (Kat.Nr. 4) unterscheidet sich von Typ 1a durch den mit 6,5 cm größeren Abstand der Viererstacheln zu einander, bei lediglich 2,5 Tordierungen im Zwischenbereich. Indes wurden die beiden Trägerdrähte deutlich strammer gewickelt. Eine Datierung des Typs 1 auf Grundlage der US-amerikanischen Typologien zeigt, dass dieser Typ bereits 1876 patentiert wurde und zu den Grundformen des Stacheldrahts gehört,die sich durchgesetzt haben[288]. Einzig die Länge der Stacheln könnte hier eine genauere Datierung ermöglichen.

Der Typ 2 besitzt ebenfalls vier Stacheln. Hier wurde das Stachelbündel allerdings nur auf einen Trägerdraht aufgewickelt und anschließend mit einem Haltedraht überlegt, der mit dem Trägerdraht verdreht wurde. Ebenso wie beim Typ 1 unterscheiden sich die Varianten 2a und 2b nur durch die Zahl der Tordierungen. Die Stachelbündel von Typ 2a (Kat.Nr. 2a, 2b, 5, 7) liegen ca. 7,0 cm mit drei Tordierungen aus einander, während die Drähte von Typ 2b (Kat.Nr. 3, 8) bei einem Stachelbündelabstand von ca. 6,0 cm nur zwei Tordierungen aufweisen. Im Abgleich mit den amerikanischen Patenten tritt diese Form ab 1882[289] auf, was darauf zurückzuführen ist, dass das auflegen eines Haltedrahts einen etwas komplexeren Arbeitsablauf erfordert, als die Produktion des Typs 1.

Typ 3 mit nur einem Draht stellt nur auf den ersten Blick den einfachsten Stacheldraht dar. Die Variante 3a (Kat.Nr. 9) besitzt Doppelstacheln, die aus einem Draht gewickelt wurden. Der Abstand der Doppelstacheln liegt bei etwa 5,0 cm. Ein konstruktives Detail, das für die Stabilität der Stachelbündel auf dem Trägerdraht sorgt, ist seine Wellenform. Die vermutlich über eine profilierte Walze hergestellten Wellen haben eine Länge von 2,5 cm und einen Versatz von 1,0 mm. Da die Stachelbündel fest auf den Trägerdraht gewickelt wurden, reicht diese kleine Unebenheit aus, die Bündel in Position zu halten. Wichtig bei dieser Art von Stacheldraht ist, dass er wegen der Wellenform nicht so straff gespannt werden kann, wie gerader oder verdrehter Draht. Stramme Zäune, deren einzelne Drähte nicht nach oben und unten gedrückt werden können, waren mit diesem Typ nicht zu bauen bzw. man benötigte quer zu den Strängen gehende Haltedrähte. Typ 3b (Kat.Nr. 10) zeigt indes das Problem, wenn zu viel Material gespart werden sollte: Die auf dem einfachen Trägerdraht aufgewickelten Viererstachelbündel sind massiv verrutscht. Ausgehend von den Bündeln auf dem geborgenen Stück dürften die Bündel einen Abstand von nur 3,5 cm gehabt haben. Der enge Stachelbesatz erinnert an die diversen Stacheldrähte, die aus dem europäischen Festungsbau aus der ersten Hälfte des 20. Jahrhunderts oder auch den Schlachtfeldern des 1. und 2. Weltkriegs bekannt sind. So einfach wie Typ 3b ist, so ist er auch einer der ältesten Stacheldrähte. Ein erstes Patent wurde 1876 für diesen Typ angemeldet, wobei eine nicht näher datierte Variante genau dem gefundenen Stück mit zwei langen und zwei kurzen Stacheln entspricht[290].

Schlussbetrachtung

Die Untersuchungen des Fundmaterials haben zwei Aspekte hervorgebracht, die beide für sich stehend von Bedeutung sind. Zentraler Aspekt des ersten Teils der Untersuchung ist die Feststellung, dass eine herstellergenaue Einordnung und Datierung eines Stranges Stacheldraht bis auf wenige Ausnahmen nicht ohne weiteres – wenn nicht sogar zum derzeitigen Forschungsstand überhaupt nicht – möglich ist. Grund hierfür ist das Auslaufen des Patentschutzes im beginnenden 20. Jahrhundert und die daraus resultierende Freiheit der diversen Hersteller, die ihnen am sinnvollsten erscheinenden Typen und Varianten zu produzieren. Eine Datierung und Herstelleransprache dürfte daher auch in Zukunft nur für die bereits erwähnten Sonderformen möglich sein.

Eine Verwendungsansprache ist indes bedingt möglich. In den Kapitel 2 und 3 konnte dargestellt werden, dass landwirtschaftlicher Stacheldraht auch gegen Menschen eingesetzt wurde. Indes kann ausgeschlossen werden, dass Stacheldraht, der speziell gegen Menschen wirken soll, auch in einem landwirtschaftlichen Kontext eingesetzt wurde und wird: Nutztiere sollen nicht geschädigt werden, der Mensch dagegen muss durch eine Steigerung des Verletzungspotentials des Stacheldrahts daran gehindert werden, selbigen zu überwinden. Insofern kann für die untersuchten Stücke klar festgehalten werden, dass es sich um Stacheldraht handelt, der gegen Menschen gerichtet ist.

Fazit – Die Evidenz in Peenemünde als Katalysator weiterführender Fragestellungen

Die Betrachtung der Zaunpfosten hat gezeigt, dass von den Zaunanlagen der HVA noch einige wenige Reste in situ erhalten sind, so entlang des Deiches an der Peene, an einzelnen Stellen des Kraftwerkareals, entlang der Landstraße zwischen Entwicklungswerk und dem Dorf Peenemünde und im Norden des Entwicklungswerks, im Lager Karlshagen I sowie an der Südseite des Verwaltungsarcals des Versuchsserienwerks – möglicherweise auch am Wasserwerk Karlshagen.
Zudem haben sich aus der Betrachtung der baulichen bzw. archäologischen Relikte Anhaltspunkte zur Einschätzung der Zuverlässigkeit der Angaben des Wasserleitungsplanes als historischer Quelle zur Topographie der HVA ergeben. Die Informationen aus dem Plan stehen bisweilen nämlich im Widerspruch zum archäologischen Befund oder zu anderen Quellen, so beispielsweise im Hinblick auf die Situation an der Nordostecke des Kraftwerksareals oder auf die Vollständigkeit der Angaben zu den Zaunanlagen insgesamt. Nicht zuletzt ist es möglich, auch die Umzäunung der Fertigungshalle 1 bzw. des KZ-Außenlagers Karlshagen II konkreter zu erkennen. Tatsächlich war das Entwicklungswerk zusammen mit dem benachbarten Areal der Luftwaffe vom Rest der HVA abgetrennt, Einzelbereiche darin aber noch einmal separiert. Im Bereich des Versuchsserienwerks traf dies offenbar nur für die Fertigungshalle 1 zu.
Hinsichtlich der Situation nach 1945 ist zu erkennen, dass nicht nur die Umzäunung des weitergenutzten Kraftwerks aufrechterhalten wurde, sondern auch die des Entwicklungswerks. Der Zaunverlauf, der das 1962 neu eingerichtete Sperrgebiet nach Süden hin abgrenzte und von dem sich keine Reste erhalten haben, entsprach nur im westlichen Teil der Südgrenze des Versuchsserienwerks. In seinem östlichen Teil, der sich bis zur Ostseite der Insel in gerader Linie fortsetzte, waren nun auch die Reste der Siedlung Karlshagen mit einbezogen. Was die Zäune im Umfeld des VKN-Lagers betrifft, so erschwert die Kenntnis über die Situation vor 1945 klare Aussagen. Allerdings ist es offensichtlich, dass die meisten Zäune weder der Nutzungsphase der HVA zugehören noch in ihren Verläufen Rückschlüsse auf die erste Nutzungsphase zulassen.
Auch für die Situation nach 1945 haben die Pfosten Quellen- und Zeugniswert, wenn es um die Frage nach der Binnenstrukturierung des wiedererrichteten Sperrgebiets, um die Funktionsweise von Hochspannungssicherungsanlagen oder um die Entwicklung standardisierter Bauelemente in der DDR geht. Anhand des großen Spektrums der nach 1945 verwendeten Pfostentypen lässt sich so etwa aufzeigen, dass eine größere Vielfalt zur Verfügung stand, als sie durch die vorhandenen Typenblätter repräsentiert wird. Wie auch die Grenzanlagen der Berliner Mauer ist die Überlieferungssituation in Peenemünde und in Karlshagen dazu geeignet, die Entwicklung dieses Bauelements bis zur Reduktion des Typenspektrums ab Mitte der 1960er Jahre zu illustrieren.
Die Pfosten des Typs 20 dürften dabei die Zeit zwischen den 1940er und den 1960er Jahren repräsentieren, die Pfosten des Typs 2 und 3 den Übergang zur Entwicklung eigenständiger Typen in der DDR, die im Typ 7 endete. Letzterer erscheint in den jüngsten Planungen zum weiteren Ausbau der Grenzanlagen der Berliner Mauer als Standardpfosten. Die Pfosten des Typs 8 belegen schließlich die bis in die Gegenwart fortwirkende Gültigkeit und Kontinuität der bereits vor 1945 in Peenemünde vorzufindenden Grundform eines Schaftes mit gerade abgewinkeltem Übersteigeschutz, die bereits den frühesten Typ 1 kennzeichnet.
Eine erweiterte Perspektive auf die Geschichte des Orkanpfostens, dessen Bild zuerst durch einen gebogenen Übersteigeschutz geprägt ist, zeigt, dass die Grundform mit gerade abgewinkeltem Übersteigeschutz nicht selbsterklärend ist. Zugleich macht sie aber auch deutlich, dass der heute eher indifferenten Haltung gegenüber diesem raumprägenden Bauelement eine mindestens 30 Jahre langanhaltende Phase der Diskussion über seine ästhetischen Qualitäten vorausging. Diese endete mit dem sukzessiven Ausschluss der Betonpfosten aus dem lebensnahen, zivilen Garten- und Landschaftsbau in den 1930er Jahren. Inwieweit ästhetische Gesichtspunkte noch die Ausführung der Zaunanlagen der HVA bestimmten, mag dahingestellt bleiben. Heute hingegen lesen wir die visuellen Qualitäten der Betonpfosten, die als immer gleiche Elemente eines Zaunes zuerst in ihrer seriellen Verwendung zur Geltung kommen, als bauliche Chiffre für die potentiell ausgrenzende Kraft einer homogenen Formation.

Was die Art der ausgeführten Zaunanlagen betrifft, so kommen mit den Hochspannungssicherungsanlagen der NVA zugleich auch die früheren elektrischen Zaunanlagen der HVA in den Blick. Für beide stellen sich die notwendigen Fragen nach Topographie, Konzeption, Ausführung, Genese und letztlich nach einem irgendwie gearteten Verhältnis zueinander. Ein solches Verhältnis ist bislang für keinen der genannten vier Aspekte zu konstatieren, eine Kontinuität weder im Hinblick auf die topographische Nutzung noch auf die Einsatzweise gegeben. Auch eine Verbindung hinsichtlich eines Fortwirkens technologischen Knowhows innerhalb von Angehörigen deutscher Sicherheitskräfte scheint nicht gegeben. Dennoch führt die Notwendigkeit, die unterschiedlichen Befundlagen in Peenemünde zur Interpretation miteinander in Beziehung zu bringen, dazu, Fehlstellen in der Wahrnehmung auch dieses technologisierten Gliederungselements moderner Landschaften in den Blick zu bekommen.

Das Beispiel der Peenemünder Zaunpfosten, deren Betrachtung ihren Ausgang von den an der F1 aufgefundenen Artefakten genommen hat, die genauer datiert und angesprochen werden sollten, zeigt, wie die Bearbeitung einer spezifischen Gattung materieller Kultur unter Einbezug unterschiedlichster Quellen zum Katalysator neu und weiter zu fassender Fragestellungen wird.

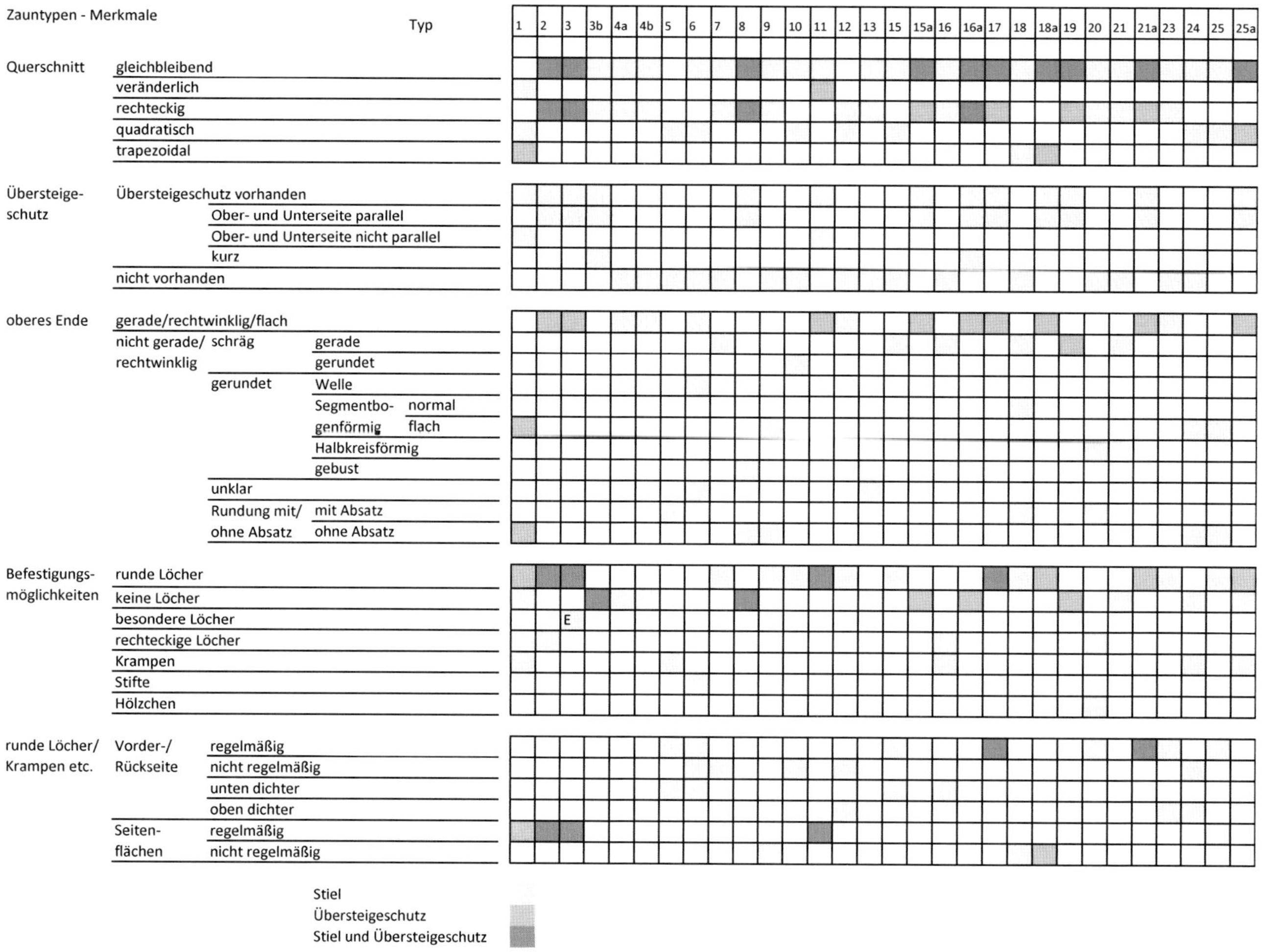

Zauntypen - Merkmale

		Typ	1	2	3	3b	4a	4b	5	6	7	8	9	10	11	12	13	15	15a	16	16a	17	18	18a	19	20	21	21a	23	24	25	25a
Querschnitt	gleichbleibend																															
	veränderlich																															
	rechteckig																															
	quadratisch																															
	trapezoidal																															
Übersteigeschutz	Übersteigeschutz vorhanden																															
		Ober- und Unterseite parallel																														
		Ober- und Unterseite nicht parallel																														
		kurz																														
	nicht vorhanden																															
oberes Ende	gerade/rechtwinklig/flach																															
	nicht gerade/ rechtwinklig – schräg	gerade																														
		gerundet																														
	gerundet	Welle																														
		Segmentbogenförmig – normal																														
		Segmentbogenförmig – flach																														
		Halbkreisförmig																														
		gebust																														
	unklar																															
	Rundung mit/ ohne Absatz	mit Absatz																														
		ohne Absatz																														
Befestigungsmöglichkeiten	runde Löcher																															
	keine Löcher																															
	besondere Löcher				E																											
	rechteckige Löcher																															
	Krampen																															
	Stifte																															
	Hölzchen																															
runde Löcher/ Krampen etc.	Vorder-/ Rückseite	regelmäßig																														
		nicht regelmäßig																														
		unten dichter																														
		oben dichter																														
	Seitenflächen	regelmäßig																														
		nicht regelmäßig																														

Stiel
Übersteigeschutz
Stiel und Übersteigeschutz

Abb. 59 Übersicht über die Merkmale der verschiedenen Pfostentypen in Peenemünde und Karlshagen

Katalog

Der folgende Katalog ist zwei Materialgruppen gewidmet, die einerseits relevant sind für das Verständnis der räumlichen Organisation des nördlichen Endes der Ostseeinsel Usedom als militärisches Sperrgebiet, und andererseits von Interesse für die Auseinandersetzung mit Zaunanlagen des 20. Jahrhunderts in Deutschland.

Die eine, erste Materialgruppe umfasst das Spektrum der Betonpfosten, die im Bereich der beiden Gemeinden Karlshagen und Peenemünde als Teil des dortigen Flächendenkmals der ehemaligen nationalsozialistischen Heeresversuchsanstalt zu beobachten sind. Ein Anspruch auf Vollständigkeit besteht insofern nicht, als nicht alle Areale der ehemaligen HVA bzw. der NVA bzw. der Bundeswehr und Relikte aus den unterschiedlichen Phasen ihrer Nachnutzung untersucht werden konnten – so z.B. der Bereich um Prüfstand VII, das Areal des Flugplatzes oder aber diejenigen bewaldeten Flächen der ehemaligen Fertigungsstelle bzw. des Versuchsserienwerks Peenemünde, die zwischen der Trasse der Usedomer Bäderbahn und den Salzwiesen auf der Westseite der Insel zwischen den Häfen Karlshagen und Peenemünde liegen. Der Aufbau dieses Katalogteils orientiert sich an den Typen, die von den Autoren mit Sichtung des vorgefundenen Materials unterschieden und definiert wurden. Eine Übersicht über die wichtigsten Merkmale, die dabei zur Unterscheidung der Typen herangezogen wurden, bietet Abbildung 59. Der Nummerierung der Typen entspricht keine inhaltliche Aussage, sie ist allein dem Bearbeitungsprozess geschuldet. In der gleichen Weise ist auch das Fehlen der Typen 14 und 22 zu erklären, die sich im Zuge eben jenes Bearbeitungsprozesses als nicht eigenständige Typen erwiesen haben.

Die andere, zweite Materialgruppe umfasst das Spektrum an Stacheldrähten wie es an unterschiedlichen Orten im Bereich der ehemaligen HVA von C. Röhl und P. Schneider beprobt wurde. Dabei wird kein Anspruch auf Vollständigkeit des möglichen Fundspektrums erhoben. Aufgrund der Größe des Flächendenkmals und der Fülle an Material wurde der Fokus auf einen repräsentativen Querschnitt an Artefakten gelegt, die im Rahmen archäologischer und bauforscherischer Surveys in den Jahren 2018–2022 erfasst werden konnten.

Typ 1

Betonpfosten mit nach oben abnehmendem Querschnitt, oberes Ende abgewinkelt und abgerundet (mit Absatz)

[1] Stand- bzw. Fundorte

in situ
- PM Süd (VSW), Südostseite des Verwaltungsareals entlang der Landstraße Karlshagen-Peenemünde
- PM–KH (Landstraße), nördlich des Strandparkplatzes, Westseite, sowie zwischen EW und PM Dorf, Nordseite, Km 10,7 bis 10,4
- PM West (Karlshagen I), innerhalb des Lagers: mindestens drei umgestürzte Pfosten parallel zum äußeren Zaun entlang der Nordwestseite
- PM West (Müggenhof), südlich des Hofes und nördlich des Kaninchenstalls
- PM Dorf (Kraftwerk), nordöstliche Begrenzung entlang der Straße zum Hafen: im westlichen Drittel ein einzelner Pfosten, in den beiden östlichen Dritteln in Reihe; sowie nördlich der Zufahrt zum Kraftwerksareal
- PM Deich an der Peene, südlich des Hafens
- KH (Ort), Alte Peenemünder Straße in Höhe des Hauses Nr. 6, Westseite
- KH (Wasserwerk), entlang der Straße zum Hafen Karlshagen im Bereich des Wasserwerks Karlshagen

in situ (wiederverwendet)
- PM Dorf (Kraftwerk), nordöstliche Begrenzung entlang der Straße zum Hafen
- KH (Ort), Häuser der ehem. Siedlung, Gartenzaun eines Hauses entlang der Landstraße

Fundobjekt
- PM Süd (F1), Areal T_V 15_17: enthalten in einer Halde von vier gebrochenen Zaunpfosten (Typ 2, Typ 3, Typ 4) und vier Betonplattenfragmenten (Typ 4).

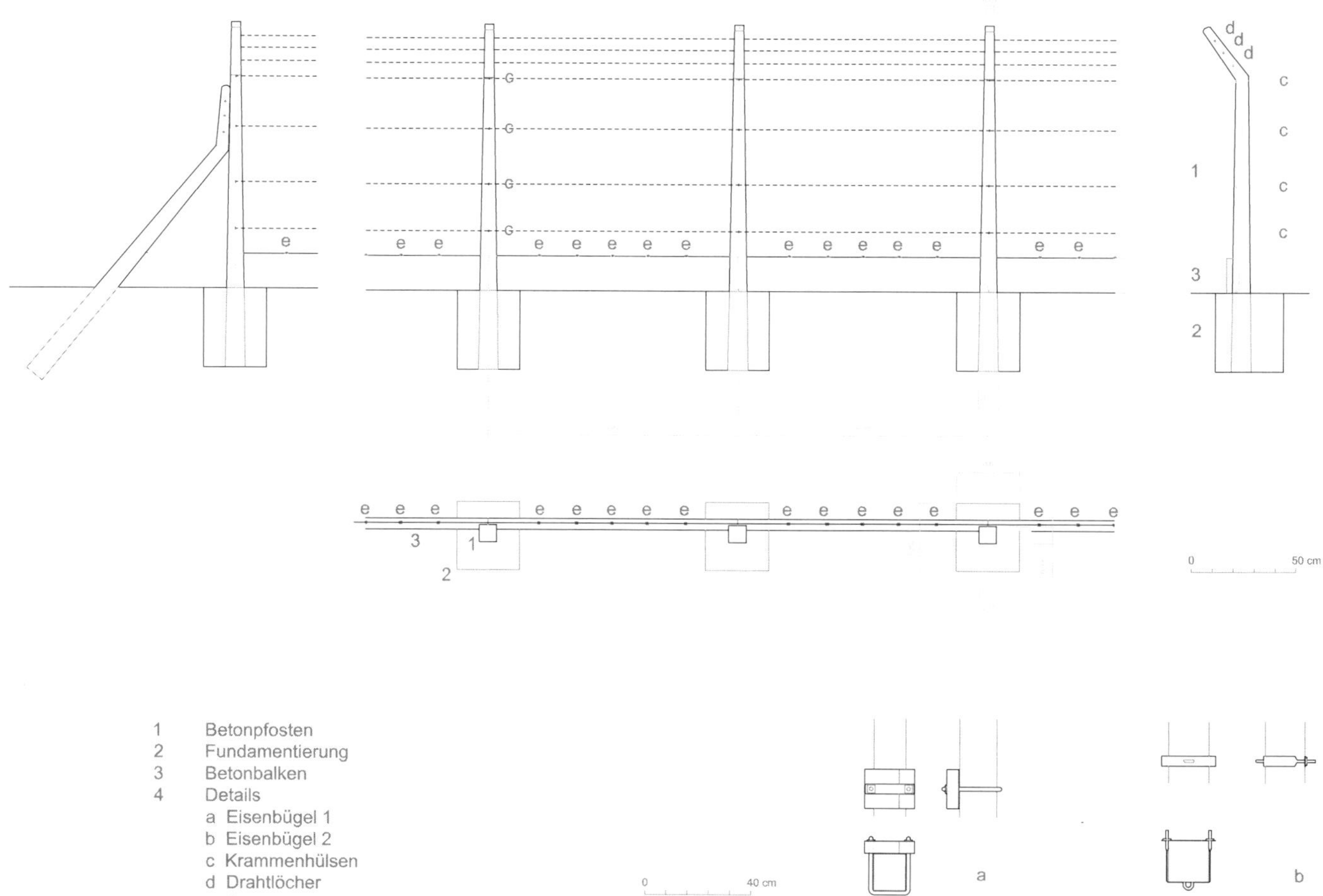

Abb. 60a Peenemünde, Zaunpfosten Typ 1

[2] Maße

Querschnitt

L 19 bzw. 10 cm (unten bzw. oben unterhalb der Abwinkelung), B 20 bzw. 12. cm (oben, unterhalb der Abwinkelung)

oberes Ende

abgewinkelt (36° bzw. 144°, L 60 cm, Maße bezogen auf Mittelachse), Ende (B 9 cm, T 8 cm) abgerundet (r 5 cm)

Höhe

3,31 m (gesamt) bzw. 2,55 m (über OK Fundament); 2,80/2,04 m (vorne) bzw. 2,82/2,06 m (hinten) von OK Fundament bis abgewinkeltes Ende

[3] Einarbeitungen

Drahtbefestigung

Mittig in der Vorderseite zwischen Fundament und abgewinkeltem Endes sind in Abständen zwischen 45 und 56 cm jeweils zwei dünne Metallröhrchen (DM 9 mm (außen) bzw. 7 mm (innen) übereinander im Abstand von 1,3 cm (Achsmaß)) eingelassen, und in die Krampen aus dünnem Draht (DM 3 mm) zur Befestigung von Führungsdrähten oder von Stacheldrahtbahnen gesteckt sind. Über die gesamte Höhe (2,04 m) sind vier solcher Röhrchenpaare eingelassen, mit dem untersten unmittelbar über der OK Fundament, und dem obersten unmittelbar unterhalb der Abwinkelung.

sonstige Löcher

-/-

[4] Drahtbefestigung

Draht (Maschendraht/Stacheldraht)

In Metallröhrchen, Ösen oder Krampen aus dünnem Draht (DM 3 mm) zur Befestigung von Führungsdrähten oder von Stacheldrahtbahnen; in den Betonbalken, die am Boden zwischen den Pfosten verlegt sind, wiederum sind in regelmäßigen Abständen von 38 cm Eisenkrampen mit rundem Querschnitt (R 1,5 cm (außen) bzw. 0,08 cm (innen)), DM Draht 7 mm) eingelassen, die jeweils im Abstand von 1 cm doppelt, paarweise nebeneinander angeordnet sind, mit den Ösen quer zur Zaunrichtung. An diesen Krampen kann mit Draht ein Maschendrahtgewebe befestigt werden.

PM Kraftwerk, entlang der Straße zum Hafen, südliche 2 Drittel: abgewinkelte Enden zeigen nach innen, Draht ist an Eisenbügeln befestigt, die nach außen hin abgewinkelt sind und unterhalb der Abwinkelung an den Pfosten angebracht sind (Eisenbügel gleichartig zu 3, s. dort)

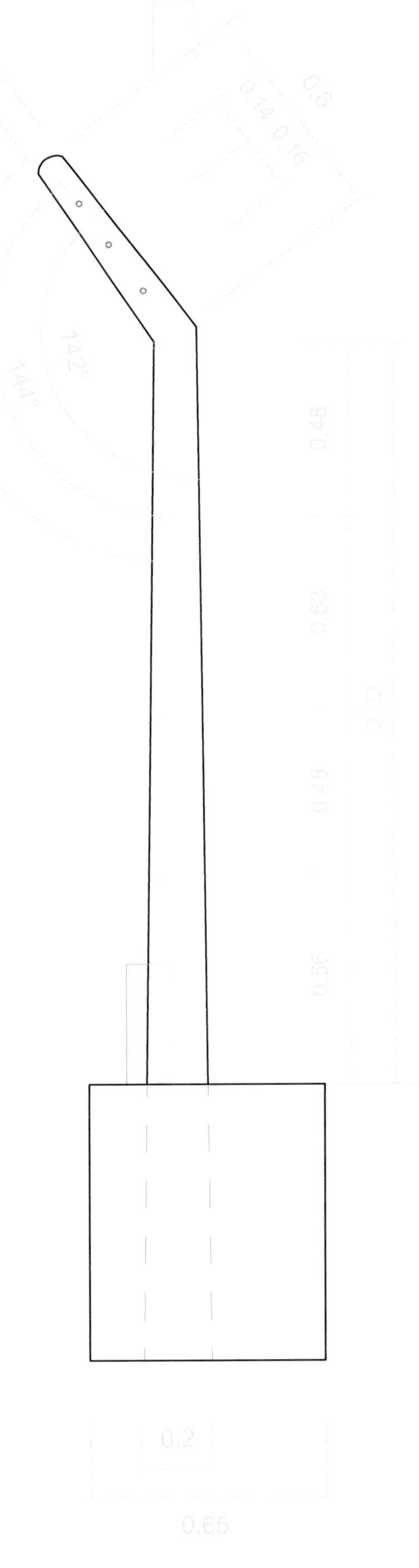

Abb. 60b Peenemünde, Zaunpfosten Typ 1

Führungsdraht/Stacheldraht

An den Ösen in den Vorderseiten der Pfosten können Führungsdrähte für Zaungewebe (z.B. Maschendraht) oder aber direkt auch Bahnen von Stacheldraht befestigt werden.

[5] Sonstige Applikationen

Zwischen OK Fundament und Abwinkelung: Drei U-förmige Eisenhalterungen (Bügel) in zwei verschiedenen Ausführungen:

- Element 1

  U-förmig gebogenes Rundeisen (DM 1 cm; B 14 cm, T 12,5 cm) mit Gewinde an beiden Enden, auf das jeweils ein Hütchen mit Gegengewinde (H 1,3 cm) geschraubt ist, an Oberseite geschlossen und abgerundet), damit der Bügel mit quadratischer Unterlegscheibe (3 x 3 cm, D 4 cm) und rechteckiger Eisenplatte (L 18,5 cm, H 3,7 cm, D 2 mm, abgerundete Ecken) am Pfosten angeklemmt werden kann. Im verbleibenden Abstand zwischen Eisenplatte und Pfosten kann ein weiteres Element (z.B. Holztafel) gehalten werden (am Pfosten 4 in F1 ist am oberen Bügel noch der Rest eines Brettchens erhalten).
- Element 2

  U-förmig gebogenes Flacheisen (L 40,5 cm, H 3,9 cm, D 2 mm), an dessen Enden jeweils ein Rundeisen (DM 1 cm, L 8 cm) ausgeformt ist. Die Enden des Rundeisens entsprechen der Ausführung von Typ 1, entsprechend auch die Art der Befestigung am Pfosten. An der Rückseite ist an das Flacheisen eine Krampe (L 4 cm, T 3 cm) aus Draht (DM 1 mm) angeschweißt, mit der Öffnung in Richtung der Vertikalen.

[6] Aufstellung

Befund

- PM Süd (F1): auf Schutthalde zusammen mit Bruchstücken von anderen Pfostentypen (s. Typ 2 u. 4) und Wandplatten (Typ 4);
- PM Süd (VSW): in situ, Abwinkelung nach außen;
- PM West (Karlshagen I): mind. drei Pfosten parallel zum äußeren Zaun, innerhalb des Lagers – umgestürzt, aber in mehr oder weniger regelmäßigen Abständen liegend;
- PM Dorf (Kraftwerk): entlang der Straße zum Hafen: einzelner Pfosten dieses Typs in Reihe mit Pfosten des Typs 2 in situ (vermutl. Zweitaufstellung), Abwinkelung nach innen

Fundamentierung

- PM Süd (VSW), PM Süd (F1): mit dem unteren Ende über 70 cm tief eingegossen in einen Betonblock von 60 x 65 cm Querschnitt

Abstände

- PM Süd (VSW): 2,21.5 m, 2,21.5 m, 2,23 m

Aussteifung

- PM Süd (VSW): in regelmäßigen Abständen durch schräggestellte Pfosten gleichen Typs ausgesteift;
- PM Kraftwerk: Aussteifung mit schräggestellten Pfosten (Typ 3b1)

zwischen Pfosten

- PM Süd (VSW): Betonbalken (L 2,21 m, B 10,5 cm, H mind. 33 cm) mit L-förmigen Ausklinkungen an beiden Enden, mit denen die Pfosten an der Außenseite umschlossen werden

[7] Referenzen

Betonpfosten

- Bauwelt-Katalog 1940, 690 sowie Bauwelt-Katalog 1941, 802: Nord-Draht Rostock 1, Nordische Eisen- und Drahtindustrie: Einfriedungen mit Eisenbeton, Holz- und Eisen-Pfosten in allen Ausführungen; auf Abbildung mit Maschendraht unterhalb der Abwinkelung, mit Stacheldraht im oberen Bereich der Abwinkelung
- Kähning 2011, 199–202, 242

Krampen und Ösen

- s. Ross 1936, 199 (Zementwaren-Artikel, Nr. 4331 C „Krammenhülsen für Betonpfosten")

[8] Zeitliche Einordnung

Bauteile vor 1945, Aufstellung z.T. in situ, z.T. in Neuverwendung wieder aufgestellt.

- PM Süd (F1): vor 1945 – Pfosten dieses Typs sind auf einem Foto (Abb. 37) zu sehen, das die Folgen des Bombenangriffs vom 18. August 1943 an der F1 dokumentiert, abgelichtet sind dort die Pfosten der Zaunanlage um die F1 an deren Südostecke. In einem Film, den die Rote Armee im Sommer 1945 von den Anlagen in Peenemünde aufgenommen hat, sind Pfosten dieses Typs als Reste der Zaunanlage um die F1 an der Südostecke zu erkennen (Abb. 36).
- PM Süd (VSW): vermutlich vor 1945 – Zaunverlauf entspricht der Darstellung im Wasserleitungsplan von 1944 (DM), dort aber auf gegenüberliegender Straßenseite eingezeichnet
- PM Kraftwerk: vermutlich Neuverwendung/Umstellung nach 1945
- PM Karlshagen I: unsicher, möglicherweise auch nach 1945 neu verwendet

[9] Abbildung

Bildquellen
- Abb. 36: Обитаемый Космос 2020, Min. 1:48 DM, Archiv, Bild Nr. 260
- Abb. 37: DM, Archiv, Bild Nr. 260, Aufnahme der Fertigungshalle 1 von Südwesten, aufgenommen nach einem der Luftangriffe der USAAF im Sommer 1944 (Aufnahme 1844 HVA)
- Abb. 38: DM, Archiv, Ordner Bildstelle 326_2, BN 259 bzw. BN 52936 bzw. FA014/B259/43a: Fertigungshalle 1, Südseite Bürotrakt
- Abb. 39–41: BArch Koblenz, Bildstelle, RH8II Bild-B1904-44 und RH8II Bild-B1903-44, Zaunanlage neben Eisenbahngleisen und Fernheizungsleitung (1944), möglicherweise am nördlichen Gleisbogen der Ringbahn, also östliche Umgrenzung des Areals der Produktionsstätten des ehem. Versuchsserienwerks in Höhe des Wasserwerks, desgl. RH8II Bild-B1915-44 möglicherweise an gleicher Stelle aufgenommen als Teil einer Aufnahmeserie von Bild-B1903-44 bis Bild1915-44.
- DM, Archiv, Ordner Bildstelle 326_2, BN 47576, Folgen Luftangriff vom 18.08.1943 in der Siedlung Karlshagen. "
- DM, Archiv, BN_06877, Gelände der Heeresversuchsstelle Peenemünde bei Zinnowitz, 1944, B153/44
- Grempler 2011, Abb. 46 auf S. 39 mit der Bildunterschrift: „Dieser Zaun steht seit 1943 auf dem Deich an der Peene." Die allgegenwärtigen Zaunpfähle sind ähnlich, aber nicht konisch.
- Mense – Schmidt 2013, Abb. 6 (Werkbahn), Abb. 9 auf S. 30, Landstraße von Peenemünde nach Karlshagen, im Hintergrund die Hauptwache des Werk Ost, um 1943 (Blick von West nach Ost auf die Hauptwache)
- Kähning 2011, Taf. XVIII.4 (PM Karlshagen I)

Fotos
- Abb. 22, 35–41

Zeichnungen
- Abb. 60

Typ 2

Betonpfosten, abgewinkelt, Ende gerade, nach oben hin abnehmender Querschnitt

[1] Stand- bzw. Fundorte

in situ
- PM Ost (EW – Tanklager), Ostseite, entlang der Straße zwischen Wache und Flughafen, nördlicher Abschnitt entlang des Tanklagers – entfernt bei Bauarbeiten im Frühjahr 2021

in situ (wiederverwendet)

-/-

Fundobjekt
- PM Süd (F1), Areal t_v15_17: enthalten in einer Halde von vier gebrochenen Zaunpfosten (Typ 2, Typ 3, Typ 4) und 4 Betonplattenfragmenten (Typ 4)

[2] Maße

Querschnitt

B 8,2 cm (gleichbleibend), T 10 cm (unten) bzw. 9 cm (oben)

oberes Ende

abgewinkelt (35° bzw. 145°, L min. 33 cm), Ende gerade

Höhe

3,31 m (gesamt) bzw. min. 2,45 m (über OK Fundament); 2,93/2,11 m (vorne) bzw. 2,95/2,213 m (hinten) von OK Fundament bis abgewinkeltes Ende

[3] Einarbeitungen

Drahtbefestigung

PM Süd (F1): Führungsdrähte werden gehalten von U-förmigen Drahtklammern (Draht DM 2 mm), die durch runde Löcher (DM 1,1 cm) gesteckt; bei PM EW jedoch sind die Enden des Befestigungsdrahts zweimal um Führungsdrähte gewickelt. Die Aussparungen sind in regelmäßigem Abstand von 20 cm übereinander angeordnet und öffnen sich an den beiden Seiten des Pfostens mittig. Zwischen der OK Fundament und Abwinkelung befinden sich insgesamt 11 solcher Löcher, drei weitere an den Seiten des abgewinkelten oberen Teiles. Zur Herstellung einer Klammer muss der Draht mit seinen zu U-förmigen Haken geformten Enden, mit denen der Führungsdraht gehalten wird, nach Durchführung durch das Loch beidseitig zur Pfostenvorderseite gebogen worden sein.

sonstige Löcher

In den Seiten übereinander im Abstand von 1,32.5 cm bzw. 1,4 cm (Achsabstand) befinden sich mittig zwei Aussparungen mit rechteckigem Querschnitt (H 7,5 cm, B 1,3 cm) quer zur Aufstellungsrichtung bzw. entlang der Richtung des Zaunverlaufs, zum Durchstecken von schmalen Flacheisen oder Holzlatten. Sie sind zwischen dem dritten und vierten Drahtbefestigungsloch und den beiden obersten Befestigungslöchern bzw. 60 cm resp. 2 m über der OK Fundament angeordnet.

[4] Drahtbefestigung

Draht (Maschendraht/Stacheldraht)

Drahtgewebe (z.B. Maschendraht) an Führungsdrähten bzw. Stacheldraht direkt zu befestigen mit U-förmig gebogenen Drahtklammern

Führungsdraht/Stacheldraht

Aussparungen für die Befestigung von elf Führungsdrähten im Bereich unterhalb der Abwinkelung, drei im Bereich der Abwinkelung

[5] Sonstige Applikationen

Halterung (Bandage)

Halterung (L 34 cm, B 9,5 cm) zur Befestigung eines zweiten Pfostens (etwa zur Aussteifung) aus einem Stahlband (H 5 cm, D 5 mm), das am Stoß zu einer Lasche umgebogen und mit einem Schraubenloch versehen ist

[6] Aufstellung

Befund

- PM Süd (F1): auf Schutthalde zusammen mit Bruchstücken von anderen Pfostentypen (Typ 1) und Wandplatten (Typ 4)
- PM Ost (EW): in situ, Abwinkelung nach außen

Fundamentierung

- PM Süd (F1): am Fuß des Pfostens Betonpackung zur Fundamentierung: 60 x 55 cm, H 70 cm
- PM Ost (EW): k.A., Fundamentierung von Boden überdeckt

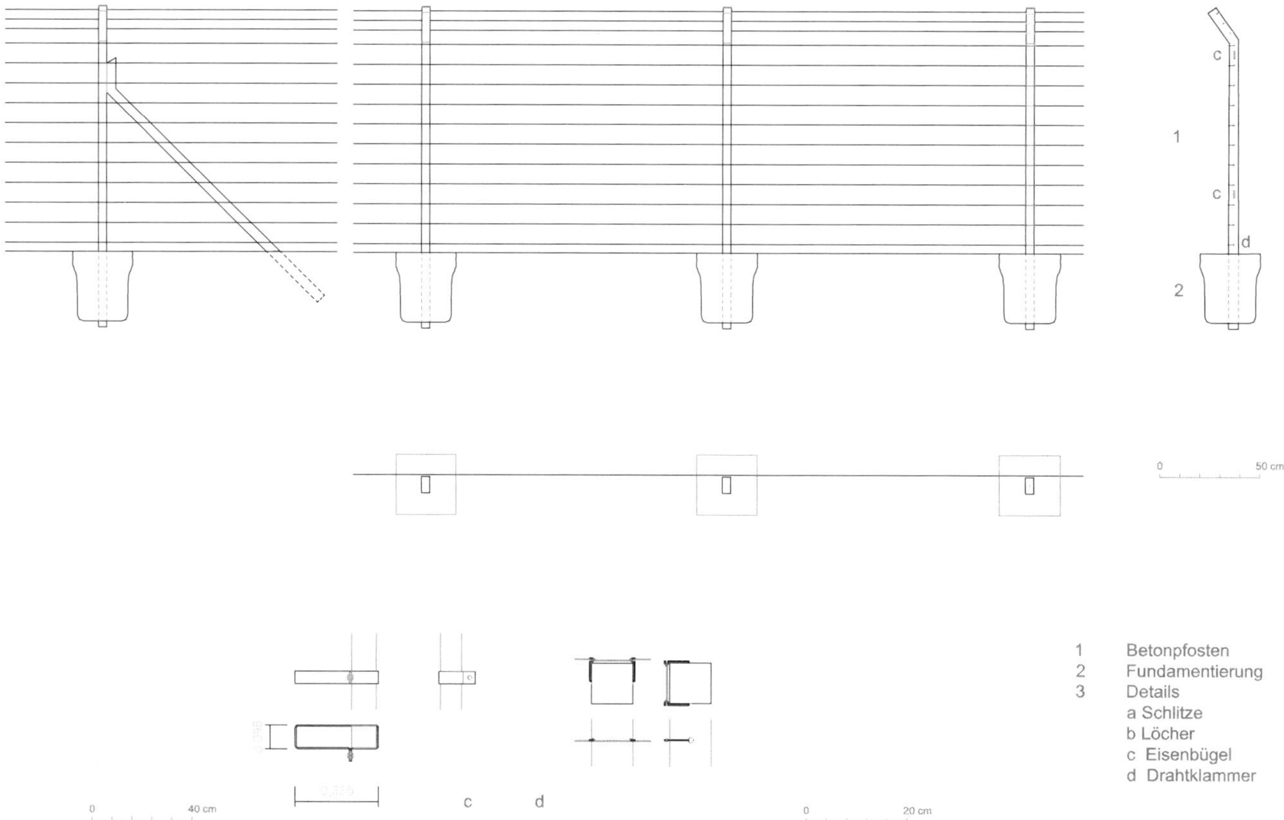

Abb. 61a Peenemünde, Zaunpfosten Typ 2

Abstände
- PM Ost (EW): zwischen 2,10 m und 3.10 m (2,94 m, 2,91 m, 4,11 m [Doppelabstand?], 2,91 m, 2,92 m, 3,04 m, 3,10 m)

Aussteifung
- PM Ost (EW): Aussteifung durch schräggestellte Pfosten gleichen Typs in Abständen von mehr als sieben Pfosten

zwischen Pfosten -/-

[7] Referenzen

Betonpfosten
- In ihrer Form, Dimension und in der Kombination von schmalen runden Löchern sowie den beiden senkrechten Schlitzen an den Pfostenseiten entsprechen die Pfosten dem mit der TGL 116-0122 (Dezember 1960, vgl. BBR, DDR-Bauarchiv) beschriebenen Pfostentyp. Im Falle der TGL sind die runden Löcher jedoch quer zum Zaunverlauf angeordnet, die Zahl der runden Löcher ist geringer und ihre Abstände sind größer.
- Vgl. auch Typ 11 > Bei Typ 11 ist die Abwinkelung am oberen Ende leicht verjüngt, bei Typ 2 gleichbleibend. Ein weiterer Unterschied zu Typ 11 ist mit den vertikalen Schlitzen an den Seiten des Typs 2 gegeben, Typ 11 weist keine solchen Schlitze auf.

[8] Zeitliche Einordnung

- PM Ost (EW): Der Zaunverlauf ist in der Darstellung des Wasserleitungsplans von 1944 (DM) nicht eingetragen. Dennoch ist von einer Abgrenzung des Entwicklungswerks gegenüber den anderen Arealen innerhalb des nördlich von der Landstraße Karlshagen-Peenemünde abgegrenzten Bereichs, etwa gegenüber dem KZ-Außenlager Karlshagen I oder dem Gemeinschaftslager Ost, sinnvollerweise auszugehen. Im Vergleich zu den Pfosten in den südlich anschließenden Abschnitten des weiteren Zaunverlaufs, in denen Pfosten verschiedener neuerer Typen (s. Typ 3 und Typ 7) verwendet wurden, erscheinen die Pfosten des Typs 2 als Teil des ältesten, ursprünglichen Zaunes. Ein wesentlicher Anhaltspunkt für eine Datierung vor 1945 ist die Qualität und Farbe des Betons, die sich von den nach 1945 verwendeten Betonen unterscheidet. Eine Aufstellung der Pfosten des Typs 2 vor 1945 erscheint somit denkbar, wobei aufgrund der Nähe der Konzeption zu derjenigen des TGL-Typs 116-0122 sowie des Typs 16 auch eine spätere Datierung denkbar ist – zumal die visuelle Einschätzung der Betonzusammensetzung nur ein schwaches Argument darstellt.

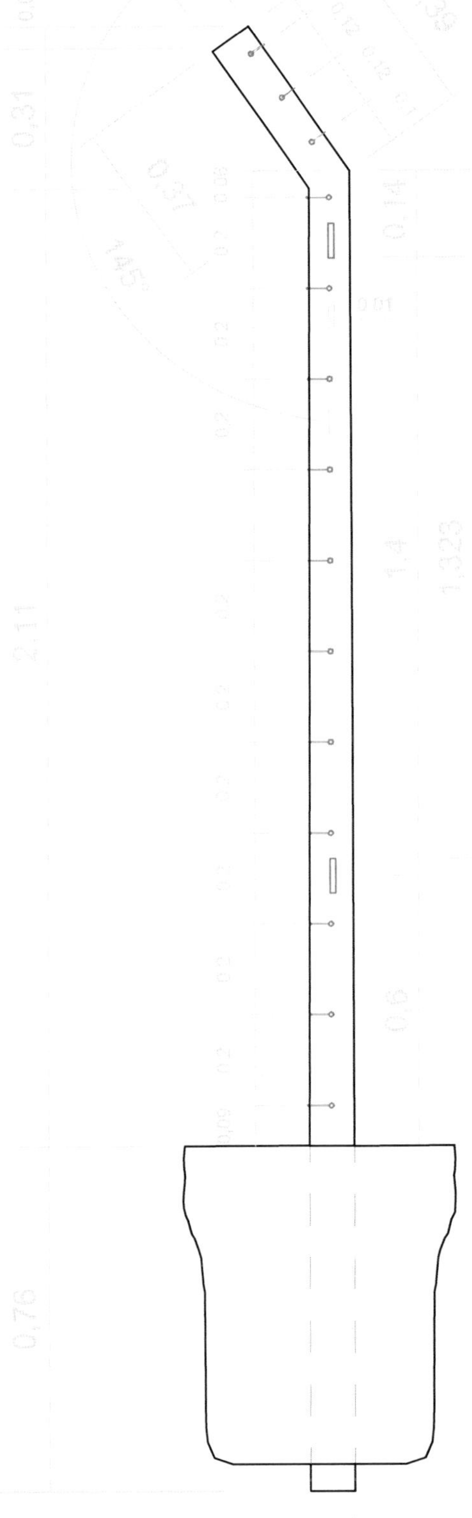

Abb. 61b Peenemünde, Zaunpfosten Typ 2

- Nicht eindeutig ist der Bezug der Bemerkung von Kähning 2011, S. 247 f. zu Pfosten des Typs 2, wenn er von der „Umzäunung im Bereich des Lagers Karlshagen I / Tanklager" spricht, die er nach 1945 datiert. Aufgrund seiner Ausführungen auf S. 201, Anm. 2 ist jedoch davon auszugehen, dass er ausgehend von einem Vergleich mit den von ihm im KZ-Außenlager Karlshagen I besprochenen Pfosten einen Zaunabschnitt mit Pfosten des Typs 3 anspricht. Dem Bereich des Tanklagers, das auf einem Luftbild des Jahres 1953 noch nicht zu sehen ist, entspricht jedoch der Zaunverlauf mit den Pfosten des Typs 2. Als Teil der Absperrung des später errichteten Tanklagers wären die Pfosten des Typs 2 in die Zeit ab Mitte der 1950er Jahre zu datieren.
- PM Kraftwerk: vermutlich Neuverwendung nach 1945.

[9] Abbildung

Bildquellen
- BBR, DDR-Bauarchiv: Zaunpfosten_tgl-116-0122-dez-1960

Fotos
- Abb. 35

Zeichnungen
- Abb. 61

Typ 3

Betonpfosten, abgewinkelt, gerade, gleichbleibender Querschnitt mit 3 Varianten (3a, 3b, 3c)

[1] Stand- bzw. Fundorte

in situ
- Typ 3a:
-- PM Dorf (Kraftwerk), Nordseite, Begrenzung entlang der Straße zum Hafen Peenemünde
-- PM Ost (EW), Westseite, entlang der Straße zwischen Wache und Flughafen, südlicher Abschnitt, südlich des südlichen Zufahrttores
-- PM Ost (EW), südlicher Bereich, entlang der Südseite des Weges zum Strand
-- PM Ost (EW), Zentrum, Bereich der Bahnanlagen und Garagen, zu beiden Seiten eines breiten Streifens mit Pfosten des Typs 7 in der Mitte
-- PM Ost (EW), nördlicher Bereich: parallel zur Straße vom EW zum Prüfstand VI aufgestellte Pfostenreihe
-- PM Süd (Wagenhalle): abgehend nach Westen von der Landstraße Karlshagen – Peenemünde in Höhe der ehemaligen Hauptstraße der Siedlung Karlshagen
-- KH (VKN), Ostseite und Entlang Bahnlinie
-- KH (VKN), Werkstatthof, Südseite, südlicher Abschnitt
-- PM Hafen (Nordseite), Ostseite
-- PM Hafen (Nordseite), nördlich des Industrieareals, Westseite des Birkenswaldes nördlich des Areals
-- PM West (Müggenhof), Ost- und Nordseite

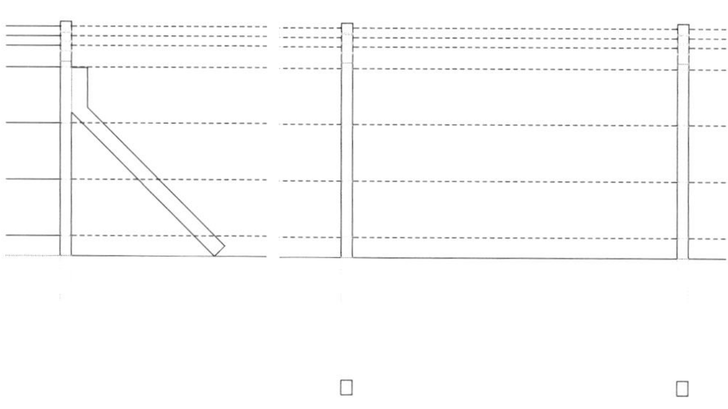

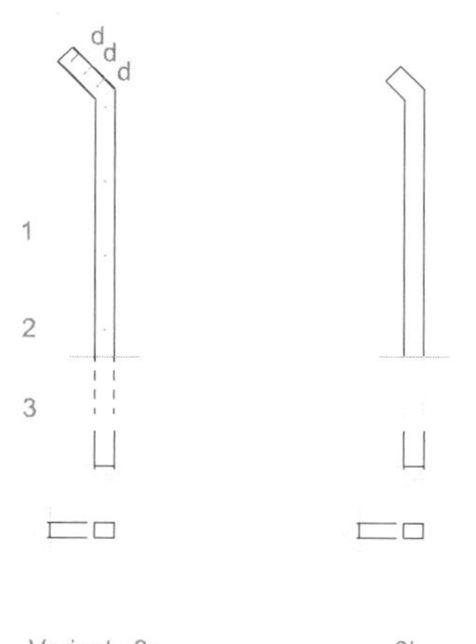

Abb. 62a Peenemünde, Zaunpfosten Typ 3

- Typ 3a1:
-- PM Dorf (Kraftwerk), Nordseite, Begrenzung entlang der Straße zum Hafen Peenemünde, einzelner Pfosten im mittleren Abschnitt
- Typ 3b:
-- PM Dorf (Kraftwerk), Nordseite, nördliche Begrenzung entlang der Straße zum Hafen Peenemünde, einzelne Pfosten im mittleren Abschnitt
-- KH (VKN), Ostseite und Entlang Bahnlinie
- Typ 3c:
-- PM West (Gemeinschaftslager Ost), in westlicher Hälfte auf mittlerer Höhe

in situ (wiederverwendet):

- /-

Fundobjekt

- Typ 3a: PM West (Karlshagen I), zwei einzelne Fragmente im Bereich des Lagers
- Typ 3c: PM Ost (EW), nördlicher Bereich, einzelner Pfosten mitsamt Betonfundament ausgerissen gegenüber von Gebäude Nr. 30 an Straßenrand liegend

[2] Maße

Querschnitt

- Typ 3a: rechteckig, B 10, T 13 cm, gleichbleibend
- Typ 3b: rechteckig, B 10, T 13 cm, gleichbleibend
- Typ 3c: rechteckig, B 10,5 , T 14,5 cm, gleichbleibend

oberes Ende

- Typ 3a: abgewinkelt (44° bzw. 136°, L 36 bzw. 40 cm an Unter- bzw. Oberseite), Ende gerade
- Typ 3b: abgewinkelt (40° bzw. 140°, L 18 bzw. 22 cm an Unter bzw. Oberseite), Querschnitt gleichbleibend, Kanten leicht abgefast (> 1 cm), Ende gerade
- Typ 3c: abgewinkelt (L 38,5 bzw. 42 cm an Unter- bzw. Oberseite), Querschnitt gleichbleibend, Ende gerade

Höhe

- Typ 3a: mind. 1,73 (vorne) bzw. 1,80 cm (hinten) von Boden bis Abwinkelung, gesamt H mind. 2,08 m
- Typ 3b: mind. 1,73 (vorne) bzw. 1,80 m (hinten) von Boden bis Abwinkelung, gesamt H mind. 1,96 m
- Typ 3c: 3,15 m (hinten) von Fuß bis Abwinkelung

[3] Einarbeitungen

Drahtbefestigung

- Typ 3a: in Abwinkelung 3 Löcher (DM 0,8 cm) mittig in den Seiten, ein Loch 5 cm unterhalb der Abwinkelung, darunter weitere Löcher jeweils im Abstand von jeweils 50 cm
- Typ 3a1: keine Löcher
- Typ 3b: keine Löcher
- Typ 3c: unbekannt – k. A.

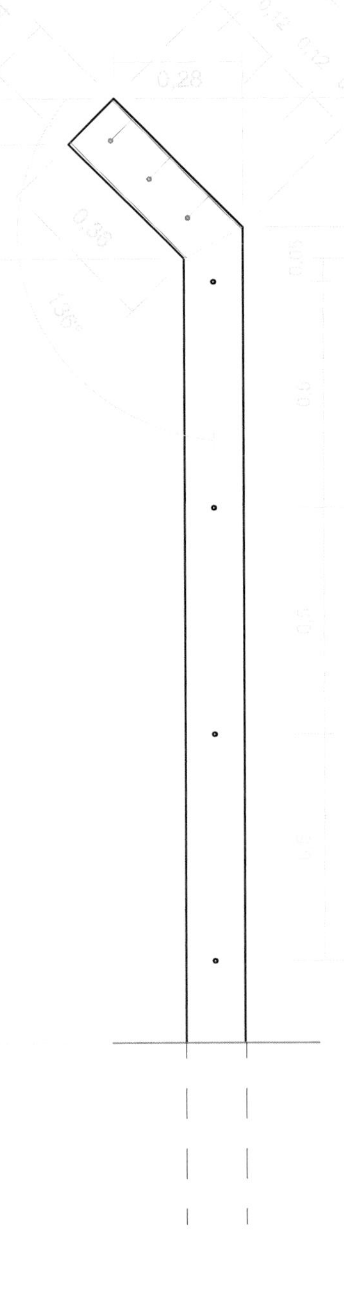

Abb. 62b Peenemünde, Zaunpfosten Typ 3

sonstige Löcher:
- Typ 3c:
-- drei Durchstiche jeweils gleichartig ausgeführt mit kreisrundem Durchschnitt (DM 1,5 cm), der sich auf der dem Abweiser entgegengesetzten Seite in zwei Stufen auf 2,5 cm bzw. auf 5 cm weitet – möglicherweise zur Aufnahme von Schraubenköpfen oder Muttern; Lage des obersten Durchstichs 20 cm (Achsmaß) unter der Abwinkelung (außen), der mittlere und der untere mit einem Abstand von 20 cm bzw. 1,30 m (Achsmaße) vom jeweils darüberliegenden.
-- an der Oberseite des Abweisers mittig ein 3,5 cm breiter Schlitz

[4] Drahtbefestigung

Draht (Maschendraht/Stacheldraht)
Typ 3a: Führungsdrähte oder Stacheldrahtbahnen mit Drahtschlaufen befestigt, die durch die Löcher in den Pfostenseiten geführt sind.)
Typ 3c: unklar – k.A.
Führungsdraht/Stacheldraht
Typ 3a: Im Bereich der Abwinkelung (Übersteigeschutz) drei Bahnen Stacheldraht, darunter Führungsdrähte zur Befestigung von Maschendrahtbahnen.
Typ 3c: unklar – k.A.

[5] Sonstige Applikationen

Verbindung von Pfosten des Typs 3a mit Pfosten des Typs 3b durch Schellen (Eisen).

[6] Aufstellung

Befund
- Typ 3a:
-- PM Dorf (Kraftwerk), Nordseite: mittlerer Abschnitt als regulärer Pfostentyp, ergänzt durch einzelnen Pfosten des Typs 1 und 3a1 und in Kombination mit Typ 3b zur Aussteifung
-- PM West (Karlshagen I): Bruchstücke zweier Pfosten als Fundstücke im Inneren des Lagerbereichs
-- PM Ost (EW), westliche Begrenzung, südlicher Teil
-- PM Ost (EW) westliche Begrenzung, mittlerer Teil
-- PM Ost (EW), Zentrum
-- PM Süd (Wagenhalle)
-- KH (VKN), Werkstatthof, Südseite, südlicher Abschnitt: regulärer Pfostentyp, am östlichen Ende in Kombination mit zwei schräggestellten Pfosten des Typs 11 zur Stabilisierung
- Typ 3a1:
-- PM Dorf (Kraftwerk), Nordseite, mittlerer Abschnitt: einzelner Pfosten in einer Reihe von Pfosten des Typs 3
- Typ 3b:
-- PM Dorf (Kraftwerk), Nordseite, mittlerer Abschnitt: in Kombination mit Pfosten des Typs 3 schräggestellt zu dessen Stabilisierung, zudem in einem Fall als aufrechtstehender Pfosten
-- PM Ost (EW), Westseite, südlicher Abschnitt: zur Stabilisierung des Typ 7-Pfostens am nördlichen Ende des Abschnitts
Fundamentierung
k.A.; Fundamentierung von Boden überdeckt
Abstände
- Typ 3:
-- PM VKN-Lager (Werkstatthof), Südseite, südlicher Abschnitt: ca. 3,50 m
- Typ 3a1: -/- (Einzelfall)
- Typ 3b: -/- (senkrechtstehend Einzelfall)
- Typ 3c:
-- PM West (Gemeinschaftslager Ost): ca. 6 m
Aussteifung
- Typ 3:
-- PM Dorf (Kraftwerk), Nordseite, entlang der Straße zum Hafen: in regelmäßigen Abständen von 15 Pfosten Aussteifung durch schräg gestellte Pfosten des Typs 3b;
-- PM Süd (Wagenhalle): Typ 3b
-- KH (VKN), Ostseite und entlang der Bahnlinie, durch Pfosten des Typs 3b in regelmäßigen Abständen
-- PM (VKN), Werkstatthof, Südseite, südlicher Abschnitt: Stützung des Eckpfostens in zwei Richtungen mit schräggestellten Pfosten des Typs 11
- Typ 3a1: -/- (Einzelfall)
- Typ 3b: -/- (senkrechtstehend Einzelfall)
- Typ 3c: -/-
zwischen Pfosten
-/-

[7] Referenzen

Betonpfosten
- BBR, DDR-Bauarchiv: Zaunpfosten_tgl-116-0122-dez-1960; Zaunpfosten_tgl-23387-01-jul-1976; Zaunpfosten_tgl-33525-mai-1985
- Cramer – Arera-Rütenik 2011; Kähning 2011, S. 199–202, 242, 247.

[8] Zeitliche Einordnung

. Häufigster Pfostentyp, wahrscheinlich nach 1945, vor 1960: die Form der Pfosten entspricht den Typenblättern zu TGL 116-0122 (Dezember 1960 – 10 x 80 mm,), TGL 23387/01 Gruppe 152 59 (Juli 1976, 80 x 100 mm und 100 x 140 mm) und TGL 33 525 Gruppe 152 59 (Mai 1985), die Betonpfosten mit gleichbleibendem rechteckigem Querschnitt und Abwinkelung mit geradem Abschluss zeigen. Alle drei Normpfosten sind in zwei Varianten mit und ohne den abgewinkelten oberen Abschluss bzw. mit und ohne Übersteigeschutz entwickelt. Mit zwei senkrechten Schlitzen an den Pfostenseiten ermöglicht die Form des frühesten Normpfostens zudem die Verwendung sowohl für Draht- als auch für Holz- bzw. Bretterzäune. In dieser Hinsicht entspricht der erste Normpfosten der Belochung des Peenemünder Typs 2. Im Unterschied zum Normpfosten sind jedoch die Bindelöcher für die Bedrahtung sowohl bei Typ 2 als auch bei Typ 3 in den Pfostenseiten angeordnet, und nicht wie beim Normpfosten an Vorder- und Rückseite. Mithin mag es sich bei dem Normpfosten 116-0122 um eine Zwischenform zwischen den Typen 2 und 3 handeln. Dies gilt auch im Hinblick auf den Querschnitt, bei dem der des Normpfostens dem von Typ 2 entspricht.

Dem Querschnitt des Typs 3 hingegen entsprechen die Querschnitte der späteren beiden Normpfosten, wobei diese mit 14 cm Tiefe um einen 1 cm stärker sind. Der Unterschied mag aber auch an Ungenauigkeiten in der Ausführung liegen. Wesentliche Unterschied zwischen Pfosten 3 und den späteren Normpfosten bestehen darüber hinaus in der Zahl der Bindelöcher und in der Länge des abgewinkelten oberen Endes. Bei den späteren Normpfosten sind nur noch zwei Löcher für den Übersteigeschutz vorgesehen, und dessen Länge ist mit nur noch 25 cm auch um etwa ein Drittel kürzer. Beide Normpfosten sehen für Holz- und für Drahtzäune schließlich auch separate Pfostentypen vor. Entsprechungen zu den Varianten wie sie mit den Pfosten des Typs 3a1 – ohne Bindelöcher – und des Typs 3b – kurzes abgewinkeltes Ende ohne Bindelöcher – in Peenemünde vorgefunden wurden, sind in keiner der drei Normen vorgesehen.

- Kähning 2011, S. 201 datiert einen Pfosten des Typs 3 im Bereich des KZ-Außenlagers Karlshagen I als NVA-zeitlich und verweist – wahrscheinlich mit Bezug auf den Pfostentyp 3 auf die Umzäunung einer LPG in der Nähe von Sternberg (Kreis MV) – ebd. S. 247.

  Pfosten des Peenemünder Typs 3, also einer Variante des ersten Normpfostens ohne die beiden seitlichen Schlitze und mit seitlich angeordneten Löchern, finden sich auch regelmäßig auf Bilddokumenten zu den Grenzanlagen der Berliner Mauer, wo sie wohl bereits ab der zweiten Ausbauphase Verwendung gefunden haben.

[9] Abbildung

Bildquellen
- BBR, DDR-Bauarchiv: Zaunpfosten_tgl-116-0122-dez-1960; Zaunpfosten_tgl-23387-01-jul-1976; Zaunpfosten_tgl-33525-mai-1985
- Cramer – Arera-Rütenik 2011, Abb. auf S. 77 rechts, Abb. auf S. 147 oben, S. 167 oben, S. 386 – dort aber mit schrägem Ende des verkröpften Pfostenendes, S. 382 (als Aussteifungselement mit kurzem verkröpften Ende für einen Pfosten des Typs 5a)
- Kähning 2011, Taf. XVIII.4
- Rathjen 2001
- Urlaubsinsel Usedom (20.10.2021) Peenemünder Haken 1

Fotos
- Abb. 23, Taf. 1

Zeichnungen
- Abb. 62

Typ 4

Pfosten (a) und Platten (b) einer Plattenmauer

[1] Stand- bzw. Fundorte

in situ
- PM Dorf (Kraftwerk), Nordseite, nordöstliche Begrenzung entlang der Straße zum Hafen Peenemünde, westliches Ende
- PM Hafen (Nordseite), Nordseite des Industrieareals

in situ (wiederverwendet)
-/-

Fundobjekt
- PM Süd (F1), Areal t_v 15_17: enthalten in einer Halde von vier gebrochenen Zaunpfosten (Typ 2, Typ 3, Typ 4) und 4 Betonplattenfragmenten (Typ 4).

[2] Maße

Querschnitt
(a) B 13,5 cm, T 18,5 cm, beidseitig in breiter Seite je eine Nut (B 6,5 cm (unten) bzw. 7,5 cm (oben), T 3 cm)
(b) L 2,40 m, D 6 cm

oberes Ende
(a) gerade; (b) gerade

Höhe
(a) > 2,30 m; (b) > 2,14 m

[3] Einarbeitungen

Drahtbefestigung: -/-
sonstige Löcher: -/-

[4] Drahtbefestigung

Draht (Maschendraht/Stacheldraht)
- PM Dorf (Kraftwerk): über separate, abgewinkelte Eisenbügel, die mit einer Klammerung am oberen Ende des Pfosten befestigt sind

Führungsdraht/Stacheldraht
- PM Dorf (Kraftwerk): Stacheldraht zwischen Eisenbügeln gespannt

[5] Sonstige Applikationen

Ösen
. PM Dorf (Kraftwerk): am oberen Rand der Platten sind zwei Ösen aus Rundstahl zur Befestigung von Hebewerkzeugen eingelassen

Eisenbügel mit Klammerung ('Abweiser')

Ein um ca. 35° abgewinkelter Eisenbügel aus L-Profil (B 5 cm, D 5 mm, L 30 cm (unterer Teil) + 60 cm (oberer Teil)) ist mit seinem unteren Ende an einer zu einer Klammer gebogenen Eisenlasche (B 3,5 cm, D 5 mm) angeschweißt. Verschraubt mit einer zweiten, gleichartig geboteten Eisenlasche als Gegenstück ist der Eisenbügel oberhalb der Wandplatte an den Pfosten geschraubt.
Gleichartige Abweiser sind auch an Pfosten des Typs 7 an der Nordseite des Strandweges im südlichen Bereich des Entwicklungswerks angebracht.

[6] Aufstellung

Befund
- PM Dorf (Kraftwerk): Wandplatten senkrecht (b) zwischen zwei Pfosten (a) in die seitlichen Nuten eingeschoben.
- PM Süd (F1): k.A. zur Aufstellung

Fundamentierung
- PM Dorf (Kraftwerk): Unterkanten von Boden überdeckt

Abstände
- PM Dorf (Kraftwerk): 2,52 m

Aussteifung
- PM Dorf (Kraftwerk): durch Wandlatten (b)

zwischen Pfosten
- PM Dorf (Kraftwerk): Wandplatten (b)

[7] Referenzen

Ein früher Beleg für das Konzept der Betonplattenmauer, bei dem schmale Betonplatten zwischen genuteten „Orkanpfosten“ eingeschoben sind, ist dem Beton-Kalender des Jahres 1936 zu entnehmen (DZB 1936, Taf. III). Das Konstruktionsprinzip, einschließlich der entsprechenden Pfostenform wird aber auch schon von Hellwig 1937 in einer gleichartigen Ausführung vorgestellt. Die Konstruktion, bei der die oberste Plattenlage wie später auch die Plattenmauern der Berliner Grenzanlagen mit einem gerundeten Abdeckstein aus Beton geschützt ist, ist mit der Bezeichnung „Betonzaun“ als Entwicklung aus dem Zaunbau zu erkennen.
Absperrungen unter Verwendung von genuteten Betonpfosten („Nutstielen“) und Betonplatten werden von Cramer – Arera-Rütenik 2011, S. 85–90 für die ab 1964 einsetzende Ausbauphase der Berliner Mauer als „Betonplattenmauer“ vorgestellt. Was die Länge der in situ erhaltenen Betonplatten betrifft, so entspricht diese dem von Cramer und Arera-Rütenik als gängig bezeichneten Maß von 2,41 m, das später offenbar auf 2,50 m oder 3,0 m vereinheitlicht wurde. Anders als das frühe gängige Berliner Format von 2,41 m x 1 m x 0,11 m, sind die Platten in Peenemünde höher (> 2,30 m) und dünner (6 cm). Die Plattenstärke von 6 cm

entspricht jedoch derjenigen, die 1967 für den Ausbau der Berliner Mauer zu Zwecken der Materialersparnis verfügt worden war.
Weitere Unterschiede zu den bei Cramer und Arera-Rütenik vorgestellten Bauteilen an der Berliner Mauer bestehen hinsichtlich des Pfostenquerschnitts (B 13,5 cm, T 18,5 cm anstelle eines üblichen quadratischen Formats von 20 cm bzw. 17,5 cm Seiten-länge (S. 85, Anm. 224) sowie der Ausführung der Hebeschlaufen, die im Falle der Peenemünder Betonplatten nicht – wie für die Berliner Mauer beschrieben – in Aussparungen gesetzt sind, sondern aus der Oberseite hinausragen.
Auch für den abgewinkelten Stahlbügel zur Befestigung des Stacheldrahtzaunes als 'Übersteigeschutz' können Cramer – Arera-Rütenik 2011, die hierfür den Begriff 'Abweiser' verwenden (s. z.B. S. 99, Abb. s. S. 98 unten, 130 f., 166 f., S. 382 – in gebogener Form s. Abb. auf S. 67 unten), entsprechende Vergleiche ab Mitte der 1960er Jahre entnommen werden, dort jedoch in der Regel im Zusammenhang mit der Anbringung von elektrischen Signalanlagen.
Im Hinblick auf die Datierung der Betonplatten mauer in Peenemünde ergibt sich mithin ein Widerspruch zwischen einem frühen zeitlichen Ansatz aufgrund der Plattenlänge und einer späteren Datierung ab 1967 mit Verweis auf die Plattenstärke. Cramer – Arera-Rütenik formulieren jedoch als Faustregel für die Datierung, „dass die Platten desto älter zu sein scheinen, je schmaler [niedriger] sie sind." (S. 90). Eine Entstehung der Peenemünde Plattenmauer und ihrer Elemente vor Mitte der 1960er Jahre erscheint nach allem als eine begründete Annahme. Mithin dürfte auch die Halde in der Ruine Fertigungshalle 1, in der neben Fragmenten von Bauelementen des Typs 4 auch Pfosten und Pfostenbruchstücke der Typen 1 und 2 vorgefunden wurden, nicht vor dieser Zeit dorthin verbracht worden sein.

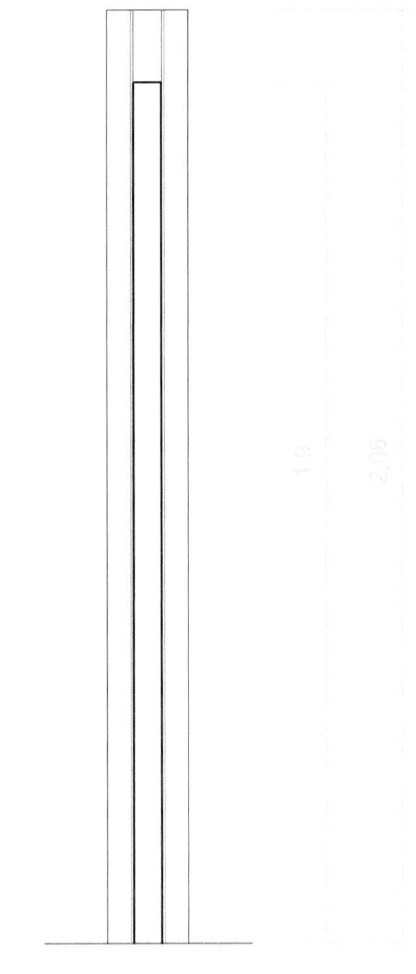

[8] Zeitliche Einordnung

Hinsichtlich der Frage nach einer Verwendung des Typs vor 1945 in Peenemünde sind keine Anhaltspunkte gegeben.

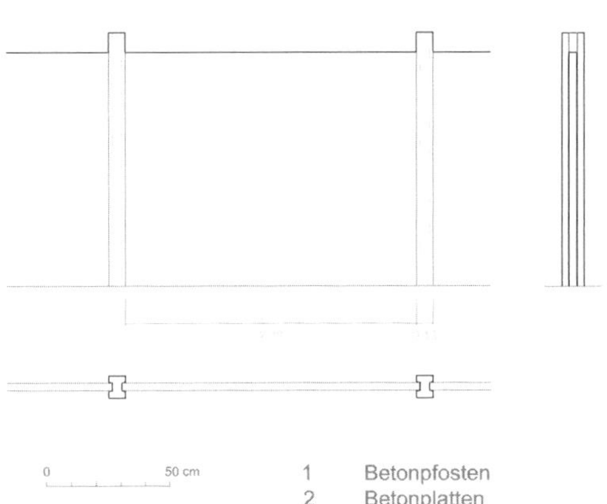

Abb. 63 Peenemünde, Zaunpfosten Typ 4

[9] Abbildung

Bildquellen
- DZB 1936, Taf. III
- Hellwig 1937
- Cramer – Arera-Rütenik 2011

Fotos
- Abb. 48, Taf. 2a–c

Zeichnungen
- Abb. 63

Typ 5

gerade, gerundeter Abschluss, gleichbleibender etwa quadratischer Querschnitt

[1] Stand- bzw. Fundorte

in situ
- PM West (Karlshagen I), äußerer Lagerzaun, westliche Begrenzung
- PM West (Gemeinschaftslager Ost), westliche Begrenzung
- PM Ost (EW), nördlicher Bereich: mehrfach unterbrochene Reihe von Pfosten

in situ (wiederverwendet)
- KH (VKN): Ostseite und entlang Bahnlinie, Abgrenzung des Eingangsbereichs des VKN-Lagers nach Osten zum Fahrradweg Karlshagen–Peenemünde hin (Einzelpfosten)

Fundobjekt
- PM Süd (F1): Betonzerkleinerungsplatz nördlich F1 sowie Schutthalde entlang des Weges östlich F1

[2] Maße

Querschnitt
B 12, T 12,5 cm, gleichbleibend

oberes Ende
wellenförmig abgerundet, mittlere Erhebung B 9 cm, H 2,5 cm, z.T. mit eingelassener Eisenkrampe (PM Karlshagen I, PM-VKN-Lager)
- Typ 24: gerade, Rundung ohne Absatz, Abschluss nicht wellenförmig

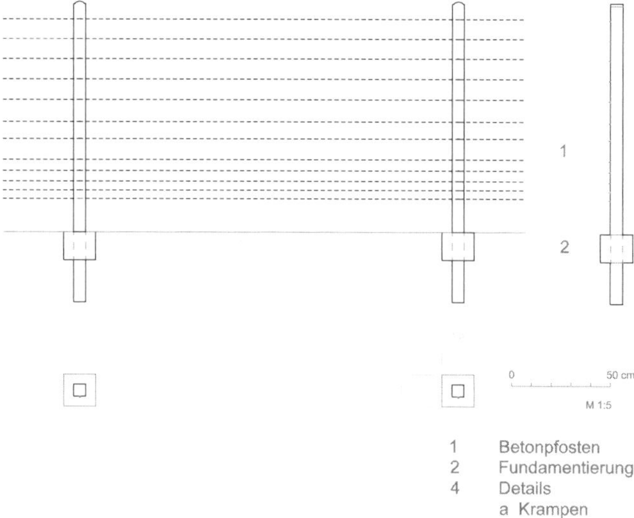

Abb. 64a Peenemünde, Zaunpfosten Typ 5

Höhe
- PM Süd (nördlich F1): 3,01 m (gesamt) bzw. 2,31 m (über OK Fundament)
- PM West (Karlshagen I): zw. 1,65 und 1,90 m über OK Gelände
- Typ 24: 2,18 m über OK Gelände

[3] Einarbeitungen

Drahtbefestigung
- PM Süd (nördlich F1): In die Vorderseite sind über 1,81 m mittig 12 Eisenkrampen (B 1,7 cm) aus Draht (DM 3 mm), 1,5 cm vorstehend, in wechselnd regelmäßigen Abständen zwischen 8 und 20 cm eingelassen, beginnend unten 33 cm über der OK Fundament, oben endend 18 cm unter dem oberen Ende. Der Abstand der oberen fünf Krampen liegt regelmäßig bei 20 cm, derjenige der unteren fünf Krampen liegt zwischen 8 und 11 cm; der Abstand zwischen den mittleren Krampen beträgt 21 und 17 cm; die Ausrichtung der Krampen ist horizontal, die der Öffnung vertikal.
- PM West (Karlshagen I): Eine Krampe auch auf oberem Ende, in Vorderseite 9 Krampen, i.d.R. im Abstand 20 cm, bis 20 cm unterhalb oberes Ende, untere beiden Krampen im Abstand von ca. 10 cm (15 cm bzw. 26 cm von OK Gelände); die Ausrichtung der Krampen ist senkrecht, die der Öffnung horizontal.
- PM Ost (EW), nördlicher Bereich: Abstände der Krampen nicht gemessen

sonstige Löcher
-/-

[4] Drahtbefestigung

Draht (Maschendraht/Stacheldraht)
- PM Süd (nördlich F1): Führungsdrähte oder Drahtgewebe sind mit Draht (DM 2 mm, Schlaufen B 1 x L 1,7 cm) an den Eisenkrampen festgebunden

Führungsdraht/Stacheldraht
. PM West (Karlshagen I) und PM Ost (EW), nördlicher Bereich: k.A.

[5] Sonstige Applikationen

-/-

[6] Aufstellung

Befund
- PM Süd (nördlich F1): nicht in situ auf Halde mit Betonteilen liegend
- PM Ost (EW), nördlicher Bereich: in situ
- KH (VKN): in situ Einzelpfosten in einer Reihe von Pfosten des Typs 3
- PM West (Karlshagen I): 10 Pfosten in Reihe, davon 7 in situ, 3 verstürzt, bis auf einen einzelnen

Pfosten (Typ 24) alle übrigen mit wellenförmigem Abschluss (Typ 5)

Fundamentierung

- PM Süd (nördlich F1): mit dem unteren Ende 70 cm tief in den Boden eingelassen, eingegossen in einen 28 cm hohen Betonblock von 32 x 32 cm Querschnitt, das untere Ende reicht nach unten mit seinem unteren Ende 42 cm über die UK des Betonblocks hinaus.
- An den übrigen Standorten: k.A.

Abstände

- PM West (Karlshagen I): zwischen 3,75 und 3,90 m

Aussteifung

-/-

zwischen Pfosten

-/-

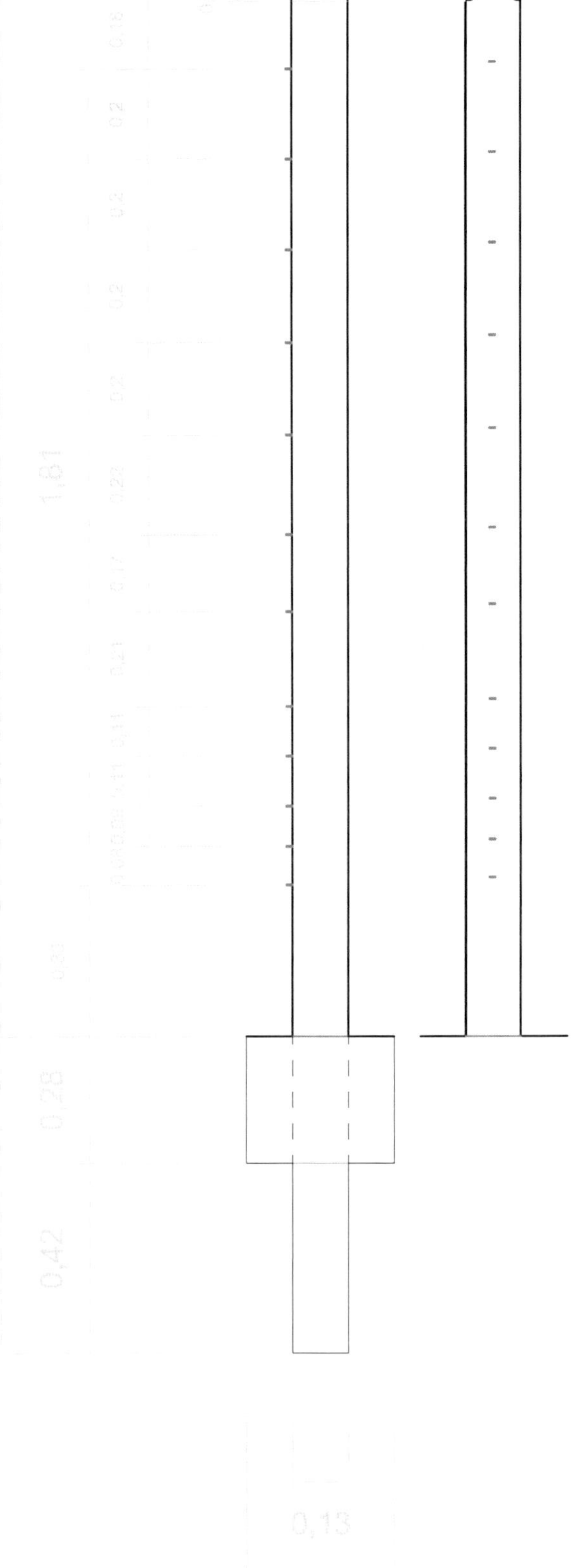

Abb. 64b Peenemünde, Zaunpfosten Typ 5

[7] Referenzen

Betonpfosten

Dem Typ 5 – und hier im Zusammenhang gemeinsam betrachtet auch dem Typ 24 – entsprechende und ähnliche einfache Pfosten mit gerundetem oberen Abschluss wurden auch für den Bau der Grenzanlagen der Berliner Mauer verwendet. Soweit es die Abbildungen bei Cramer – Arera-Rütenik 2011 ermöglichen, ist dabei die Variante des Typs 5 jedoch nur ausnahmsweise (Cramer – Arera-Rütenik 2011, Abb. auf S. 77 oben links), etwas häufiger hingegen die Variante 5b zu erkennen. (Cramer – Arera-Rütenik 2011, Abb. auf S. 68 oben, 76 unten, 146 unten, S. 147 oben). Viel häufiger findet sich jedoch eine Variante mit halbkreisförmig gerundetem Ende (Cramer – Arera-Rütenik 2011, Abb. S. 28, 29, 47, 49, 54, 57, 59, 67, 68, 73, 76, 131 oben links, 225, 384, 386 oben), die in Peenemünde allerdings nicht zum Spektrum der bekannten Pfosten gehört. Die entsprechenden Zaunanlagen der Berliner Grenzanlagen sind vor allem der frühesten Phase ab 1961 zuzuordnen (Cramer – Arera-Rütenik 2011, S. 28 f.). Pfosten der Typen 5 und 24 scheinen dabei gegenüber solchen der Variante mit halbkreisförmigem Abschluss keine große Bedeutung erlangt zu haben und können womöglich zu Beginn des Berliner Mauerbaus als Auslaufmodell betrachtet werden.

Aus Kähnings Ausführungen zu den Ergebnissen der Vermessung des KZ-Außenlagers Karlshagen I ist weder eine Identifikation der Pfosten des Typs 5 noch eine des Typs 24 ersichtlich – vgl. Kähning 2011, S. 199–202.

[8] Zeitliche Einordnung

Da die Pfostenreihe an der Westseite des KZ-Außenlagers Karlshagen I der ursprünglichen Umzäunung zuzurechnen ist, müssen die Pfosten dieses Typs sowie die des Typs 24 bereits im Frühjahr 1943 in Peenemünde verwendet worden sein. Die Verwendung des Einzelpfostens in der Abgrenzung des VKN-Lagers deutet auf eine Reparatur des Zaunes dort (s. Typ 3).

[9] Abbildung

Bildquellen
- Cramer – Arera-Rütenik 2011
- Alamy o. J., Image ID: 2DBGWDY

Fotos
- 49, 53, Taf. 2f–h

Zeichnungen
- Abb. 64

Typ 6

Betonpfosten mit gleichbleibendem quadratischen Querschnitt und geradem Abschluss

[1] Stand- bzw. Fundorte

in situ
- KH (Siedlung): Hausgärten der Bebauung südlich der vom `Brandenburger Tor´ zum Meer hin führenden Hauptstraße, im Bereich der 6. Gartenparzelle von Westen

in situ (wiederverwendet)
-/-

Fundobjekt
- PM Süd (F1), Westseite, Quadranten A_B 47_48 (Nord): einzelner Pfosten schräg aus Halde herausragend

[2] Maße

Querschnitt
- PM Süd (F1): B 9,5 cm, T 10 (unten) – 9,5 cm (oben)
- KH (Siedlung): B 10,5 cm, T 10 cm

oberes Ende
gerade

Höhe
mind. 2 m

[3] Einarbeitungen

Drahtbefestigung
- PM Süd (F1): an einer Seite über 1,30 m 11 Drahtstifte, DM 7–8 mm, 2 cm vorstehend, mit Schraub-

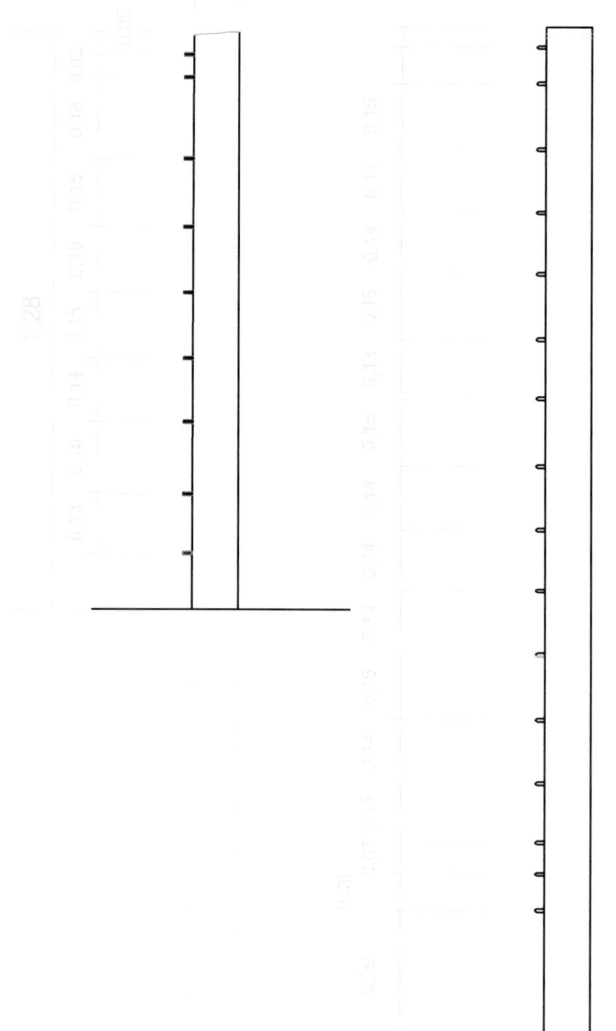

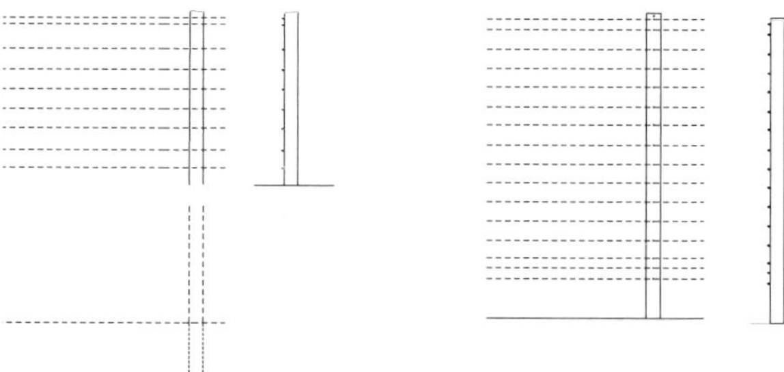

Abb. 65 Peenemünde, Zaunpfosten Typen 6 bzw. 22

gewinde im Abstand von rd. 15 cm (13–16 cm) mittig an der Vorderseite eingelassen
- KH (Siedlung): an einer Seite Drahtstifte (DM 7 mm, 2 cm vorstehend, mit abgefastem Ende) im Abstand von rd. 15 cm (i.d.R. 13–15 cm, die unteren drei Stifte im Abstand von 7–8 cm), ab 4,5 cm unterhalb von oberem Ende über 1,93 m 16 Krampen

sonstige Löcher
- KH (Siedlung): 2 cm unterhalb von oberem Ende mittig über Drahtstiftenreihe (Vorderseite?) kreisrundes Loch (DM 1 cm), Funktion unklar

[4] Drahtbefestigung

Draht (Maschendraht/Stacheldraht)
k.A.

Führungsdraht/Stacheldraht
-/-

[5] Sonstige Applikationen

-/-

[6] Aufstellung

Befund
- PM Süd (F1): kein Befund
- KH (Siedlung): womöglich in situ, allerdings Einzelpfosten

Fundamentierung
kein Befund

Abstände
- PM Süd (F1) und KH (Siedlung): Einzelpfosten

Aussteifung
-/-)

zwischen Pfosten
-/-

[7] Referenzen

Für die eingelassenen Drahtstifte haben sich keine Parallelen oder Referenzen gefunden.

[8] Zeitliche Einordnung

Keine Hinweise

[9] Abbildung

Bildquellen
-/-

Fotos
- Taf. 3a, 3g

Zeichnungen
- Abb. 65

Typ 7

Betonpfosten, gerade, abgeschrägt und abgefast, gleichbleibender rechteckiger Querschnitt

[1] Stand- bzw. Fundorte

in situ
- PM Ost (EW), Westseite, entlang der Straße zwischen Wache und Flughafen (` Flughafenring´), südlicher Abschnitt, gegenüber dem KZ-Außenlager Karlshagen I, südlich des südlichen Zufahrttores zum Entwicklungswerk
- PM Ost (EW), südlicher Bereich, die Nordseite des Strandweges begleitend – Südseite s. Typ 3
- PM Ost (EW), Zentrum, Bereich der Bahnanlagen und Garagen, Reihe von Pfosten des Typs 7 im Zentrum eines zu beiden Seiten von Pfosten des Typs 3 abgegrenzten Bereiches
- KH (VKN), Ostseite, Umgrenzung der Bebauung nördlich der Hauptzufahrt (Nord- und Westseite)

in situ (wiederverwendet)
-/-

Fundobjekt
-/-

[2] Maße

Querschnitt
B 10 cm, T 13 cm, gleichbleibend

oberes Ende
gerade, nach hinten zu leicht (4,5 cm) ansteigend, an Seiten im 45°-Winkel abgeschrägt (2 cm)

Höhe
mind. 1,91.5 m über Gelände

[3] Einarbeitungen

Drahtbefestigung
Vier Führungsdrähte sind übereinander horizontal zwischen den Pfosten gespannt. Sie sind mit Schlaufen aus Draht (DM 3 mm) gehalten, die durch kleine Kanäle geführt sind. Die Kanäle (runder Querschnitt, DM 1,5 cm) durchziehen die Pfosten der Tiefe nach und öffnen sich mittig zur Vorder- und Rückseite. Sie sind in wechselnden Abständen (67 cm, 27, 5 cm, 67 cm, oberstes bei 16 cm unterhalb der Oberkante vorne) angeordnet.

sonstige Löcher
- Typ 7b: An beiden Seiten weitere Kanäle (runder Querschnitt, DM 1,5 cm)

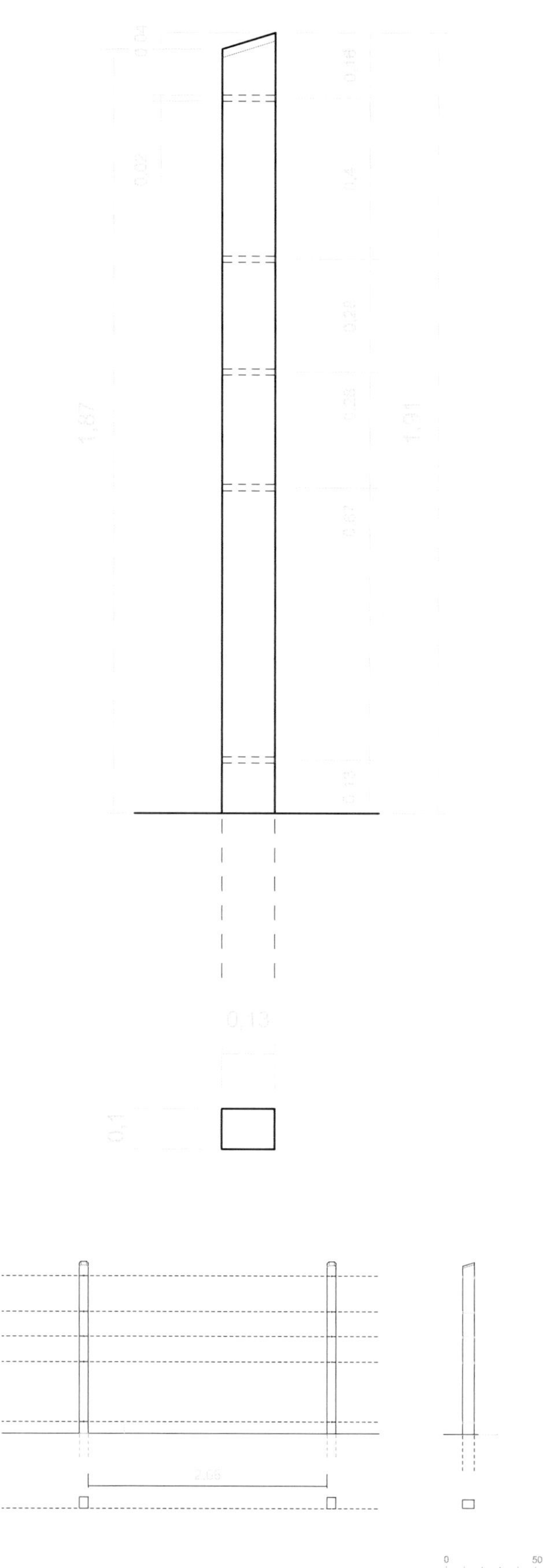

Abb. 66 Peenemünde, Zaunpfosten Typ 7

[4] Drahtbefestigung

Draht (Maschendraht/Stacheldraht)
Maschendraht kann an Führungsdrähten befestigt werden
Führungsdraht/Stacheldraht
vier Führungsdrähte (s. Einarbeitungen, Drahtbefestigung)

[5] Sonstige Applikationen

Eisenbügel mit Klammerung ('Abweiser')
- PM Ost (EW), südlicher Bereich, die Nordseite des Strandweges begleitend: gleiche Eisenbügel wie bei Typ 4 bereits beschrieben (s. dort)

[6] Aufstellung

Befund
in situ
Fundamentierung
k.A.; Fundamentierung von Boden überdeckt
Abstände
- PM Ost (EW), Ostseite: 2,77 m – ein Feld gemessen
- PM Ost (EW), südlicher Bereich, Strandweg: k.A.
- PM Ost (EW), Zentrum, Bereich der Bahnanlagen und Garagen: k.A.
- KH (VKN): k.A.

Aussteifung
An den Eckfeldern der Umzäunung Aussteifung durch schräggestellte Pfosten des Typs 3
zwischen Pfosten
-/-

[7] Referenzen

Betonpfosten
Typ 7 entspricht dem Stahlbetonpfosten für Drahtzäune (mit runden Löchern) ohne Übersteigeschutz, der in TGL 116-0122 (1960), TGL 23387 (Juli 1976) und TGL 33525 (1985) beschrieben ist, dort allerdings ohne Abfasung der seitlichen Kanten. Im Hinblick auf die Richtung der Drahtbefestigungslöcher – in Vorder- und Rückseite – stimmen die Pfosten des Typs 7 mit dem TGL 116-0122-Typ überein, während bei den späteren TGL-Typen die Lochungen an den Seiten angeordnet sind. Als standardisiertes Bauelement fand dieser Pfosten selbstverständlich auch Verwendung beim Bau der Grenzanlagen der Berliner Mauer, und zwar ab der dritten Ausbaustufe vgl. die Abbildungen bei Cramer – Arera-Rütenik 2011, auf S. 95 unten, 98, 107, 128 unten oder bei Klausmeier – Schmidt 2004, Abb. auf S. 54.

Hinsichtlich der Ausführung mit abgeschrägtem oberen Abschluss vgl. auch die Typen 15, 16, 17, 18 (mit Rundung), 21

[8] Zeitliche Einordnung

Aufgrund der Anordnung der Drahtbefestigungslöcher ist eine Datierung der Pfosten des Typs 7 ab Anfang der 1960er Jahre denkbar.

[9] Abbildung

Bildquellen
- Cramer – Arera-Rütenik 2011
- Klausmeier – Schmidt 2004
- BBR, DDR-Bauarchiv: Zaunpfosten_tgl-116-0122-dez-1960
- BBR, DDR-Bauarchiv: Zaunpfosten_tgl-23387-01-jul-1976
- BBR, DDR-Bauarchiv: Zaunpfosten_tgl-33525-mai-1985

Fotos
- Taf. 3b

Zeichnungen
- Abb. 66

Typ 8

Betonpfosten, gerade, abgeschrägt mit abgerundeter Spitze, gleichbleibender Querschnitt, zwei Varianten (a und b)

[1] Stand- bzw. Fundorte

in situ
- PM Dorf (Kraftwerk), Abgrenzung des Kraftwerkareals nach Osten zum Parkplatz hin, zwischen Wachhaus und Begrenzung der Nordseite des Areals.

in situ (wiederverwendet)
 - /-

Fundobjekt
 -/-

[2] Maße

Querschnitt
 B 8,8 cm, T 8,8 cm, gleichbleibend)

oberes Ende
 abgeschrägt (H 3 cm), Spitze abgerundet (R 1,5 cm)
 (a) gerade durchlaufend
 (b) abgewinkelt um 45° bzw. 135°, L 23–27 cm

Höhe
 mind. 1,95 m über Gelände

[3] Einarbeitungen

Drahtbefestigung
 keine; 2 Führungsdrähte werden über Drahtschlaufen gehalten, die ohne weitere Befestigung um den Pfosten gebunden sind

sonstige Löcher
 -/-

[4] Drahtbefestigung

Draht (Maschendraht/Stacheldraht)
 Maschendraht kann an Führungsdrähten befestigt werden

Führungsdraht/Stacheldraht
 zwei Führungsdrähte

[5] Sonstige Applikationen

-/-

[6] Aufstellung

Befund
 in situ

Fundamentierung
 k. A. – Fundamentierung von Boden überdeckt

Abstände:
 k.A.

Aussteifung
 an Ecke der Umzäunung Aussteifung von Typ 8a durch schräggestellten Pfosten 8b

zwischen Pfosten: -/-

[7] Referenzen

-/-

[8] Zeitliche Einordnung

keine Hinweise

[9] Abbildung

Bildquellen:
 -/-

Fotos:
 - Taf. 3c

Zeichnungen:
 - Abb. 67

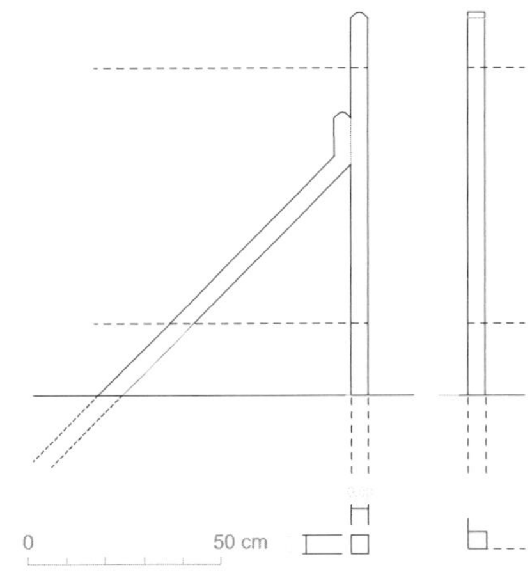

Abb. 67 Peenemünde, Zaunpfosten Typ 8

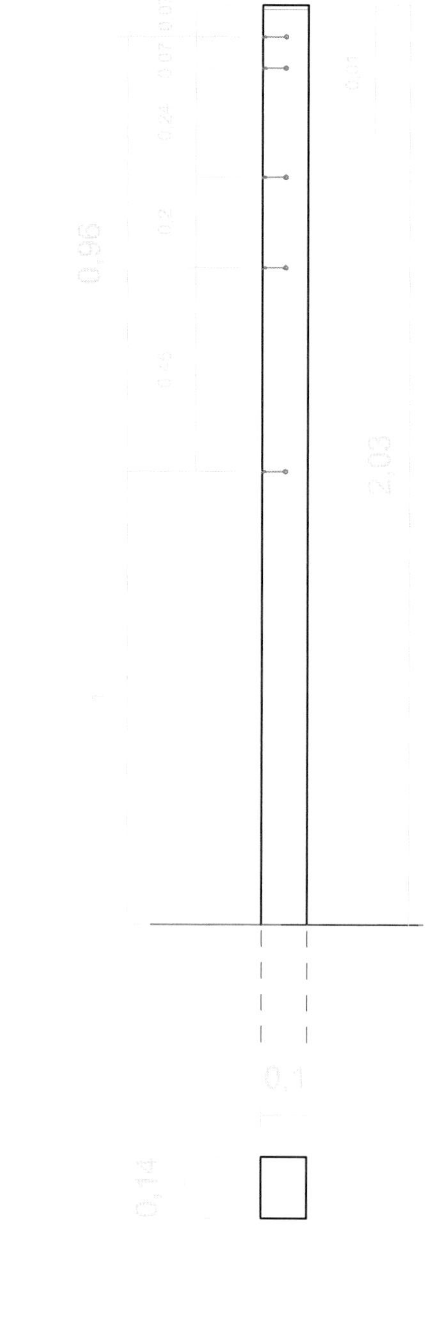

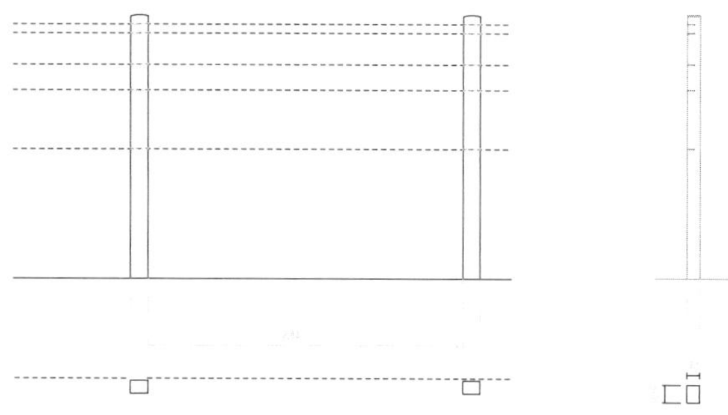

Abb. 68 Peenemünde, Zaunpfosten Typ 9

Typ 9

Betonpfosten, gerade, leicht abgerundet (ohne Absatz), gleichbleibender rechteckiger Querschnitt.

[1] Stand- bzw. Fundorte

in situ
- KH (VKN), Ostseite und entlang Bahnlinie, Abgrenzung des Eingangsbereichs des VKN-Lagers nach Osten zum Fahrradweg Karlshagen – Peenemünde hin

in situ (wiederverwendet)

-/-

Fundobjekt

-/-

[2] Maße

Querschnitt

B 10 cm, T 13 cm, gleichbleibend

oberes Ende

in Zaunverlaufsrichtung leicht gerundet

Höhe

mind. 2,03 m über Gelände

[3] Einarbeitungen

Drahtbefestigung

Führungsdrähte werden gehalten von U-förmigen Drahtklammern (Draht DM 2 mm), die durch Löcher mit kreisrundem Querschnitt (DM 1 cm) gesteckt werden. Die Löcher öffnen sich an den beiden Seiten des Pfostens mittig und sind in unregelmäßigen Abständen von 7 cm (oben) bis 45 cm (unten), dazwischen 20 bzw. 24 cm, übereinander angeordnet. Zwischen Geländeoberfläche und Abwinkelung befinden sich insgesamt 5 solcher Löcher über 96 cm (Achsmaß) ab 1 m über OK Gelände bis 7 cm unter oberem Ende.

sonstige Löcher

-/-

[4] Drahtbefestigung

Draht (Maschendraht/Stacheldraht)

Maschendraht kann an Führungsdrähten befestigt werden

Führungsdraht/Stacheldraht

Führungsdrähte/Stacheldraht werden von U-förmigen Drahtklammern gehalten.

[5] Sonstige Applikationen

-/-

[6] Aufstellung

Befund
 in situ
Fundamentierung
 k. A. – Fundamentierung von Boden überdeckt
Abstände
 zwei Einzelmaße: 2,85 m, 2,57 m
Aussteifung
 an Ecke der Umzäunung Aussteifung von Typ 8a durch schräggestellten Pfosten 8b
zwischen Pfosten
 -/-

[7] Referenzen

-/-

[8] Zeitliche Einordnung

keine Hinweise.

[9] Abbildung

Bildquellen
 -/-
Fotos
- Taf. 3d
Zeichnungen
- Abb. 68

Typ 10

Betonpfosten, gerade, leicht gerundet abgeschrägt nach hinten, gleichbleibender rechteckiger Querschnitt mit abgefasten Kanten

[1] Stand- bzw. Fundorte

in situ
- KH (VKN), Ostseite: zwei einzelne Pfosten zu jeder Seite der Zufahrtsstraße zur Hauptzufahrt
- PM Ost (EW), Südwestecke: einzelner Pfosten ca. 10 m vom Abzweig der Straße zum Flughafen von der Landstraße zwischen Karlshagen – Peenemünde
- PM, Süd (VSW), Westseite der Zufahrt auf das Tor zum Verwaltungsareal bzw. zum Areal des VSW von der Landstraße Karlshagen – Peenemünde

in situ (wiederverwendet)
 -/-
Fundobjekt
 -/-

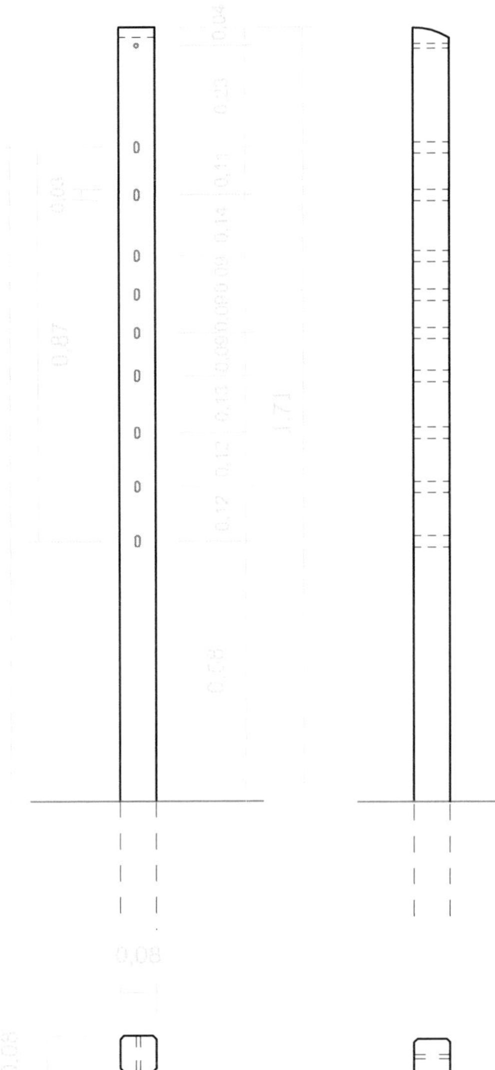

Abb. 69 Peenemünde, Zaunpfosten Typ 10

[2] Maße

Querschnitt
B 6,5 cm, T 8 cm, gleichbleibend, Ecken in 45°-Winkel abgeschrägt (1 cm)
oberes Ende
gerade, nach hinten zu leicht (1,5 cm) fallend
Höhe
mind. 1,71 m über Gelände

[3] Einarbeitungen

Drahtbefestigung
durchgehende Löcher in Vorder- und Rückseite zur Aufnahme von Befestigungselementen (z.B. Draht); zwei Arten Löcher:
(1) rechteckiger Querschnitt mit abgerundeten Ecken (B 1cm, H 2,5 cm), 9 Aussparungen in regelmäßigen Abständen von 7–11 cm (lichter Abstand) bzw. 9,5–13,5 cm (Achsmaße), verteilt über 90 cm beginnend 56 cm über dem Boden;
(2) runder Querschnitt (DM 1 cm), eine Aussparung 4 cm unterhalb der vorderen Oberkante
sonstige Löcher
-/-

[4] Drahtbefestigung

Draht (Maschendraht/Stacheldraht)
kein Befund
Führungsdraht/Stacheldraht
kein Befund

[5] Sonstige Applikationen

-/-

[6] Aufstellung

Befund
in situ
Fundamentierung
k. A. – Fundamentierung von Boden überdeckt
Abstände
Einzelpfosten
Aussteifung
keine
zwischen Pfosten
-/-

[7] Referenzen

-/-

[8] Zeitliche Einordnung

Keine Hinweise

[9] Abbildung

Bildquellen
-/--
Fotos: Taf. 3e
Zeichnungen: Abb. 69

Typ 11

Betonpfosten, abgewinkelt, gerade, gleichbleibender rechteckiger Querschnitt, abgewinkelter Teil zum Ende hin auf quadratischen Querschnitt zulaufend

[1] Stand- bzw. Fundorte

in situ
- KH (VKN), Werkstatthof südwestlich hinter dem Wirtschaftsgebäude, östlicher Abschnitt der Begrenzung südlich des Werkstatthofes, in südlicher Richtung von der Nordostecke des Werkstattgebäudes abgehend

in situ (wiederverwendet)
-/-
Fundobjekt
-/-

[2] Maße

Querschnitt
B 8 cm, T 10,5 cm oberes Ende
gerade, nach hinten zu leicht (1,5 cm) fallend
oberes Ende
abgewinkelt (137° bzw. 143° (bezogen auf Oberseite), L 38 cm (oben) bzw. 34,5 cm (unten)), Ende (B 8 cm, T 8 cm) gerade
Höhe
mind. 2,22 m (über OK Fundament); 1,87 m (vorne) bzw. 1,90 m (hinten) von OK Gelände bis abgewinkeltes Ende

[3] Einarbeitungen

Drahtbefestigung
Zur Halterung von Führungsdrähten sind runde Löcher (DM 1 cm) in regelmäßigem Abstand von 20 cm übereinander angeordnet und öffnen sich an den beiden Seiten des Pfostens mittig. Zwischen der OK Gelände und Abwinkelung befinden sich insgesamt 10 solcher Löcher, drei weitere an den Seiten des abgewinkelten oberen Teiles, wobei die Löcher dort nicht mittig, sondern im Abstand von 3,5 cm zur rückwärtigen Kante angeordnet sind.
sonstige Löcher
-/-

[4] Drahtbefestigung

Draht (Maschendraht/Stacheldraht)
Maschendrahtbahnen sind an drei Führungsdrähten sowie seitlich an den Betonpfosten mit Draht (DM 1mm) befestigt.
Drei Führungsdrähte (DM 3 mm) sind durch das 2. und das 5. Loch von unten sowie das oberste Loch unterhalb der Abwinkelung geführt.
Führungsdraht/Stacheldraht
kein Befund

[5] Sonstige Applikationen

-/-

[6] Aufstellung

Befund
in situ
Fundamentierung
k. A. – Fundamentierung von Boden überdeckt
Abstände
Der Zaunabschnitt, der das Areal hinter dem Werkstattgebäude nach Nordwesten hin abschließt, besteht aus 8 Feldern und ist mit Ausnahme des äußeren Eckpfostens aus Pfosten des Typs 11 gebildet. Für ein Feld wurde der Pfostenabstand mit 3,50 m gemessen.
Aussteifung
An beiden Enden des Zaunabschnitts Aussteifung durch schräg gestellten Pfosten des Typs 11
zwischen Pfosten
-/-

[7] Referenzen

Betonpfosten
Vgl. Typ 2; bei Typ 2 ist die Abwinkelung am oberen Ende gleichbleibend, bei Typ 11 leicht verjüngt. Ein weiterer Unterschied zu Typ 11 ist mit den vertikalen Schlitzen an den Seiten des Typs 2 gegeben, Typ 11 hat keine solchen Schlitze.

[8] Zeitliche Einordnung

vgl. Typ 2

[9] Abbildung

Bildquellen
-/-
Fotos: Taf. 3f
Zeichnungen: Abb. 70

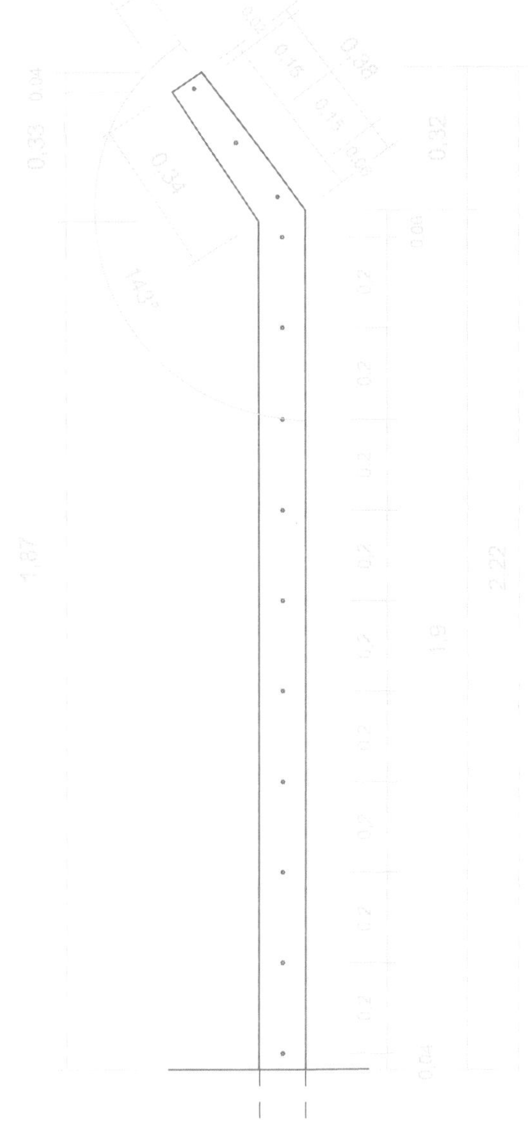

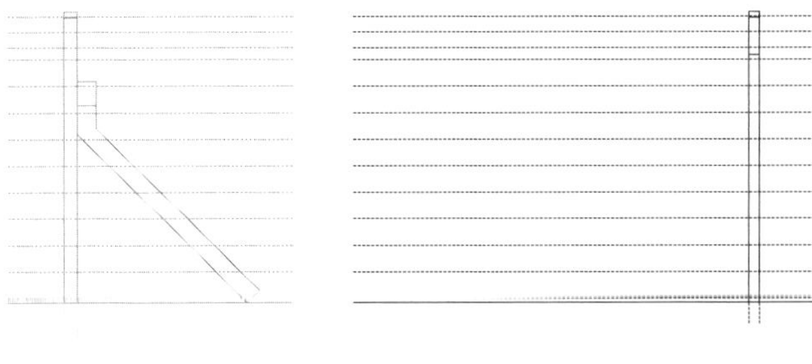

Abb. 70 Peenemünde, Zaunpfosten Typ 11

Typ 12

Betonpfosten, gerade, gerader Abschluss.

[1] Stand- bzw. Fundorte

in situ
- KH (VKN), Südseite, Zufahrt in Höhe von Wirtschaftsgebäude: einzelner Pfosten

in situ (wiederverwendet)
-/-
Fundobjekt
-/-

[2] Maße

Querschnitt
k.A.
oberes Ende
gerade
Höhe
k.A.

[3] Einarbeitungen

Drahtbefestigung
Ab 15 cm unter OK über 75 cm 4 durchgehende Löcher (DM 1,5 cm) im Abstand von 25 cm mittig in Vorder- und Rückseite zur Aufnahme von Befestigungselementen (z.B. Draht)
sonstige Löcher
-/-

[4] Drahtbefestigung

Draht (Maschendraht/Stacheldraht)
Eine Bahn Stacheldraht ist mit einem verzwirbelten Draht, der durch eines der Löcher in der Vorder-/Rückseite des Pfostens geführt ist, befestigt.
Führungsdraht/Stacheldraht
-/-

[5] Sonstige Applikationen

-/

[6] Aufstellung

Befund
In situ - Einzelpfosten in einem Zaun, der von verschiedenen Pfosten gehalten wird
Fundamentierung
k. A. – Fundamentierung von Boden überdeckt
Abstände: -/-
Aussteifung
keine
zwischen Pfosten: -/-

[7] Referenzen

-/-

[8] Zeitliche Einordnung

Keine Hinweise

[9] Abbildung

Bildquellen
-/-
Fotos
- Taf. 3g

Zeichnungen
-/-

Typ 13

Betonpfosten, gerade, gerader Abschluss, gleichbleibender rhomboider Querschnitt

[1] Stand- bzw. Fundorte

in situ
-/-
Fundobjekt
- PM Süd (F1), außerhalb, östlich der Nordostecke auf einer Halde am östlichen Wegrand: mehrere Bruchstücke dieses Pfostentyps

[2] Maße

Querschnitt
rhomboid (B 7,5/8 cm, T 9,2/9,5), gleichbleibend
oberes Ende
k.A. (an keinem Bruchstück erhalten)
Höhe
mind. 2,10 m (gesamt) bzw. mind. 1,40 m (über OK Fundamentierung)

[3] Einarbeitungen

Drahtbefestigung
-/-
sonstige Löcher
-/-

[4] Drahtbefestigung

Draht (Maschendraht/Stacheldraht)
-/-
Führungsdraht/Stacheldraht
-/-

[5] Sonstige Applikationen

-/-

[6] Aufstellung

Befund

Nicht in situ, nur in Bruchstücken erhalten mit dem mittleren und unteren Ende, oberes Ende an keinem Fragment erhalten

Fundamentierung

Die Pfosten waren mit dem unteren Ende 71 cm tief in den Boden eingelassen, eingegossen in einen 25/28 cm hohen Betonblock von 50/53 x 55 cm Querschnitt; das untere Ende reicht über eine Länge von bis zu 46 cm nach unten unter die UK des Betonblocks hinaus – Maße von zwei unterschiedlichen Bruchstücken

Abstände

k.A.

Aussteifung

-/-

zwischen Pfosten

-/-

[7] Referenzen

-/-

[8] Zeitliche Einordnung

Keine Hinweise

[9] Abbildung

Bildquellen

- Cramer – Arera-Rütenik 2011

Fotos:

- Taf. 3h

Zeichnungen:

- Abb. 71

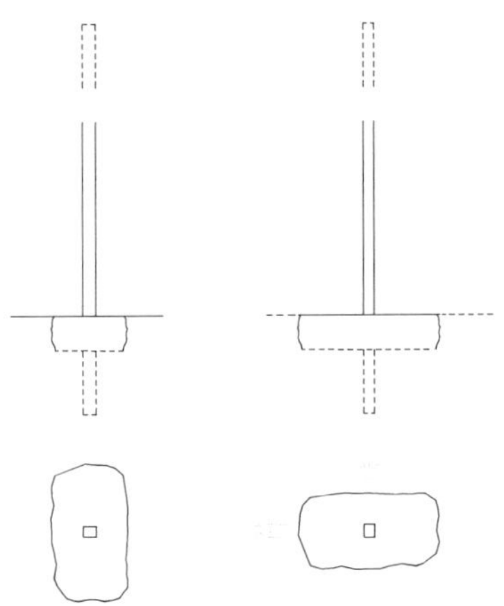

Abb. 71 Peenemünde, Zaunpfosten Typ 13

Typ 15

Betonpfosten, gerade, schräger Abschluss, gleichbleibender quadratischer Querschnitt einschl. Variante mit Übersteigeschutz (Typ 15a).

[1] Stand- bzw. Fundorte

in situ

- PM Ost (EW), TZ, mittlerer Streifen einer dreireihigen Zaunanlage um die sog. Technische Dienstzon – s. auch Typen 16 bis 18
- PM Ost (EW), südlicher Bereich, Munitionslager des Jagdfliegergeschwaders 9, mittlerer Streifen einer dreireihigen Zaunanlage um das Munitionslager – s. auch Typ 3

in situ (wiederverwendet)

- PM Ost (EW), Weg zum Meer, letzter Abschnitt der Zaunanlage in Richtung Strand an der Südgrenze des ehem. Sperrgebiets im Bereich des ehem. EW

Fundobjekt

-/-

[2] Maße

Querschnitt

- Typ 15: quadratisch (B 14 cm, T 14 cm), gleichbleibend
- Typ 15a: rechteckig (B 15 cm, T 13,5 cm), gleichbleibend

oberes Ende

- Typ 15: Schräg (dH vorne-hinten 5,5 cm)
- Typ 15a: abgewinkelt (L 30 cm (Oberseite) bzw. 25 cm (Unterseite)), Ende gerade

Höhe

- Typ 15: rd. 3 m (gesamt bzw. 2,10 m über OK Fundamentierung)
- Typ 15a: mind. 2 m

[3] Einarbeitungen

Drahtbefestigung

-/-

sonstige Löcher

- Typ 15: mittig in den Pfostenseiten öffnen sich sieben quer zur Richtung des Zaunverlaufs durchgehende Kanäle mit kreisrundem Querschnitt (DM 2,5 cm), fünf davon in mehr oder weniger regelmäßigen Abständen zwischen 40 und 47,5 cm (Abstände v.o.n.u.: 11,5 cm unter OK Pfosten, 47,5 cm, 45 cm, 40 cm, 40 cm), zwei jeweils 8,5 cm über den unteren beiden angeordnet.
- Typ 15a: -/-

[4] Drahtbefestigung

Draht (Maschendraht/Stacheldraht)
- Typ 15: offenbar nur indirekt über Isolatoren (s. Sonstige Applikationen)
- Typ 15a: -/-

Führungsdraht/Stacheldraht
- Typ 15: offenbar nur indirekt über Isolatoren (s. Sonstige Applikationen)
- Typ 15a: -/-

[5] Sonstige Applikationen

Metallbügel und Isolatoren

Die Öffnungen/Röhren an den Seitenflächen dienen der Aufnahme von einseitig gebogenen Metallbügeln (DM 2,5 cm, L 20 cm, H 17 cm), die zur Halterung von keramischen Isolatoren (DM 17,2 cm max., H 18 cm) an die Pfosten geschraubt werden können. Dabei ermöglichen es die insgesamt 7 Röhren, auf einer Seite in gleichmäßiger Verteilung über die Höhe fünf Isolatoren bzw. stromführende Drähte anzubringen, auf der gegenüberliegenden Seite zudem zwei Isolatoren im unteren Bereich des Pfostens.

Verklammerung

Verbindung von aufrecht stehendem Pfosten Typ 15 und schräg stehenden Pfosten Typ 15a über zwei L-Profile (L und B 4 cm, Stärke Blech 0,5 cm), die auf beiden Seiten mit jeweils einer langen Schraube verbunden sind.

[6] Aufstellung

Befund
- Typ 15: in PM Ost (EW), TZ und PM Ost (EW), südlicher Bereich: in situ, in TZ jedoch einzelne Pfosten verstürzt; in PM Ost (EW), Weg zum Meer: wahrscheinlich sekundär verwendet, da Aufstellung der Pfosten quer zur Zaunverlaufsrichtung; in der äußeren Zaunlinie um die TZ zudem regelmäßig (jeder 5. Pfosten) in Reihe von Pfosten des Typs 16 aufgestellt
- Typ 15a: in PM Ost (EW), TZ und PM Ost (EW), südlicher Bereich: in situ in unregelmäßigen Abständen entlang des Zaunverlaufs mit Pfosten des Typs 15

Fundamentierung

nur in PM Ost (EW), TZ: für Typ 15 sichtbar am Fuß Anhaftung der Betonpackung zur Fundamentierung: DM 70 cm, H 40 cm, OK rd. 95 cm über UK Pfosten

Abstände
- PM Ost (EW), TZ): aufgestellt in Abständen von jeweils 14 Schritt (ca. 12–12,50 m), dabei in Richtung des Zaunverlaufs begleitet auf beiden Seiten (im Abstand von jeweils 5,20 m) von jeweils einer weiteren Zaunlinie (an Ostseite: innen Typ 17 [konischer Pfosten]; außen Typ 16 [dünner Pfosten] mit einem Einzelpfosten Typ 15 im Abstand von 5 Pfosten)
- PM Ost (EW), Weg zum Meer: nur noch als Teil einer einzelnen Zaunlinie am östlichen Ende zum Strand

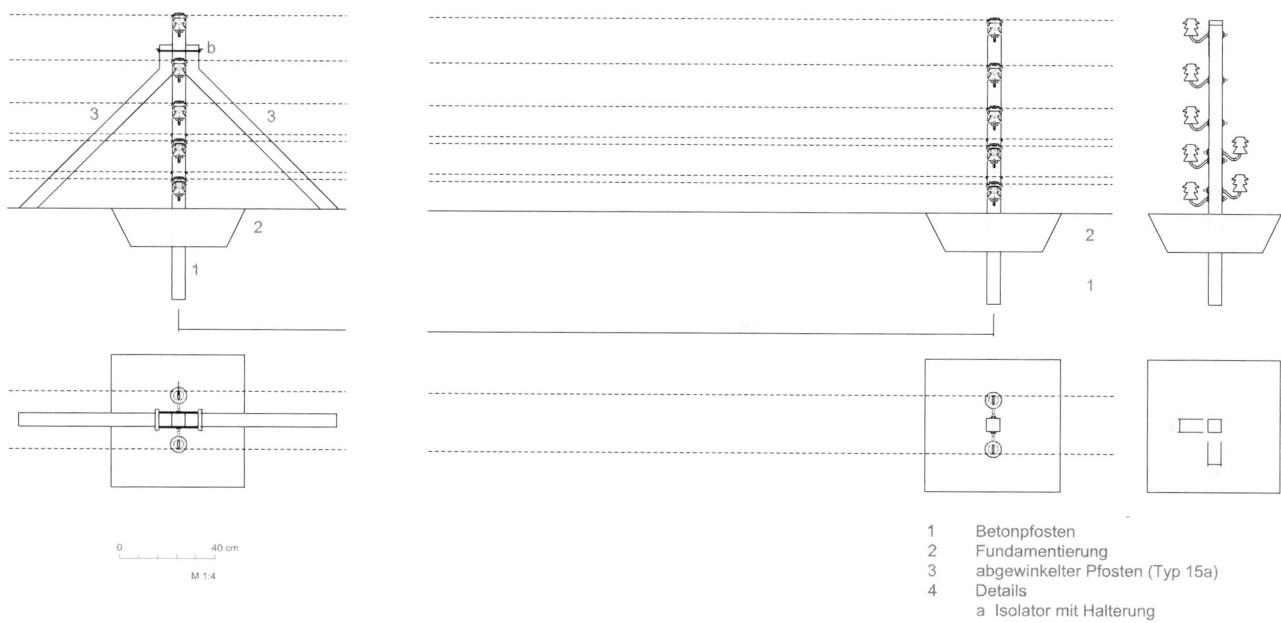

Abb. 72a Peenemünde, Zaunpfosten Typ 15 mit Typ 15a

hin im Wechsel mit Typ-3-Pfosten, dann als durchgehende Folge von Typ 15-Pfosten, womöglich in Wiederverwendung

Aussteifung

- PM Ost (EW), TZ und PM Ost (EW), südlicher Bereich: in großen Abständen Abstützung durch jeweils einen Pfosten Variante 15a (Typ 15 mit abgewinkeltem oberen Ende) zu beiden Seiten eines Pfostens

zwischen Pfosten

-/-

[7] Referenzen

Bunker Wollenberg o. J. – s. dort auch zu Struktur und Funktionsweise der mit den Pfosten der Typen 15, 16 und 17 errichteten Hochspannungssicherungsanlage.

[8] Zeitliche Einordnung

Datierung evtl. möglich über Isolatoren, die Stempelungen mit unterschiedlichen vierstelligen Zahlen aufweisen: „1962", „1980" (s. Taf. 4f–h). Sollte es sich hierbei um eine Jahreszahl handeln, die das Produktionsjahr des jeweiligen Isolators anzeigt, so wäre hiermit ein t.p.q. für die Zaunreihe mit den Pfosten des Typs 15 mit Typ 15a gegeben. Auf diese Weise wäre der Typ 15 spätestens auf den Beginn der 1960er Jahre zu datieren.

Als weiterer t.p.q. ist die Errichtung der TZ anzusehen. Sie ist auf dem Luftbild des Jahres 1953 noch nicht vorhanden, die Bauten sind aber auf der Topographischen Karte Stand 1975 bereits eingetragen – s. Schneider–Röhl (HGR), Kap. III

Hinsichtlich der Ausführung mit abgeschrägtem oberen Abschluss vgl. auch die Typen 7, 16, 17, 18 (mit Rundung), 21.

[9] Abbildung

Bildquellen

- Urlaubsinsel Usedom o. J. Peenemünder Haken 1
- Bunker Wollenberg o. J.

Fotos

- Abb. 51, Taf. 4

Zeichnungen

- Abb. 72

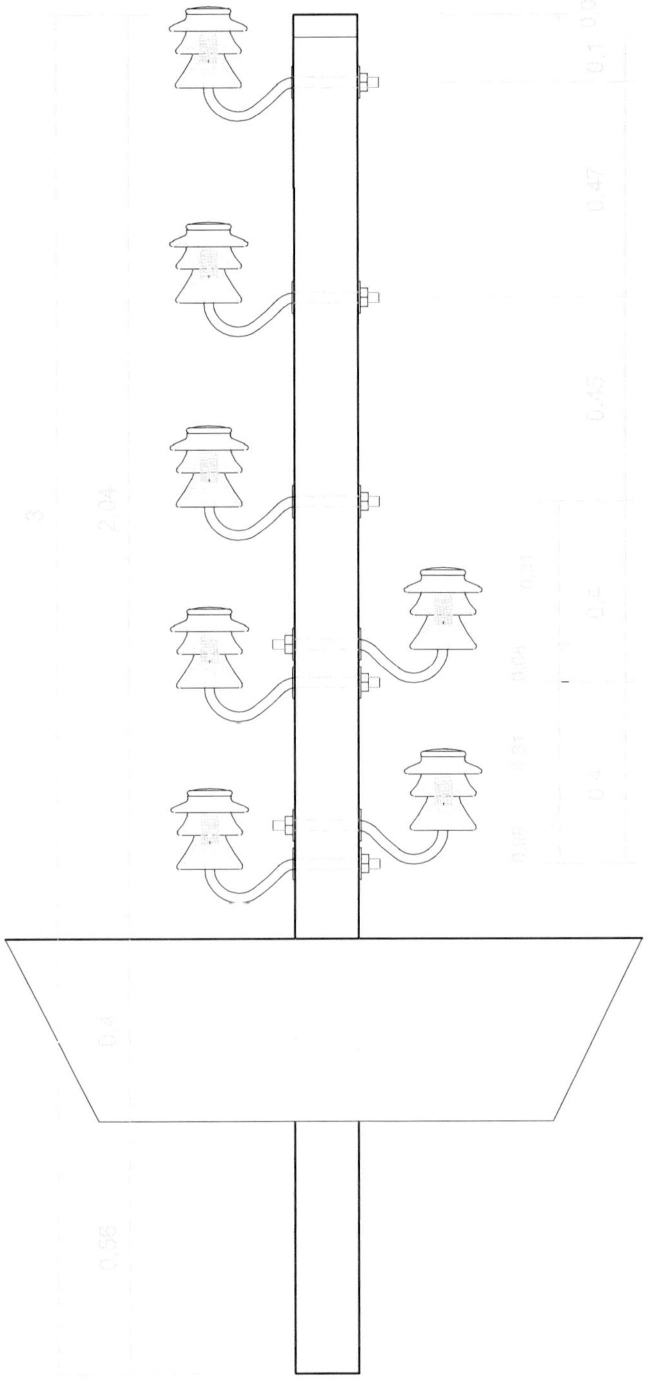

Abb. 72b Peenemünde, Zaunpfosten Typ 15 mit Typ 15a

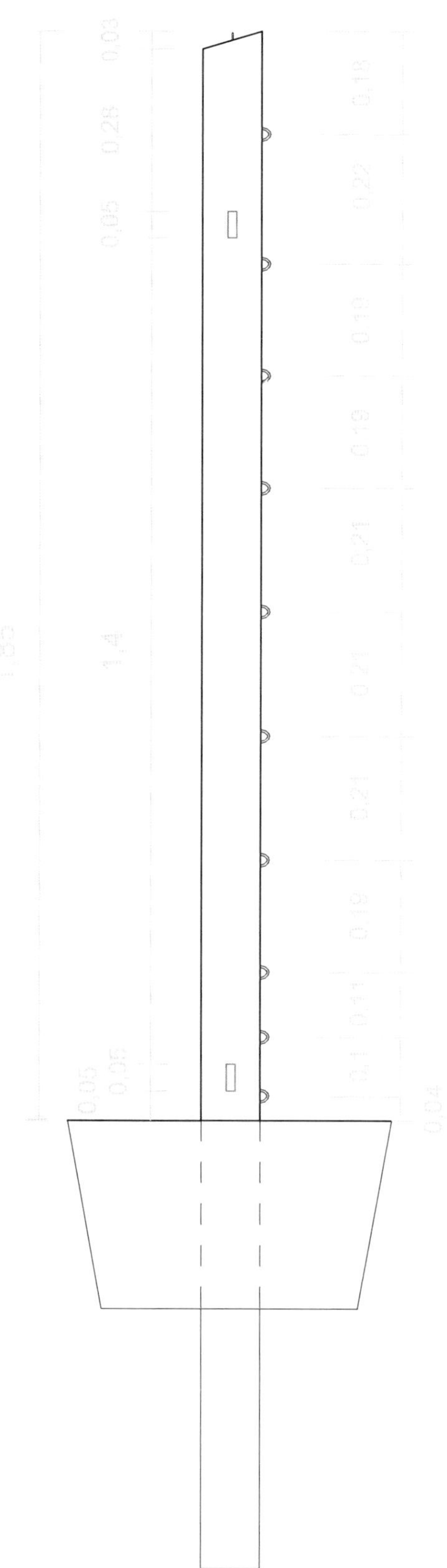

Typ 16

Betonpfosten, gleichbleibender rechteckiger Querschnitt, oberes Ende abgeschrägt, einschl. Variante mit Übersteigeschutz (Typ 16a)

[1] Stand- bzw. Fundorte

in situ
- PM Ost (EW), TZ, äußere Linie einer dreireihigen Zaunanlage um die TZ – s. auch Typen 15, 17 und 18

in situ (wiederverwendet)
-/-

Fundobjekt
-/-

[2] Maße

Querschnitt
- Typ 16: rechteckig (B 10 cm, T 8 cm), gleichbleibend
- Typ 16a: rechteckig (B 10 m, T 8,5 cm), gleichbleibend

oberes Ende
- Typ 16: abgeschrägt (Dh Vorder- und Hinterseite 3 cm), mit Eisenklammer in Mitte Oberseite
- Typ 16a: abgewinkelt (L 20 cm (Oberseite) bzw. 18 cm (Unterseite)), Ende gerade – abgewinkelter Teil von gleicher Länge bzw. Kürze von 18–22 cm > vgl. Typ 3b (Typ 3b allerdings mit größerem Querschnitt von 10 x 13,5 cm)

Höhe
- Typ 16: mind. 2,60 m
- Typ 16a: mind. 1,30 m

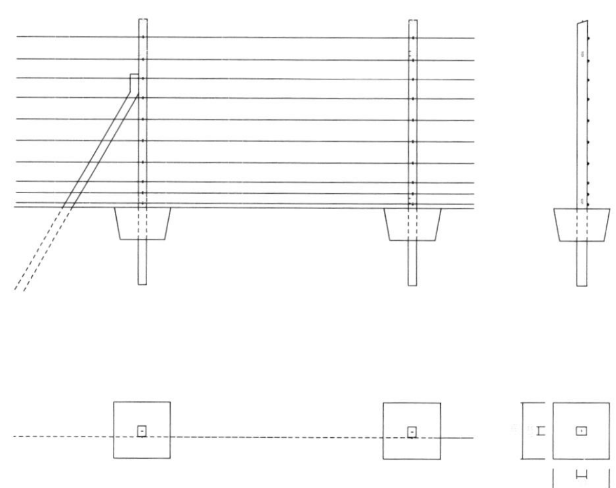

Abb. 73 Peenemünde, Zaunpfosten Typ 16 mit Typ 16a

[3] Einarbeitungen

Drahtbefestigung
- Typ 16: in die Vorderseite sind über 1,63 m (Achsmaß) mittig 10 Eisenkrampen (B 2,4 cm) aus Draht (DM 3 mm), 1,5 cm vorstehend, in zum Teil regelmäßigen Abständen eingelassen, beginnend unten 5 cm über der OK Fundament, oben endend 17,5 cm (Achsmaß) unter dem oberen Ende. Der Abstand der oberen acht Krampen liegt regelmäßig zwischen 19 und 22 cm, derjenige der unteren drei Krampen zwischen 10 und 11 cm; eine Krampe auch auf oberem Ende > vgl. Typ 5
- Typ 16a: -/-

sonstige Löcher
- Typ 16: in den Seiten übereinander im Abstand von 1,4 m bzw. 1,445 m (Achsabstand) befinden sich mittig zwei Aussparungen mit rechteckigem Querschnitt (H 4,5 cm, B 1,5 cm) quer zur Aufstellungsrichtung bzw. entlang der Richtung des Zaunverlaufs, wahrscheinlich zum Durchstecken von schmalen Flacheisen oder Holzleisten; diese Öffnungen sind zwischen der obersten und in Höhe der untersten der Drahtkrampen, die an der Vorderseite eingelassen sind, angeordnet in einer Höhe von etwa 5 cm bzw. 1,50 m über der OK Fundament > zu diesem Merkmal vgl. auch Typ 2
- Typ 16a: -/-

[4] Drahtbefestigung

Draht (Maschendraht/Stacheldraht)
- Typ 16: Führungsdrähte oder Drahtgewebe werden mit Draht (DM 2 mm) an den Eisenkrampen festgebunden > vgl. Typ 5
- Typ 16a: -/-

Führungsdraht/Stacheldraht: k.A.

[5] Sonstige Applikationen

-/-

[6] Aufstellung

Befund

in situ, i.d.R. als Teil der äußeren Zaunreihe (Zaunreihe, die die Elektrozaunanlage nach außen hin abschirmt), zwei schräggestellte Pfosten zur Abstützung eines geraden Typ 15-Pfostens

Fundamentierung

Betonblock (in ausgehobene Grube gegossen, 55 x 55 cm, h 35 cm), OK ca. 80 cm über UK Betonpfosten

Abstände

3 Schritt bzw. ca. 2,5 m, an Westseite Folge von jeweils drei Pfosten (zwei Zaunfelder) und Lücke (ursprüngliche Anlage oder nachträgliche Entfernung durch Forstbetrieb?)

Aussteifung
- Typ 16: durch Pfosten Typ 16a, Regelhaftigkeit der Abstützung nicht beobachtet
- Typ 16a: PM Ost (EW), TZ: dient der Abstützung von Pfosten Typ 16

zwischen Pfosten

-/-

[7] Referenzen

-/-

[8] Zeitliche Einordnung

Keine Hinweise zu Pfostentyp, Datierung in Anlehnung an Pfostentyp 15; hinsichtlich der Eisenkrampen vgl. Typ 5, hinsichtlich der rechteckigen Öffnungen in den Pfostenseiten vgl. Typ 2

[9] Abbildung

Bildquellen

-/-
- Abb. Taf. 5a–b

Zeichnungen
- Abb. 73

Typ 17

Betonpfosten, mit gleichbleibendem rechteckigen Querschnitt, abgewinkelt, oberer abgewinkelter Teil jedoch mit abnehmendem Querschnitt und geradem Abschluss

[1] Stand- bzw. Fundorte

in situ
- PM Ost (EW), TZ, innere Linie einer dreireihigen Zaunanlage um TZ – s. auch Typen 15, 16 und 18

in situ (wiederverwendet)

-/-

Fundobjekt

-/-

[2] Maße

Querschnitt

rechteckig (zwei Größen: (a) 12 x 8,5 cm, (b) 14 x 8 cm), gleichbleibend

oberes Ende

(a) abgewinkelt (L 40,5 cm (Oberseite) bzw. 37 cm (Unterseite)), Ende gerade, abgewinkelter Teil jedoch nach oben hin zusammenlaufend (von 12 auf 10,5 cm); (b) abgewinkelt (L 45 cm (Oberseite) bzw. 41 cm (Unterseite)), Ende gerade, abgewinkelter Teil nach oben hin zusammenlaufend (von 14 auf 11 cm)

Höhe
(a) und (b) mind. 2 m

[3] Einarbeitungen

Drahtbefestigung
in unterem Teil in Richtung des Zaunverlaufs mittig in Seitenflächen angeordnet vier Kanäle mit kreisrundem Querschnitt (DM 1,5 cm) in regelmäßigen Abständen von jeweils 50 cm, beginnend 2 cm unter der Unterkante des abgewinkelten Abschnitts; in abgewinkeltem oberen Teil jeweils mittig drei Löcher an Ober- und Unterseite (DM 1, 5 cm) im Abstand von 12 cm zueinander, beginnend (a) 4,5 cm bzw. (b) 9,5 cm vom Ende

sonstige Löcher
-/-

[4] Drahtbefestigung

Draht (Maschendraht/Stacheldraht)
in oberem, abgewinkelten Teil werden Drähte (Stacheldraht) an der Unterseite von Drahtschlaufen (Draht DM 0,4 cm) gehalten, die von der Oberseite durch die Löcher gesteckt und an der Oberseite umgebogen sind; im unteren Teil können vier Führungsdrähte bzw. Drahtschlingen zur Befestigung von Maschendrahtgewebe durch die seitlichen Kanäle geführt werden.

Führungsdraht/Stacheldraht
an oberem abgewinkelten Teil drei Führungsdrähte/ Stacheldrahtbahnen, am unteren Teil vier Führungsdrähte

[5] Sonstige Applikationen

-/-

[6] Aufstellung

Befund
in situ als Teil der inneren Zaunreihe (Zaunreihe, die die Elektrozaunanlage zu den Gebäuden im Inneren hin abschirmt), zwei schräggestellte Pfosten zur Abstützung eines geraden Typ 15-Pfostens

Fundamentierung
k.A.

Abstände
6 Schritt bzw. 5,20 m

Aussteifung
in regelmäßigen Abständen Abstützung durch zwei Pfosten des Typs 19

zwischen Pfosten
-/-

[7] Referenzen

-/-

[8] Zeitliche Einordnung

keine Hinweise zu Pfostentyp, Datierung in Anlehnung an Pfostentyp 15

[9] Abbildung

Bildquellen
-/-

Fotos
-- Taf. 5c

Zeichnungen
- Abb. 74

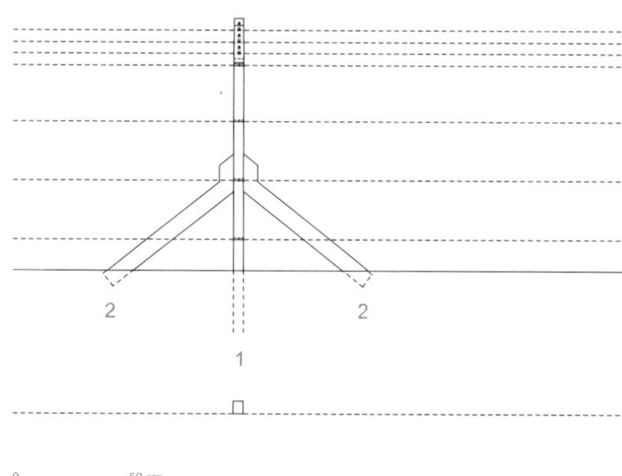

Abb. 74 Peenemünde, Zaunpfosten Typ 17 (schrägstehend)

Typ 18

Betonpfosten, mit gleichbeibendem trapezoidalem Querschnitt, oberes Ende mit abgesetzter Rundung, abgeschrägt einschl. Variante mit Übersteigeschutz (Typ 18a)

[1] Stand- bzw. Fundorte

in situ

- Typ 18: PM Ost (EW), TZ, innere Linie einer dreireihigen Zaunanlage um TZ
- Typ 18: PM Ost (EW), südl. Bereich, westlich der EW-Hauptstraße, innerer Streifen einer dreireihigen Zaunanlage um das Munitionslager des Jagdfliegergeschwaders 9
- Typ 18: PM Ost (EW), Weg zum Meer: einzelne Pfosten in vier parallel aufgestellten Zaunreihen des westlichen Abschnitts in Höhe der mit „28“ und „29“ beschrifteten NVA-zeitlichen Gebäude dort
- Typ 18a: PM Ost (EW), Weg zum Meer: einzelner Pfosten auf der Südseite des Weges, unmittelbar nördlich des mit „29“ beschrifteten NVA-zeitlichen Gebäudes
- Typ 18: PM Dorf (Wasserwerk), Umfriedung des Gebäudes

in situ (wiederverwendet)

-/-

Fundobjekt

-/-

[2] Maße

Querschnitt

- Typ 18: trapezoidal (B 9,5 (vorne) bzw. 11,5 cm (hinten), T 9,2/9,5), gleichbleibend
- Typ 18a: trapezoidal (B 8 (vorne) bzw. 10,5 (hinten), T 13 cm), gleichbleibend

oberes Ende

- Typ 18: abgesetzte Rundung (von Seiten 2 cm abgesetzt, B 4,5 (vorne) bzw. 7 cm (hinten), Stichhöhe 2,5 cm), abgeschrägt (Δh Vorder- zu Hinterseite 5 cm)
- Typ 18a: oberer Teil abgewinkelt (L 36 cm (Oberseite) bzw. 32,5 cm (Unterseite)), mit geradem Ende

Höhe

- Typ 18: mind. 1,95 m
- Typ 18a: mind. 1,75 m

[3] Einarbeitungen

Drahtbefestigung

- Typ 18: mittig in Seitenflächen übereinander angeordnet kreisrunde Löcher mit zwei unterschiedlichen Durchmessern: zwei Löcher (DM 1,5 cm) im Abstand von 1,28 m ab 38 cm unter OK, drei Löcher (DM 0,7 cm) in unterschiedlichen Abständen: 9,5 cm, 58 cm, 1,09 m, 1,69 m unter OK
- Typ 18a: mittig in Seitenflächen übereinander angeordnet kreisrunde Löcher mit zwei unterschiedlichen Durchmessern: in unterem Abschnitt zwei Löcher (DM 2 cm) und drei Löcher (DM 0,7 cm) in ähnlichen Abständen wie bei Typ 18; in oberem, abgewinkelten Abschnitt 2 Löcher (DM 2 cm) im Abstand von 19 cm, etwa mittig angeordnet

sonstige Löcher

-/-

[4] Drahtbefestigung

Draht (Maschendraht/Stacheldraht)

k.A.

Führungsdraht/Stacheldraht

-/-

[5] Sonstige Applikationen

-/-

[6] Aufstellung

Befund

- Typ 18: PM Ost (EW), TZ: in situ, in regelmäßigen Abständen (alle 5 Pfosten) sowie an der Nordost- und Nordwestecke des Areals zwischen der sonst aus Pfosten des Typs 17 aufgestellten Zaunreihe
- Typ 18: PM Ost (EW), südlicher Bereich: in situ, östlich der Hauptstraße innere Zaunreihe mit Pfosten des Typs 3

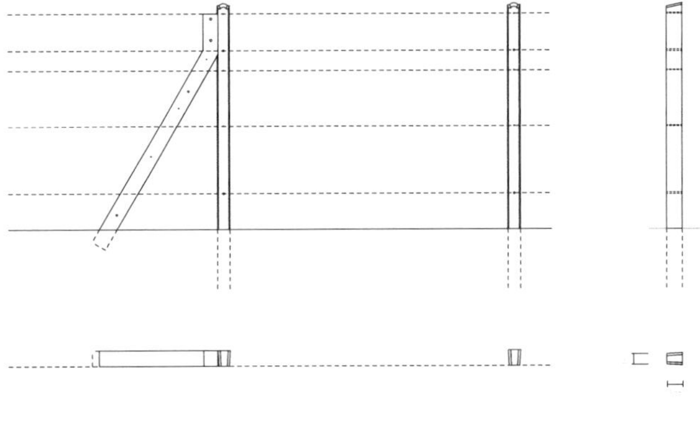

Abb. 75 Peenemünde, Zaunpfosten Typ 18 mit Typ 18a

. Typ 18: PM Ost (EW), Weg zum Meer: in situ einzelne Pfosten in mind. vier parallel aufgestellten Zaunreihen des westlichen Abschnitts in Höhe der mit „28“ und „29“ beschrifteten NVA-zeitlichen Gebäude dort; nördliche Reihe: aus Typ 18-Pfosten mit Typ 18a-Pfosten zur Abstützung des letzten östlichen Pfostens; 2. Reihe von Norden bzw. Nordseite des Weges: in unregelmäßigen Intervallen einzelne Pfosten des Typ 18 in einer Reihe von Pfosten der Typen 20 und 21 – möglicherweise als Teil einer nachträglichen Reparatur des Zaunes; Zaunreihe auf der Südseite des Weges: wie bei 2. nördlicher Reihe; südliche Zaunreihe in Höhe der Mitte der Achse des mit „29“ beschrifteten Gebäudes: erste beiden Pfosten
. Typ 18a: PM Ost (EW), Weg zum Meer: in situ einzelner Pfosten als Abstützung eines verschwundenen Pfostens, Teil der dortigen Zaunreihe in der Mitte der Achse des mit „29“ beschrifteten Gebäudes, die nur an ihrem westlichen Anfang aus Typ 18-Pfosten besteht; ein weiterer Typ 18a-Pfosten stützt den Eckpfosten der nördlichsten der mindestens vier Zaunreihen in diesem Bereich

Fundamentierung
k.A.
Abstände
- Typ 18: PM Ost (EW), Weg zum Meer: nördliche Zaunreihe: 5 Schritt bzw. rund 4,35 m

Aussteifung
- Soweit bekannt (s. PM Ost (EW), Weg zum Meer – zumindest am Ende einer Zaunreihe Abstützung mit Typ 18a-Pfosten

zwischen Pfosten
i.d.R. unbekannt
- PM Dorf (Wasserwerk): mit Wellendrahtgeflecht gefüllte Rahmen aus Stahlwinkeln, Rahmen sind über angeschweißte Laschen mit den Pfosten verbunden (verschraubt?)

[7] Referenzen

-/-

[8] Zeitliche Einordnung

keine Hinweise zu Pfostentyp, Datierung in Anlehnung an Pfostentyp 15

[9] Abbildung

Bildquellen
-/-)
Fotos: Taf. 5d–f
Zeichnungen: Abb. 75

Typ 19

Betonpfosten, mit gleichbleibendem rechteckigem Querschnitt, oberes Ende abgewinkelt, schräger Abschluss

[1] Stand- bzw. Fundorte

in situ
- PM Ost (EW), TZ, innere Linie einer dreireihigen Zaunanlage um die die TZ – verwendet zur Abstützung der Typ 17-Pfosten

in situ (wiederverwendet)
-/-
Fundobjekt
-/-

[2] Maße

Querschnitt
rechteckig (B 9,5, T 13,5), gleichbleibend
oberes Ende
abgewinkelt (L 32 (oben) bzw. 14,5 cm (unten)), Ende abgeschrägt
Höhe
mind. 1,30 m

[3] Einarbeitungen

Drahtbefestigung
-/-
sonstige Löcher
-/-

[4] Drahtbefestigung

Draht (Maschendraht/Stacheldraht)
k.A.
Führungsdraht/Stacheldraht
-/-

[5] Sonstige Applikationen

-/-

[6] Aufstellung

Befund
in situ als Teil der inneren Zaunreihe (Zaunreihe, die die Elektrozaunanlage zu den Gebäuden im Inneren hin abschirmt), zwei schräggestellte Pfosten zur Abstützung eines geraden Typ 17-Pfostens
Fundamentierung
k.A.

Abstände
k.A.
Aussteifung
In regelmäßigen Intervallen verwendet zur beidseitigen Abstützung von Pfosten des Typs 17)
zwischen Pfosten
-/-

[7] Referenzen

-/-

[8] Zeitliche Einordnung

Keine Hinweise zu Pfostentyp, Datierung in Anlehnung an Pfostentyp 15

[9] Abbildung

Bildquellen
-/-
Fotos
- Taf. 5c
Zeichnungen
- Abb. 76

Typ 20

Betonpfosten, mit gleichbleibendem quadratischen Querschnitt, oberes Ende mit abgesetzter Rundung

[1] Stand- bzw. Fundorte

in situ
- PM Ost (EW), Weg zum Meer, südlicher Bereich des Entwicklungswerks, Weg zwischen Parkplatz gegenüber Wache und Strand, mittlerer Teil des Zaunabschnitts westlich der südlichen Zufahrt zum Areal des ehem. Entwicklungswerkes – möglicherweise Teil einer älteren Zaunanlage, die ein einzelnes Areal innerhalb des ehem. Entwicklungswerkes umschloss

in situ (wiederverwendet)
unklar (s. Aufstellung)
Fundobjekt
-/-

[2] Maße

Querschnitt
quadratisch (14,5 x 14,5 cm), gleichbleibend
oberes Ende
abgesetzte Rundung (von Seiten 1 cm abgesetzt, B 12 cm, Stichhöhe 7 cm)
Höhe
mind. 2,10 m

[3] Einarbeitungen

Drahtbefestigung
-/-

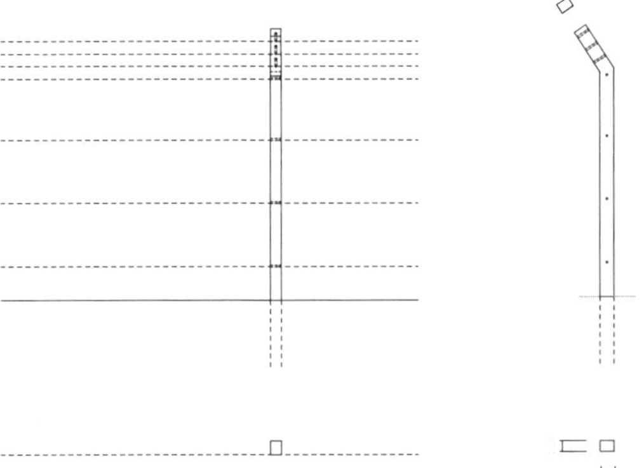

Abb. 76 Peenemünde, Zaunpfosten Typ 19

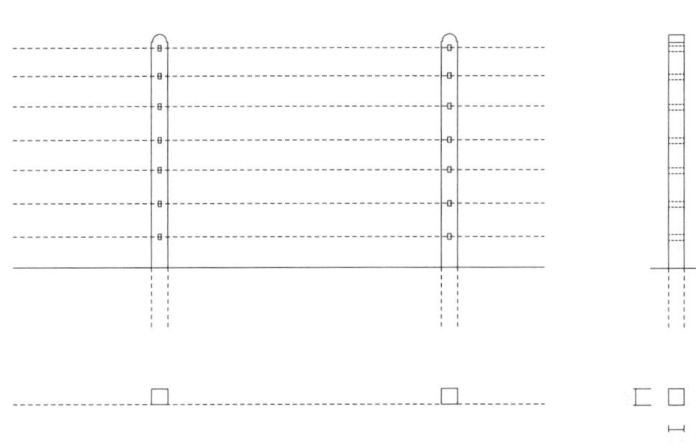

Abb. 77 Peenemünde, Zaunpfosten Typ 20

sonstige Löcher

in der Vorderseite ab 10 cm unter dem oberen Ende in regelmäßigen Abständen zwischen 20 und 25 cm 7 rechteckige Öffnungen (B 3 cm, H 5 cm, t 4 cm), in denen zwei Holzkeile stecken

[4] Drahtbefestigung

Draht (Maschendraht/Stacheldraht)

Maschendraht bzw. Führungsdrähte ist/sind mit einzelnen Drahtbändern, die einfach um die Pfosten gebunden sind, befestigt.

Führungsdraht/Stacheldraht

-/-

[5] Sonstige Applikationen

.-/-

[6] Aufstellung

Befund

Anhand der Aufstellungssituation ist weder eindeutig zu bestimmen, ob es sich bei den Pfosten des Typs 20, (a) um die Elemente der Erstausführung handelt, noch ob sie (b) nicht womöglich in Zweitverwendung aufgestellt wurden. Allerdings deutet eine im rechten Winkel nach Norden abgehende Reihe von Pfosten des gleichen Typs in regelmäßigen Abständen darauf hin, dass es sich um die Reste einer separaten Umgrenzung eines einzelnen Teilareals im Süden des ehem. Entwicklungswerkes handeln mag. Die Pfosten des Typs 20 entlang des Weges zum Meer wären danach als älteste Elemente dieses später durch andere Pfosten (v.a. Typ 21, aber auch Typ 18) ergänzten westlichen Zaunabschnittes auf der Nordseite des Weges zum Meer zu deuten. Pfosten dieses Typs konnten allein an diesem Zaunabschnitt beobachtet worden.

Fundamentierung

k.A.

Abstände

ca. 5 Schritt bzw. rd. 4,35 m

Aussteifung

-/-

zwischen Pfosten

-/-

[7] Referenzen

-/-

[8] Zeitliche Einordnung

Im Vergleich der Betonzusammensetzung und Ausführung aller Pfosten erscheinen die Pfosten des Typs 20 eher älter als jünger, ebenso hinsichtlich der grobschlächtigen Ausführung der rechteckigen Öffnungen sowie des oberen Endes. Einen konkreteren Hinweis auf eine relativchronologische Bestimmung bietet daneben allein der Aufstellungszusammenhang mit Pfosten der Typen 18 und 21, die eine früher bereits bestehende Zaunanlage aus Pfosten des Typs 20 zu ergänzen scheinen..

[9] Abbildung

Bildquellen

-/-

Fotos

- Taf. 5g

Zeichnungen

- Abb. 77

Typ 21

Betonpfosten, mit gleichbleibendem reckteckigem Querschnitt, oberes Ende abgeschrägt einschl. Variante mit Übersteigeschutz (Typ 21a)

[1] Stand- bzw. Fundorte

in situ

- PM Ost (EW), Weg zum Meer, südlicher Bereich des EW, Weg zwischen Parkplatz gegenüber Wache und Strand, mittlerer und östlicher Teil des Zaunabschnitts, Zäune auf der Nordseite des Weges
- PM Ost (EW), südlicher Bereich, Pfostenreihe auf einer Betonfläche im Zentrum des ehem. Munitionslagers
- PM Deich (Pumpenhaus Schanze), Süd- und Ostseite der Grundstückseinfassung

in situ (wiederverwendet)

-/-

Fundobjekt

-/-

[2] Maße

Querschnitt

- Typ 21: rechteckig (B 9 cm, T 10), gleichbleibend
- Typ 21a: rechteckig (B 7,5 cm, T 10), gleichbleibend

oberes Ende

- Typ 21: abgeschrägt (Dh Vorder- und Hinterseite 5 cm) > vgl. Typ 7 und Typ 16
- Typ 21a: abgewinkelt (L 43 cm (Oberseite) bzw. 38 cm (Unterseite)), Ende gerade

Höhe

- Typ 21: mind. 2 m
- Typ 21a: mind. 1,60 m

[3] Einarbeitungen

Drahtbefestigung
- Typ 21: keine Löcher, an Vorderseite zwei Eisenkrampen im Abstand von 90 cm übereinander (Maße: k.A.)
- Typ 21a: in unterem Teil öffnen sich runde Löcher (DM 1 cm) mittig in den Vorder- und Rückseiten und in regelmäßigen Abständen von 21 cm (Achsabstand) übereinander angeordnet. Zwischen der OK Fundament und Abwinkelung befinden sich insgesamt 8 solcher Löcher, zwei weitere an den Seiten des abgewinkelten oberen Teiles. Zur Herstellung einer Klammer muss der Draht mit seinen zu U-förmigen Haken geformten Enden, mit denen der Führungsdraht gehalten wird, nach Durchführung durch das Loch beidseitig zur Pfostenvorderseite gebogen worden sein.

sonstige Löcher

-/-

[4] Drahtbefestigung

Draht (Maschendraht/Stacheldraht)
- Typ 21: Drahtschlaufen durch Eisenkrampen (unterer Bereich) bzw. Löcher in Eisenbügel (oberer Bereich) zur Befestigung von Führungsdrähten bzw. Stacheldraht
- Typ 21a: Befestigung von Maschendrahtbahnen oder Führungsdrähten wahrscheinlich über Drahtösen oder –schlaufen, die durch die Löcher geführt sind

Führungsdraht/Stacheldraht
- Typ 21: Unteres Feld: zwei Führungsdrähte mit Drahtschlaufe an den beiden Eisenkrampen auf der Pfostenvorderseite befestigt; oberer Bereich (Übersteigeschutz): drei Bahnen Stacheldraht an angeschraubtem Eisenbügel
- Typ 21a: k.A.

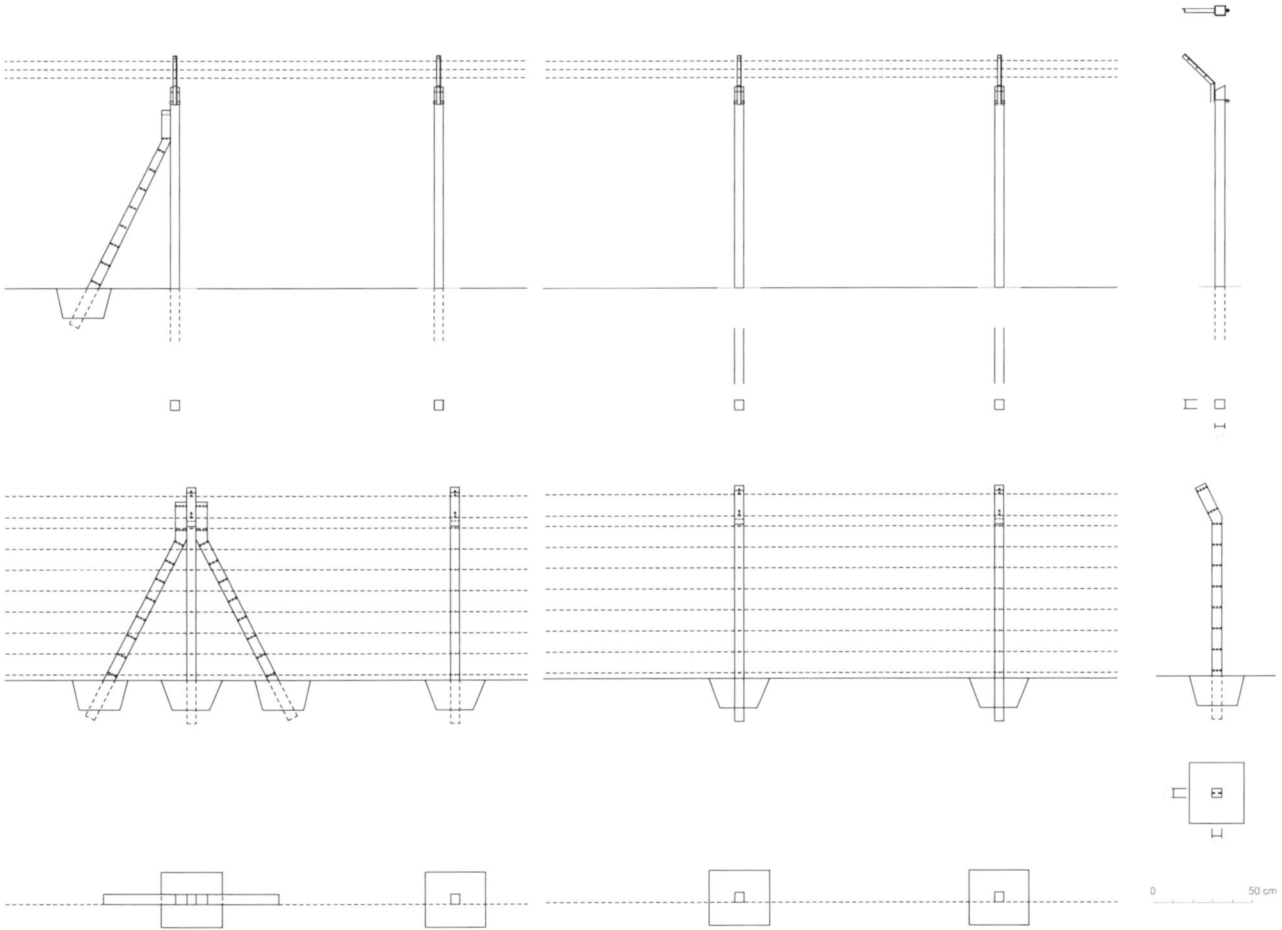

Abb. 78 Peenemünde, Zaunpfosten Typ 21 (oben) mit Typ 21a (unten)

[5] Sonstige Applikationen

Typ 21: Eisenbügel für Übersteigeschutz (Beschreibung s. unter Typ 4)

[6] Aufstellung

Befund
in situ
Fundamentierung
- Typ 21: k.A.
- Typ 21a: ca. 1,70 cm von abgewinkeltem Ende 55–60 cm durchmessende und ca. 30 cm hohe Betonpackung
Abstände
- Typ 21: drei Schritt bzw. rd. 2,90 m
- Typ 21a: -/-
Aussteifung
- Etwa jeder 5. bis 8. Pfosten beidseitig abstützt durch je einen Pfosten des Typs 21a
zwischen Pfosten
-/-

[7] Referenzen

keine Hinweise

[8] Zeitliche Einordnung

keine Hinweise

[9] Abbildung

Bildquellen
-/-
Fotos
- Taf. 6a–b
Zeichnungen
- Abb. 78

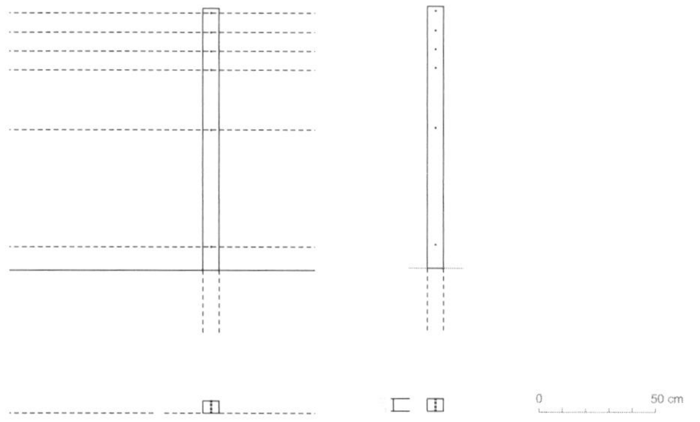

Abb. 79 Peenemünde, Zaunpfosten Typ23

Typ 23

Betonpfosten, mit gleichbleibendem rechteckigen Querschnitt, gerader Abschluss

[1] Stand- bzw. Fundorte

in situ
- PM Ost (EW), nördlicher Bereich: in Ost-West-Richtung verlaufende Reihe von zwei Pfosten, die südlich eines kleinen NVA-zeitlichen Gebäudes stehen, das sich in etwa in Höhe des südlichsten Prüfstands am westlichen Straßenrand befindet und mit der Nummer 30 beschriftet ist
in situ (wiederverwendet)
-/-
Fundobjekt
-/-

[2] Maße

Querschnitt
rechteckig (B 14 x T 10,5 cm), gleichbleibend
oberes Ende
gerade/flach
Höhe
mind. 2,25 m

[3] Einarbeitungen

Drahtbefestigung
ab 4 cm unterhalb von OK Löcher (DM 1,5 cm) in Seitenflächen in wechselnden Abständen, die vier oberen Löcher in dichterem Abstand zw. 16 und 17 cm, darunter drei weitere Löcher im Abstand von jeweils 50 cm
sonstige Löcher
-/-

[4] Drahtbefestigung

Draht (Maschendraht/Stacheldraht)
Befestigung von Zaungeflecht wahrsch. an Führungsdrähten, die durch Löcher geführt sind
Führungsdraht/Stacheldraht
Befestigung von Zaungeflecht wahrsch. an Führungsdrähten, die durch Löcher geführt sind

[5] Sonstige Applikationen

-/-

[6] Aufstellung

Befund
Offenbar in situ, allerdings nur einzelner Pfosten in einer Aufstellung von zwei Pfosten in einer Reihe;

bei dem zweiten Pfosten handelt es sich um einen Pfosten des Typs 21

Fundamentierung
k.A.

Abstände
k.A.

Aussteifung
-/-

zwischen Pfosten
-/-

[7] Referenzen

-/-

[8] Zeitliche Einordnung

keine Hinweise

[9] Abbildung

Bildquellen
-/-

Fotos
- Taf. 6c

Zeichnungen
- Abb. 79

Typ 24

Betonpfosten, mit gleichbleibendem annähernd quadratischen Querschnitt, segmentbogenförmig gerundeter oberer Abschluss

[1] Stand- bzw. Fundorte

in situ
- PM West (Karlshagen I), äußerer Lagerzaun, westliche Begrenzung (Einzelpfosten)
- PM Ost (EW), nördlicher Bereich: in Ost-West-Richtung verlaufende Reihe von mind. 18 Pfosten des gleichen Typs, die in Höhe der Nordseite eines kleinen NVA-zeitlichen Gebäudes, das sich in etwa in Höhe des südlichsten Prüfstands am westlichen Straßenrand steht und mit der Nummer 30 beschriftet ist, am östlichen Rand der Straße beginnt und nach Osten Richtung Strand verläuft.

in situ (wiederverwendet)
-/-

Fundobjekt
PM Süd (F1), Quadrant a_b47_48 (Einzelpfosten)

[2] Maße

Querschnitt
annähernd quadratisch (B 12–12,5 cm, T 12–12,5 cm), gleichbleibend

oberes Ende
oberes Ende segmentbogenförmig gerundet (Stichhöhe Rundung 3 cm)

Höhe
- PM West (Karlshagen I): mind. 2,18 m über OK Gelände
- PM Ost (EW), nördlicher Bereich: mind. 2 m über OK Gelände

[3] Einarbeitungen

Drahtbefestigung
In die Vorderseite sind über 1,86 m mittig 11 Eisenkrampen (B 1,7 cm) aus Draht (DM 3 mm), 1,5 cm vorstehend, in wechselnd regelmäßigen Abständen von rund 20 cm eingelassen, beginnend unten 27 cm über der OK Gelände, oben endend 20 cm unter dem oberen Ende. Der Abstand der oberen acht Krampen liegt regelmäßig bei 20 cm, derjenige der unteren vier Krampen liegt bei rund 10 cm; die Ausrichtung der Krampen ist senkrecht, die der Öffnung horizontal.
- PM Ost (EW), nördlicher Bereich: ab 12 cm (Achsmaß) unterhalb von OK 5 Eisenkrampen (H 1,5 cm, Draht DM 2 mm, 1 cm vorstehend) an Vorderseite in unterschiedlichen Abständen, die drei oberen Krampen in dichterem Abstand zw. 13 und 15 cm, die nächste im Abstand von 18 cm, dann 72 cm darunter

sonstige Löcher
-/-

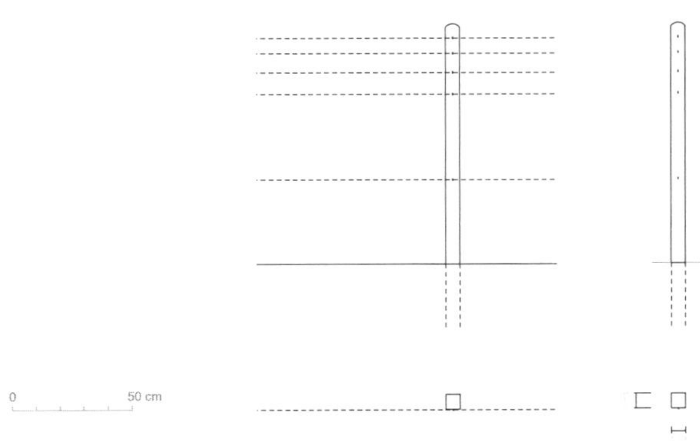

Abb. 80 Peenemünde, Zaunpfosten Typ 24

[4] Drahtbefestigung

Draht (Maschendraht/Stacheldraht) und Führungsdraht/Stacheldraht
Befestigung von Zaungeflecht wahrsch. an Führungsdrähten, die durch Krampen geführt sind; obere drei Krampen womöglich zur Befestigung von Stacheldrahtbahnen, die mit verzwirbeltem Draht befestigt werden können

[5] Sonstige Applikationen

-/-

[6] Aufstellung

Befund
- PM West (Karlshagen I): in situ, jedoch Einzelpfosten, womöglich als Teil einer Reparatur
- PM Ost (EW), nördlicher Bereich: in situ, in Reihe

Fundamentierung
k.A.

Abstände
- PM Ost (EW), nördlicher Bereich: 6 Schritt bzw. ca. 5,2 m

Aussteifung
-/-

zwischen Pfosten
-/-

[7] Referenzen

s. Typ 5

[8] Zeitliche Einordnung

Keine Hinweise – zu flach segmentbogenförmig abschließenden Vergleichsbeispielen s. Typ 5b, Typ 9 und Typ 25

[9] Abbildung

Bildquellen
s. Typ 5b

Fotos
- Taf. 6d

Zeichnungen
- Abb. 80

Typ 25

Betonpfosten, mit gleichbleibendem quadratischem Querschnitt, segmentbogenförmig gerundetem oberen Abschluss einschl. Variante mit Übersteigeschutz (Typ 25a)

[1] Stand- bzw. Fundorte

in situ
- PM Dorf (Kraftwerk), Zaunabschnitt an der Ostseite zwischen Bunkerwarte und Zufahrtstor

in situ (wiederverwendet)
-/-

Fundobjekt
-/-

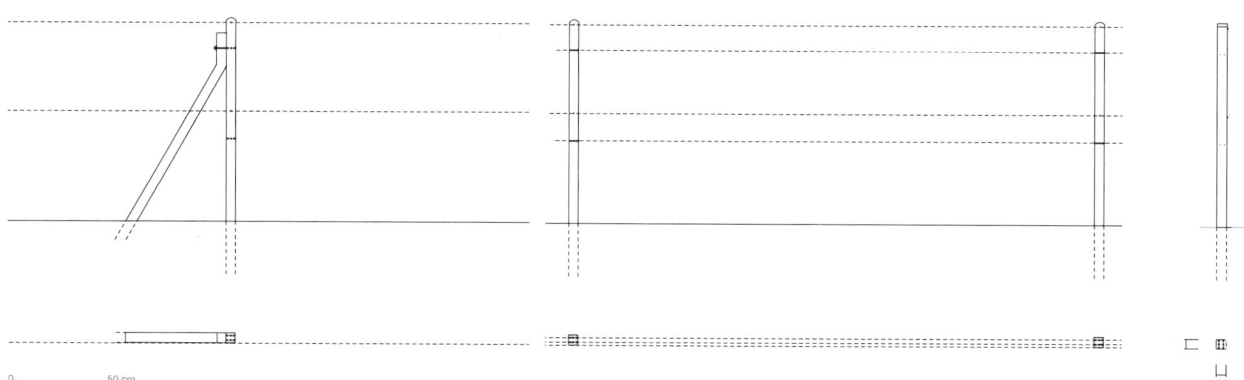

Abb. 81 Peenemünde, Zaunpfosten Typen 25

[2] Maße

Querschnitt
- Typ 25: annähernd quadratisch (B 10, T 9,5 cm), gleichbleibend
- Typ 25a: quadratisch (B 10, T 10 cm), gleichbleibend

oberes Ende
- Typ 25: segmentbogenförmig gerundet (Stichhöhe h 3 cm)
- Typ 25a: oberer Teil abgewinkelt (L 34 cm (Oberseite) bzw. 32 cm (Unterseite)), gerader Abschluss

Höhe
- Typ 25: mind. 1,88 m
- Typ 25a: mind. 1,80 m

[3] Einarbeitungen

Drahtbefestigung
- Typ 25: an Seitenflächen im Abstand von rd. 60 cm übereinander, ab 30 cm unterhalb von OK, jeweils 2 im Abstand von 4,5 cm nebeneinanderliegende Löcher (DM 1 cm); an Vorderseite im Abstand von rd. 85 cm übereinander, ab 5 cm unterhalb von OK, jeweils mittig eine Eisenkrampe (Draht DM 0,5 cm, H 1,5 cm, 0,8 cm vorstehend); in Höhe der Krampenachsen jeweils 1 mm durchmessende Nut in Betonoberfläche in Richtung des Zaunverlaufs
-Typ 25a: -/-

sonstige Löcher
- Typ 25: s. Drahtbefestigung; außerdem im Falle eines Pfostens, der in Kombination mit einem Pfosten Typ 25a aufgestellt ist, ein Loch quer zur Zaunverlaufsrichtung zur Aufnahme eines Schraubbolzens zur Befestigung eines Pfostens Typ 25a

[4] Drahtbefestigung

Draht (Maschendraht/Stacheldraht)
- Typ 25: an Führungsdrähten zu befestigen, die durch Eisenkrampen geführt sind
- Typ 25b: -/-

Führungsdraht/Stacheldraht
- Typ 25: durch Eisenkrampen geführt
- Typ 25b: -/-

[5] Sonstige Applikationen

-/-

[6] Aufstellung

Befund
- Typ 25: an Kraftwerk-Ostseite (zw. Bunkerwarte und Schiebetor) in situ
- Typ 25a: an Kraftwerk-Ostseite (zw. Bunkerwarte und Schiebetor) in situ 1 Pfosten Typ 25a als Abstützung von Typ 25-Reihe an nördlichem Ende des Zaunverlaufs nördlich des Schiebetores bzw. am westlichem Ende des Zaunverlaufs zwischen Schiebetor und Wächterhaus am Beginn der Zufahrtstraße zum KW

Fundamentierung

k.A.

Abstände
- Typ 25: an Kraftwerk-Ostseite (zw. Bunkerwarte und Schiebetor) 3 Schritt bzw. ca. 2,6 m

Aussteifung

zwischen Bunkerwarte und Schiebetor 1 Pfosten Typ 25a als Abstützung von Typ 25er-Reihe

zwischen Pfosten

-/-

[7] Referenzen

-/-

[8] Zeitliche Einordnung

Auf dem im Februar 1957 zusammengestellten Lageplan des Hafenareals (BArch Freiburg, DVM_2/6531) noch nicht vermerkt, mithin wahrscheinlich später aufgestellt; ansonsten keine Hinweise – zu flach segmentbogenförmig abschließenden Vergleichsbeispielen s. Typ 5b, Typ 9 und Typ 24.

[9] Abbildung

Bildquellen

-/-

Fotos
- Taf. 6e–f

Zeichnungen
- Abb. 81

Taf. 1 Pfosten Typ 3

a–c Zaunanlage an der Nordseite des Kraftwerksareals mit schräggestelltem Strebepfosten und angeschraubtem Abweiser (a), mit dem abgewinkelten oberen Ende ohne (b) und mit (c) Belochung und mit angeschraubtem Abweiser
d Betonpfosten nördlich des Industrieareals im Norden des Peenemünder Hafens ohne Belochung des oberen Endes
e Betonpfosten mit Einarbeitungen im oberen Bereich (Typ 3c) im Norden des Entwicklungswerks
f Zaunanlage an der Westseite des Entwicklungswerks
g Zaunanlage südlich im Anschluss an die Wagenhallen des VKN-Lagers, Südostecke des umzäunten Areals

Taf. 2 Pfosten Typen 4 und 5

a Pfostenelement in einer Halde an der Westseite der Fertigungshalle 1
b Zaunanlage an der Nordseite des Kraftwerksareals
c Östliches Ende der Plattenmauer an der Nordseite des Kraftwerksareals
d Pfosten an der Ostseite des VKN-Lagers
e Pfosten der ehem. Betonzerkleinerungsanlage nordwestlich der Fertigungshalle 1, mit angegossener Betonpackung am unteren Ende
f Pfosten im nördlichen Bereich des Entwicklungswerks
g–h Pfosten im Bereich des KZ-Außenlagers Karlshagen I, oberer Abschluss

Taf. 3 Pfosten Typen 6–10 und 12–13

a Pfosten des Typs 6 im Bereich eines Gartens der ehem. Siedlung Karlshagen
b Zaunanlage mit Pfosten des Typs 7 an der Westseite des Entwicklungswerks
c Zaunanlage an der Ostseite des Kraftwerkareals – Zaunpfosten Typ 8
d Pfosten des Typs 9 an der Ostseite des VKN-Lagers, südlicher Abschnitt – Zaunpfosten Typ 9
e Einzelner Betonpfosten des Typs 10 an der Ostseite des VKN-Lagers
f Zaunanlage um ein Areal südlich der Wagenhalle des VKN-Lagers, Ostseite – Zaunpfosten des Typs 11
g Pfosten des Typs 12 an der Südseite des VKN-Lagers
h Pfosten des Typs 13 in einer Halde östlich der Nordostecke der Fertigungshalle 1

Taf. 4 Pfosten Typ 15

a Betonpfosten des Typs 15 mit angegossener Betonpackung am unteren Ende, Westseite der Technischen Dienstzone
b Kombinierte Aufstellung von Pfosten der Typen 15 (Mitte) und 15a (seitlich) an der Westseite der Technischen Dienstzone
c–h Isolatoren zu Hochspannungssicherungsanlage in Verbindung mit Pfosten Typ15a

Taf. 5 Pfosten Typen 16 und 17

- a Pfosten des Typs 16 im Bereich des Südwestecke der Technischen Dienstzone
- b Kombinierte Aufstellung von Pfosten der Typen 16 (Mitte) und 16a (seitlich) an der Südseite der Technischen Dienstzone
- c Kombinierte Aufstellung von Pfosten der Typen 17 (Mitte) und 19 (seitlich) an der Westseite der Technischen Dienstzone
- d–e Pfosten des Typs 18 an der Westeite der Technischen Dienstzone, Rückseite und linke Seite des Pfostens
- f Pfosten des Typs 18a im südlichen Bereich des Entwicklungswerks entlang des Weges zum Meer
- g Pfosten des Typs 20 im südlichen Bereich des Entwicklungswerks entlang des Weges zum Meer

Taf. 6 Pfosten Typ 21 mit 21a sowie Typen 23–25

a Pfosten des Typs 21 mit angeschraubtem Übersteigeschutz, südlicher Bereich des Entwicklungswerks entlang des Weges zum Meer
b Kombinierte Aufstellung von Pfosten des Typ 21 (Mitte) und des Typs 21a (seitlich), südlicher Bereich des Entwicklungswerks entlang des Weges zum Meer
c Pfosten des Typs 23 am nördlichen Rand des Entwicklungswerks in der Nähe des Prüfstands VI
d Pfosten Typ 24 im nördlichen Bereich des Entwicklungswerks in der Nähe des Prüfstands VI
e Pfosten Typ 25 an der Ostseite des Areals um das Kraftwerk Peenemünde
f Pfosten Typ 25 (rechts) und 25b (links) an der Ostseite des Areals um das Kraftwerk Peenemünde

Taf. 7 Stacheldraht, Proben (Fotos: Roland Wieczorek)

Nr. 1

[1] Kontext
In situ an einem Ziegelpfeiler der äußeren Umgrenzung der F1

[2] Maße
Mitteldraht: Stärke 0,25 cm / 0,30 cm
Spitzen: Drahtstärke 0,30 cm, Länge 1,5 cm / 2,0 cm

[3] Abbildungen
Fotos: Taf. 8b

Nr. 2

[1] Kontext
Oberflächenfund von Stacheldrahtgewirr im Innenbereich der F1

[2] Maße
Mitteldraht: Stärke 0,25 cm / 0,30 cm
Spitzen: Drahtstärke 0,20 cm, Länge 1,5 cm / 2,0 cm / 2,5 cm

[3] Abbildungen
Fotos: Taf. 7c

Nr. 3

[1] Kontext
Oberflächenfund von Stacheldrahtgewirr im Innenbereich der F1

[2] Maße
Mitteldraht: Stärke 0,30 cm / 0,30 cm
Spitzen: Drahtstärke 0,30 cm, Länge 1,5 cm / 2,0 cm

[3] Abbildungen
Fotos: Taf. 8a

Nr. 4

[1] Kontext
Oberflächenfund von Stacheldrahtgewirr im Innenbereich der F1

[2] Maße
Mitteldraht: Stärke 0,25 cm / 0,20 cm
Spitzen: Drahtstärke 0,20 cm, Länge 1,0 cm / 1,5 cm / 2,0 cm

[3] Abbildungen
Fotos: Taf. 7d

Nr. 5

[1] Kontext
In situ um einen Baum im Außenbereich der F1 gewickelt

[2] Maße
Mitteldraht: Stärke 0,30 cm / 0,30 cm
Spitzen: Drahtstärke 0,25 cm, Länge 1,0 cm / 2,0 cm

[3] Abbildungen
Fotos: Taf. 7b

Nr. 6

[1] Kontext
Oberflächenfund von Stacheldrahtgewirr im Innenbereich der F1

[2] Maße
Mitteldraht: Stärke 0,25 cm / 0,25 cm
Spitzen: Drahtstärke 0,25 cm, Länge 1,5 cm / 2,0 cm

[3] Abbildungen
Fotos Taf. 8e

Nr. 7

[1] Kontext
Oberflächenfund von Stacheldrahtgewirr im Innenbereich der F1

[2] Maße
Mitteldraht: Stärke 0,25 cm / 0,30 cm
Spitzen: Drahtstärke 0,25 cm, Länge 0,5 cm / 1,5 cm / 2,0 cm

[3] Abbildungen
Fotos: Taf. 8e

Taf. 8 Stacheldraht, Proben (Fotos: Roland Wieczorek)

Nr. 8

[1] Kontext
In situ an einem Laternenpfosten in einer Schutthalde im Außenbereich der F1

[2] Maße
Mitteldraht: Stärke 0,20 cm / 0,25 cm
Spitzen: Drahtstärke 0,30 cm, Länge 1,0 cm / 1,5 cm

[3] Abbildungen

Fotos: Taf. 8d

Nr. 9

[1] Kontext
In situ an der Zaunanlage des VKN-Lagers in Karlshagen

[2] Maße
Mitteldraht: Stärke 0,30 cm
Spitzen: Drahtstärke 0,25 cm, Länge 1,0 cm / 1,5 cm / 2,0 cm

[3] Abbildungen

Fotos: Taf. 7a

Nr. 10

[1] Kontext
In situ an der Zaunanlage des KZ-Außenlagers Karlshagen I

[2] Maße
Mitteldraht: Stärke 0,30 cm
Spitzen: Drahtstärke 0,25 cm, Länge 1,0 cm / 1,5 cm / 2,0 cm

[3] Abbildungen

Fotos: Taf. 8c

Abkürzungsverzeichnis

EW – Entwicklungswerk
F1 – Fertigungshalle 1
HSA – Hochspannungssicherungsanlage
HVA – Heeresversuchsanstalt
KH – Karlshagen
PM – Peenemünde
TZ – Technische (Dienst-)Zone
VKN – Versuchskommando Nord
VSW – Versuchsserienwerk

Quellen- und Literaturverzeichnis

[1] Quellen

BArch Berlin (Bundesarchiv, Berlin-Lichterfelde)
- DK 107/26117
- DO 1/58391
- DO 1/104221
- DO 1 KART/1002
- DO 1 KART/61
- R 4606/4573
- NS 4-FL/38
- NS 4-FL/454

BArch Freiburg (Bundesarchiv, Freiburg i.Br.))
- RH 8/1206–1210 (Entstehungsgeschichte der Fertigungsstelle Peenemünde – sog. Schubert-Chronik)
- BM 1/13007
- BM 24/74
- DK 107/26117
- DVH 9/27905
- DVH 17/31459
- DVL 3/36297
- DVM 2/6531
- DVM 10/37144
- DVM 10/50358-
- DVM 10/50361
- DVM 10/50382
- DVW 3-DRUCK/1779
- DVW 3-DRUCK/1780

BArch Koblenz (Bundesarchiv, Koblenz)
- B 206/3732
- N 1216/145
- N 1216/148

BArch Koblenz, Bildarchiv (Bundesarchiv, Koblenz)
- Bildstelle, RH8II Bild-FE859-L35-22
- Bildstelle, RH8II Bild-B1903-44
- Bildstelle, RH8II Bild-B1904-44
- Bildstelle, RH8II Bild-B1915-44

BBR (Bundesamt für Bauwesen und Raumordnung, DDR-Bauarchiv)
- Zaunpfosten_tgl-116-0122-dez-1960
- Zaunpfosten_tgl-23387-01-jul-1976
- Zaunpfosten_tgl-33525-mai-1985

BLHA (Brandenburgisches Landeshauptarchiv, Potsdam)
- Rep 35 I/51

BStU (Bundesarchiv Stasi-Unterlagen-Archiv, Berlin)
- Mfs HA IX/11 AK 1236 82
- MfS HA IX/11 ZUV 34, Bd. 10

DBU (Deutsche Bundesstiftung Umwelt, Osnabrück)
- Liegenschaftsbericht, Liegenschaften des Nationalen Naturerbes, Liegenschaft Peenemünde, DIFO-Nr. 1341141 [o.D.]

DM (Deutsches Museum, München), Archiv
- BN 06877 (Wasserleitungsplan)

HTM (Historisch-Technisches Museum, Peenemünde, Archiv)
- APS Pitschmann
- HTM F 002

LA Schwerin (Landeshauptarchiv, Schwerin)
- 6.11–14/304
- 6.11–11/3800

LVA-MV (Landesamt für innere Verwaltung Amt für Geoinformation, Vermessungs- und Katasterwesen, © GeoBasis-DE/M-V 2019)
- Luftbild 43_037_00_5204_L_1948 (Juni 1943)
- Luftbild 44_079_00_3043_L_1948 (23.07.1944)
- Luftbild 45_078_00_4241_L_1948 (17.02.1953)
- Luftbild 53_00_02950_N_33_64 (31.05.1953)
- Luftbild 88_179_01_0010 (13.06.1988)
- Luftbild 88_180_02_0096_N_33_64_D (1988)

NCAP (National Collection of Aerial Photography, Edinburgh)
- Luftbild NCAP_JARIC_106G_1992_3016 (07.08.1944)- DO 1/58391

[2] Literatur

AK Baugestaltung
Arbeitskreis Baugestaltung in der Fachgruppe Bauwesen des NSBDT mit der Arbeitsgemeinschaft Heimat und Haus und dem Reichsamt für das Landvolk (Hrsg.), Die Land-Baufibel (München u. a. o. J.).

Baranowski 2017
F. Baranowski, Rüstungsproduktion in der Mitte Deutschlands 1929–1945.(2) (Bad Langensalza 2017).

Benischke 1921
G. Benischke, Die Porzellan – Isolatoren.(2) (Berlin 1923).

Benz 2011
W. Benz, NS-Zwangslager und KZ-System. Eine Einführung. In: W. Benz/B. Distel/A. Königseder (Hrsg.), Nationalsozialistische Zwangslager. Strukturen und Regionen – Täter und Opfer (Dachau u. a. 2011), S. 13–19.

Bode/Kaiser 1998
V. Bode/G. Kaiser, Raketenspuren (Augsburg 1998).

Brusch 1943
G. Brusch, Betonfertigteile im Landbau des Ostens. In: H.-J. Schacht (Hrsg.), Bauhandbuch für den Aufbau im Osten (Berlin 1943), S. 188–198.

Buggeln 2009
M. Buggeln, Arbeit & Gewalt. Das Außenlagersystem des KZ Neuengamme (Göttingen 2009).

Bundesministerium für Landesverteidigung 1935
Bundesministerium für Landesverteidigung, Zu Erlaß 19.000 – 2/35 (VBl. 1 von 1936), Bilder und Tafeln zur Vorschrift Einrichtung des Geländes. Feldbefestigungsvorschrift (Wien 1935).

Burchard 1941
H. Burchard, Betonfertigteile im Wohnbau. Beton-Arbeiten, herausgegeben von der Fachgruppe Zement-Industrie Heft 5 (Berlin 1941).

Cramer/Arera-Rütenik 2011
J. Cramer/T. Arera-Rütenik (Hrsg.), Die Baugeschichte der Berliner Mauer. Beiträge zur Bauforschung und Denkmalpflege 8 (Petersberg 2011).

Däumel 1963
G. Däumel, Beton im Garten (Düsseldorf 1963).

DBZ 1910
FR. E., Von der II. Ton-, Zement- und Kalkindustrie-Ausstellung in Berlin. In: Deutsche Bauzeitung, Mitteilungen über Zement, Beton- und Eisenbetonbau 8 (1910) 13, S. 51–52.

DBZ 1911
Deutsche Bauzeitung, Zementbeilage 1911, Nr. 20.

Dettmar 1927
G. Dettmar (Hrsg.), Wegweiser für die vorschriftsgemäße Ausführung von Starkstromanlagen (Berlin 1927).

Deutsche Bauakademie 1962
Deutschland Ministerium für Bauwesen (Hrsg.), Bauwerkskatalog Standard- und Typenbauelemente für Gebäude im Montagebau: Sonstige Bauelemente für Gebäude einschließlich Ausstattung und Möbel, Bauelemente für den Barackenbau –Umsetzbare Mehrzweckbauwerke, Stand Dez. 1961 (Berlin 1962).

Dewjatajew 1972
M.P. Dewjatajew, Flucht von der Insel. Tatsachen 127 (Berlin 1972).

DGfG 1938
Deutsche Gesellschaft für Gartenkunst e. V., Berlin (Hrsg.), Vorgärten: So oder so?(3) (Halle/Saale 1938).

Dietrich 1994
A. Dietrich, Peenemünde im Wandel der Zeit.(2) (Peenemünde 1994).

Dippel o. J.
H.-G. Dippel, Gartenzäune + Gartenpforten. Gartenschönheit, Illustriertes Gartenmagazin für den Garten- und Blumenfreund, Liebhaber und Fachmann (Aachen o. J.).

Dornberger 1952
W. Dornberger, V2 – Der Schuss ins Weltall. Geschichte einer grossen Erfindung (Esslingen 1952).

Drieschner 2016
A. Drieschner, Funktionen materieller Quellen für die zeithistorische Forschung. In: Kersting u. a. 2016, S. 47–54.

DZB 1936
Deutscher Zement-Bund G. m. b. H. (Hrsg.), Zement Kalender 1936, 25. Jahrgang (o.O. 1936).

Ehmke 1975
F. Ehmke, Hecken, Zäune, Gartenmauern. Bücher für den Gartenfreund (Berlin 1975).

Erichsen/Hoppe 2019
J. Erichsen/B. M Hoppe (Hrsg.), Peenemünde: Mythos und Geschichte der Rakete 1923–1989.([3]) (Berlin 2019).

Fröbe u. a. 1985
R. Fröbe/C. Füllberg-Stolberg/C. Gutmann/R. Keller/H. Obenaus/H. H. Schröder, Konzentrationslager in Hannover. KZ-Arbeit und Rüstungsindustrie in der Spätphase des Zweiten Weltkriegs. Teil 2 (Hildesheim 1985).

Eying 2006
F. D. Eying, Analyse und Bewertung der technischen Nutzung des Elektrozaunes in Deutschland. Dissertation Humboldt-Universität Berlin 2005 (Berlin 2006).

Gärtner 1922
A. Gärtner, Einrichtung und Hygiene der Kriegsgefangenenlager, in: Hoffmann 1922, S. 162–265.

Geiler 1938
Geiler, Zäune im Vierjahresplan, in: Deutsche Bauzeitung (1938) 9, S. 254–255.

General-Inspektion des Militär-Erziehungs- und Bildungswesens 1914
General-Inspektion des Militär-Erziehungs- und Bildungswesens, Leitfaden für den Unterricht in der Befestigungslehre im Pionierdienst, Verkehrswesen und im Kampf um Festungen auf den Königlichen Kriegsschulen (Berlin 1914).

Grempler 2011
S. Grempler, Betreten verboten. Peenemünde heute (Zempin 2011).

Hagemeier 2015
H. L. Hagemeier, Barbed Wire. Identification Encyclopedia (Kearney 2015).

Haubold-Stolle u. a. 2020
J. Haubold-Stolle/T. Kersting/C. Theune/C. Glauning/A. Riedle/F. Schopper/K. Wagner/A. Drecoll (Hg.), Ausgeschlossen. Archäologie der NS-Zwangslager. Dokumentationszentrum NS-Zwangsarbeit Berlin, Brandenburgisches Landesamt für Denkmalpflege und Archäologisches Landesmuseum in Kooperation mit: Landesdenkmalamt Berlin (Berlin 2020).

Heitmann 1991
J. Heitmann, The Peenemünde Rocket Centre. After the Battle (1991) 74. The Peenemünde Rocket Centre (London 1991), S. 1–25.

Hellwig 1921
F. Hellwig, Allerlei Zäune. Lehrmeister-Bücherei Nr. 619–620 (Leipzig, 1921).

Hellwig 1937
F. Hellwig, Betonarbeiten für Haus und Garten. (Leipzig 1937).

Henkel u. a. 2015
H. Henkel/W. Scholz/C. Adam (Hrsg.), Sperrgebiete in der DDR: ein Atlas von Standorten des Ministeriums für Staatssicherheit (MfS), des Ministeriums des Innern (MdI), des Ministeriums für Nationale Verteidigung (MfNV) und der Gruppe der Sowjetischen Streitkräfte in Deutschland (GSSD). BF informiert (Berlin 2015).

Hirte 1999
R. Hirte, Offene Befunde. Ausgrabungen in Buchenwald. Zeitgeschichtliche Archäologie und Erinnerungskultur. Herausgegeben von der Gedenkstätte Buchenwald (Braunschweig 1999).

Hoffmann 1922
Wilhelm Hoffmann (Hrsg.), Hygiene. Handbuch der Ärztlichen Erfahrungen im Weltkriege 1914/1918, Bd. 7 (Leipzig 1922).

Ibel 2016
J. Ibel, KZ-Gedenkstätte Flossenbürg – Einbeziehung archäologischer Relikte in die Gedenkstättenpräsentation. In: Kersting u. a. 2016, S. 111–118.

Janssen 2013
H. Janssen (red.), Hoogspanning an de Belgisch-Nederlandse grens (Baarle-Hertog-Nassau 2013).

Jones 1988
V. Jones, 50 Years of Electric Power Fencing. In: Proceedings of the New Zealand Grassland Association 49 (1988), S. 145–149.

Kähning 2011
H. Kähning, Archäologie der Neuzeit, Methodik und Inwertsetzung zeitgeschichtlicher Areale. Die Erprobungsstelle Peenemünde (1936–1945) als Beispiel eines archäologisch untersuchten Areals in historischer Kulturlandschaft. Dissertation Christian-Albrechts-Universität Kiel (Kiel 2011).

Kaltofen 2016
A. Kaltofen, Lagerreste zeigen. Die Gedenkstätte Esterwegen. In: Kersting u. a. 2016, S. 95–109.

Kanetzki 2014a
M. Kanetzki, MiGs über Peenemünde. Die Geschichte der NVA-Fliegertruppenteile auf Usedom (Berlin 2014).

Kanetzki 2014b
M. Kanetzki, Operation Crossbow. Bomben auf Peenemünde (Berlin 2014).

Kersting 2016
T. Kersting, Bodendenkmale der Zeitgeschichte: Neue Aufgaben und Chancen der Landesarchäologie in Brandenburg. In: Kersting u. a. 2016, S. 55–61.

Kersting u. a. 2016
T. Kersting/C. Theune/A. Drieschner/A. Ley/T. Lutz (Hrsg.), Archäologie und Gedächtnis. NS-Lagerstandorte Erforschen – Bewahren – Vermitteln. Interdisziplinäre Konferenz im Archäologischen Landesmuseum Brandenburg an der Havel 17. bis 19. September 2015 (Petersberg, 2016).

Klausmeier/Schmidt 2004
A. Klausmeier/L. Schmidt, Mauerreste – Mauerspuren (Berlin u. a. 2004).

Koenig 1999
E. Koenig, Auschwitz III – Blechhammer. Erinnerungen. In: W. Benz/B.Distel (Hrsg.), KZ-Außenlager – Geschichte und Erinnerung. Dachauer Hefte 15. Studien und Dokumente zur Geschichte der nationalsozialistischen Konzentrationslager (Dachau 1999), S. 134–152.

König 2004
G. M. König, Stacheldraht: Die Analyse materieller Kultur und das Prinzip der Dingbedeutsamkeit, in: Österreichische Zeitschrift für Geschichtswissenschaften 15 (2004) 4, S. 50–72.

Krell 2002
A. Krell, Devil's Rope. A Cultural History of Barbed Wire (London 2002).

Kuhlmann 2015
B. Kuhlmann, Peenemünde. Das Raketenzentrum und seine Werkbahn.([4]) (Berlin 2015).

Kyser 1932
H. Kyser, Die elektrische Kraftübertragung. Zweiter Band, Die Niederspannungs- und Hochspannungs-Leitungsanlagen. Entwurf, Berechnung, elektrische und mechanische Ausführung.([3]) (Berlin u. a. 1932).

Labjon/Dietrich 1996
F. Labjon/A. Dietrich, Holt nieder Flagge. Die Marine in Peenemünde 1950 bis 1996 (Peenemünde 1996).

Labjon/Dietrich 2005
F. Labjon/A. Dietrich, Holt nieder Flagge. Die Marine in Peenemünde 1950 bis 1996.([2]) (Peenemünde 2005).

Lotz 1932
W. Lotz, Wohnlaube und Siedlerheim. Wie bau ich und was brauche ich? (Berlin 1932).

Luxbacher 1999
G. Luxbacher, Elektrohygiene – Elektrokrieg. Stefan Jellinek und das Elektropathologische Museum in Wien. In: G. A. Stadler/A. Kuisle (Hrsg.), Technik zwischen Akzeptanz und Widerstand. Gesprächskreis Technikgeschichte 1982–1996. Cottbuser Studien zur Geschichte von Technik, Arbeit und Umwelt 8 (Münster u. a. 1999), S. 252–259.

Maaß 1911
H. Maaß, Knicks im Landschafts- und Städtebild. In: Die Gartenkunst. Zeitschrift für Gartenkunst und verwandte Gebiete 14 (1911) 11, S. 205–209.

Mary/Hohnadel 2001
J.-Y. Mary/A. Hohnadel: Hommes et Ouvrages de la Ligne Maginot. Bd. 2 (Paris 2001).

Mehl/Schäfer 1992
H. Mehl/K. Schäfer, Die andere deutsche Marine (Berlin 2013).

Mense/Schmidt 2013
U. Mense/L. Schmidt, Denkmallandschaft Peenemünde: eine wissenschaftliche Bestandsaufnahme (Berlin 2013).

Milton Trollope 1932
F. M. Trollope, Domestic Manners of the Americans (London 1832).

Morlok 2008
H. Morlok, Preface in: Świebocka 2008, S. 9–11.

N. N. 1911
N. N., „Orkan" – Betonpfosten in: Deutsche Bauzeitung, Mitteilungen über Zement, Beton- und Eisenbetonbau 8 (1911) 20, S. 156–157.

N. N. 1915
N. N., Feldbefestigung und technischer Unterricht. Instruktionsbuch für Reserveoffiziersschulen. 6. Teil (Wien 1915).

N. N. 1925
N. N., Beton in Haus, Hof und Garten. Zement-Verarbeitung Heft 18 (Charlottenburg 1925).

N. N. 1941
N. N., 'Wie steht es um den Elektrozaun', in: Wochenblatt der Landesbauernschaft Baden, Folge 10, 109. Jahrgang, 8. März 1941, S. 211–212.

Netz 2004.
R. Netz, Barbed Wire. An Ecology of Modernity (Middletown 2004).

Nobécourt 2017
R.-G. Nobécourt, Les Fantassins du Chemin des Dames (Paris 2017).

OKH 1930
Oberkommando des Heeres, Feldbefestigungsvorschrift. H.Dv. 276 Teil 1 (unveränderter Neudruck) (Berlin 1930).

OKH 1939a
Oberkommando des Heeres, Vorschrift für das Kriegsgefangenenwesen. Teil 4: Dienstanweisung für den Kommandanten eines Kriegsgefangenen-Durchgangslagers'. H. Dv. 38/4, M. Dv. 38/4, L. Dv. 78/4 (Berlin 1939).

OKH 1939b
Oberkommando des Heeres, Vorschrift für das Kriegsgefangenenwesen. Teil 5: Dienstanweisung für den Kommandanten eines »Kriegsgefangenen-Mannschafts-Stammlagers«. H. Dv. 38/5, M. Dv. 38/5 L. Dv. 38/5 (Berlin 1939).

OKH 1939c
Oberkommando des Heeres, Vorschrift für das Kriegsgefangenenwesen. Teil 12: Dienstanweisung über Raumbedarf, Bau und Einrichtung eines Kriegsgefangenenlagers. H. Dv. 38/12, M. Dv. 38/12, L. Dv. 78/12 (Berlin 1939).

OKH 1941
Oberkommando des Heeres, HVA Amtsgruppe Bau (Hrsg.): Behelfsmäßiges Bauen im Kriege. Teil 2: Ergänzungs- und Sonderbauten. H.Dv. 391/2 (Berlin 1941).

OKH 1942
Oberkommando des Heeres, Bildheft Neuzeitlicher Stellungsbau. Anhang 2 zur H.Dv. 1a. Entwurf, 15.9.1942 (Berlin 1942).

Poggel 2020
Thomas Poggel, Die Ausgrabungen 1990/1991 in Witten-Annen, Ennepe-Ruhr-Kreis. Archäologische Untersuchung eines Außenlagers des KZ Buchenwald. Augrabungen und Funde in Westfalen-Lippe 15, 2020/2021. (online publiziert 08.05.2020) <URL: http://nbn-resolving.de/urn:nbn:de:bsz:16-afwl-729233> [20.03.2023].

Pollak R. von Rudin 2019
Robert Pollak R. v. Rudin (Hrsg.), Die Elektro-Technik im Kriege (Kriegsalbum der Elektrobataillone) (Wien u. a. 1919).

Puntigam 1944
F. Puntigam, Die Durchgangslager der Arbeitseinsatzverwaltung als Einrichtungen der Gesundheitsvorsorge. In: Der Gesundheits-Ingenieur 67 (1944) 2, S. 47–56.

Rathjen 2001
W. Rathjen, „Mauer-Marketing" unter Erich Honecker. Schwierigkeiten der DDR bei der technischen Modernisierung, der volkswirtschaftlichen Kalkulation und der politischen Akzeptanz der Berliner „Staatsgrenze" von 1971–1990 (Kiel 2001).

Razac 2003
O. Razac, Politische Geschichte des Stacheldrahts. Prärie, Schützengraben, Lager (Berlin u. a. 2003).

RHA 1938
Reichsheimstättenamt der DAF (Hrsg.), Die Siedlung, Planungsheft der DAF (Berlin 1938).

Riepert 1915
Peter-Hans Riepert (Hrsg.), Beton und Eisenbeton in der Landwirtschaft. Cement-Verarbeitung Heft 10 (Berlin 1915).

Riepert 1917
Riepert (Hrsg.), Pfosten und Maste. Cement-Verarbeitung Heft 3 (Berlin 1917).

Röhl/Schneider 2020
C. Röhl/P. I. Schneider: „The Material Remains of the former Heeresversuchsanstalt Peenemünde between Mythicization, Uncomfortable Heritage and Reclamation", in: F. Jürgens/U. Müller (Hrsg.), Archäologie der Moderne. Standpunkte und Perspektiven. Historische Archäologie Sonderband 2020 (Bonn 2020), S. 289–331.

Röhl/Schneider 2023
C. Röhl/P. I. Schneider, Place Hacking Peenemünde – Appropriation, Perception and Interpretation of Industrial Ruins from the Period of National Socialism". In: J. O. Habeck/F. Schmitz (Hrsg.), Ruinen und vergessene Orte. Materialität im Verfall – Nachnutzungen – Umdeutungen. Edition Kulturwissenschaft 273 (Bielefeld 2023), S. 261–281 <URL: https://www.transcript-verlag.de/media/pdf/e8/a0/33/oa9783839462225.pdf > [20.04.2023].

Rosenthal 1921
E. Rosenthal, Hochspannungsisolatoren. Einige technische Mitteilungen aus der Porzellanfabrik Ph. Rosenthal & Co.A.- G., Selb (Selb 1921).

Ruland 2018
H. Ruland, der Erste Weltkrieg und die Menschen im Vierländerland (Eupen 2018).

Sandner/Schürger 2018
R. Sandner/A. Schürger, 14/ 5a-4 Messerschmitt AG Gablingen – Ausgrabungen in einem KZ-Außenlager. Landkreis Augsburg, Schwaben. Das archäologische Jahr in Bayern 2017, S. 154–156.

Schacht 1943
H.-J. Schacht (Hrsg.), Bauhandbuch für den Aufbau im Osten (Berlin 1943).

Schäfer/Seemann 2014
K. Schäfer/P. Seemann, DDR-Marine 1949–1990 (Stuttgart 2014).

Schalm 2011
S. Schalm, Überleben durch Arbeit? Außenkommandos und Außenlager des KZ Dachau 1933–1945. Reihe Geschichte der Konzentrationslager 1933–1945 10 (Berlin 2011).

Schneider/Röhl 2022
P. Schneider – C. Röhl, Eine Stadt mit X – oder ein Angebot, das man nicht ausschlagen kann. In: K. Steudtner (Bearb.), Der ‚Auftrag Speer' der Staatlichen Bildstelle Berlin. Zur wissenschaftlichen Erschließung eines fotographischen Bestandes im Messbildarchiv des Brandenburgischen Landesamtes für Denkmalpflege und Archäologischen Landesmuseums. Arbeitshefte des Brandenburgischen Landesamtes für Denkmalpflege und Archäologischen Landesmuseums 60 (Berlin 2022), S. 277–296.

Schneider/Röhl (2023)
P. I. Schneider/C. Röhl, Von Trümmern und Trophäen. Demontage, Sprengung und Rückbau der Fertigungshalle 1 in: Koldewey-Gesellschaft (Hrsg.), Sur le Grand Tour – Reisende Architekten als Protagonisten des europäischen Gedankens. Tagung vom 12. bis 14. März 2021. Bericht der Koldewey-Gesellschaft 51. Stuttgart 2023, S. 163–170.

Schneider/Röhl (HGR)
P. I. Schneider/C. Röhl, Historisch-genetische Rekonstruktion im Hinblick auf die potentielle Kontaminationslage der Fertigungshalle 1 des ehemaligen Versuchsserienwerks Peenemünde. Unveröffentlichter Forschungsbericht BTU Cottbus–Senftenberg, FG Baugeschichte (Cottbus 2021).

Schneider/Röhl (in Vorbereitung)
P. I. Schneider/C. Röhl, Das Ravensbrücker KZ-Außenlager Karlshagen II. Versuch einer hypothetischen Rekonstruktion (in Vorbereitung).

Schonnopp 1949
G. Schonnopp, Elektrizität in Feld und Weide, in: Elektrotechnische Zeitschrift 70 (1949) 3, S. 89–91.

Schubert 1911
A. Schubert, Engel-Schuberts Handbuch des Landwirtschaftlichen Bauwesens mit Einschluss der Gebäude für landwirtschaftliche Gewerbe.(9) (Berlin 1911).

Setkiewicz 2008
Piotr Setkiewicz, The Fencing and System for Preventing Prisoner Escapes at Auschwitz Concentration Camp. In: Świebocka 2008, S. 13–56.

Skriebelet 2007
J. Skriebeleit, Flossenbürg – Hauptlager. In: W. Benz – B. Distel (Hrsg.), Flossenbürg. Das Konzentrationslager Flossenbürg und seine Außenlager (München 2007), S. 11–60.

Skriebeleit 2010
J. Skriebeleit, Erinnerungsort Flossenbürg. Akteure, Zäsuren, Geschichtsbilder.(2) (Göttingen 2010).

SpGVO
Sperrgebietsverordnung v. 26.7.1979 im DDR-Gesetzblatt, Teil I (1979).

Świebocka 2008
T. Świebocka (Hrsg.), The architecture of crime. The Security and Isolation System of the Auschwitz camp (Oświęcim 2008).

Szczesiak 2019
R. Szczesiak, »Verflucht und doch beeindruckend«. Das KZ-Produktionslager »Waldbau«. Ein Tatort nationalsozialistischer Ausbeutung inhaftierter Frauen bei Neubrandenburg (Hamburg 2019).

Theune 2016
C. Theune, Archäologie an Tatorten des 20. Jahrhunderts.(2) (Darmstadt 2016).

't Hoen 2013
H. ´t Hoen, Zwei Jahre Volkswagenwerk. Als niederländischer Student im „Arbeitseinsatz" im Volkswagenwerk von Mai 1943 bis zum Mai 1945. Historische Notate, Schriftenreihe der Historischen Kommunikation der Volkswagen Aktiengesellschaft (Wolfsburg 2013).

Textor 1929
G. Textor, Heimatschutz und ländliche Baupflege (Kassel o. J. [Vorwort von 1929]).

Topefer 1910
Toepfer, Technics in the Russo-Japanese War. In: Professional Memoirs, Corps of Engineers, United States Army, and Engineer Department at Large, 2 (1910) 6, S. 174–201.

Tresp 1992
H. Tresp, Peenemünde. Menschen, Technik und ihre Erben. Flugzeug (Illertissen 1992).

Tuchel 1991
J. Tuchel, Konzentrationslager. Organisationsgeschichte und Funktion der „Inspektion der Konzentrationslager" 1934–1938. Schriften des Bundesarchivs 39 (Boppard am Rhein 1991).

Vanneste 2000
A. Vanneste, Le premier „Rideau de fer"? La clôture électrisée à la frontière belgo-hollandaise pendant la Première Guerre mondiale. In: Bulletin de Dexia Banque, 54 (2000), S. 39–82.

Vanneste 2013a
A. Vanneste, De Doodendraad. De elektrische draadversperring aan de Oost- en Zeewus-Vlaamse grens tijdens de Eerste Wereldoorlog (Gent 2013).

Vanneste 2013b
A. Vanneste, De duivelsdraad aan de Belgisch-Nederlandse grens tijdens de Eerste Wereldoorlog. 'nach Holland war Tor und Tür geöffnet'. In: Tijd-Schrift. Heemkunde en lokaal-erfgoedpraktijk in Vlaandere 3 (2013) 2, S. 33–49.

von Emperger 1913
F. von Emperger (Hrsg.), Handbuch für Eisenbetonbau. Bd. 12, Silos: Landwirtschaftliche Bauten, Bearbeitet von S. Sor, L. Hess.(2) (Berlin 1913).

von Emperger 1924
F. von Emperger (Hrsg.), Handbuch für Eisenbetonbau. Bd. 12, Silos: Landwirtschaftliche Bauten, Bearbeitet von H. Dörr, O. Mund.(3) (Berlin 1924).

von Schwarze 1968
D. von Schwarze, Zaun und Mauer. Heft 8 der Schriftenreihe der Deutschen Gesellschaft für Gartenkunst und Landschaftspflege (München 1968).

von Trotha 1941
W. von Trotha, Grundsätzliches über den elektrisch geladenen Zaun. In: Die Technik in der Landwirtschaft 22 (1941) 4, S. 69–72, 88–90.

von Vegesack 1914
A. von Vegesack, Bericht über die Exkursion des Baltischen Moorvereins nach Kurland vom 12. bis zum 15. Juni 1913. (Mit einem Bilde). In: Mitteilungen des baltischen Moorvereins 3 (1913) 4, S. 176–194 [dort mit abweichendem Titel: Bericht über die Exkursion des Baltischen Moorvereins nach Kurland nach Gräenhof*) (Südlivland), Peterhof, Mesothen, Lievenbehrsen und Lesten (Kurland) vom 12. bis zum 15. Juni 1913].

Weber 1921
A. Weber, Wie baue ich mir selbst? Zäune, Mauern und Hecken (o.O., o. J. [Vorwort Berlin-Lichterfelde 1921]).

Wirleitner 1964
G. Wirleitner, Der Elektrozaun. Durch Österreichisches Kuratorium für Landtechnik vervielfältigtes Manuskript (Wien 1964).

Wolf 1940
G. Wolf, Haus und Straße im Vorort. Beobachtungen über Würfelhäuser und Vorschläge zu ihrer Vermeidung (München 1940).

Zapf 2006
J. Zapf, Flugplätze der Luftwaffe 1934–1945 – was davon übrig blieb. Bd. 5 Mecklenburg-Vorpommern (Zweibrücken 2006).

[3] Kataloge
Bestandsnachweis: Sammlung C. Röhl

Bauwelt-Katalog
Bauwelt-Katalog 1939, Jahrgang 8, Berlin 1939.
Bauwelt-Katalog 1940, Jahrgang 9, Berlin 1940.
Bauwelt-Katalog 1941, Jahrgang 10, Berlin 1940.

Christ 1937
Drahtgeflechtfabrik Otto Christ, Mannheim-Käfertal, Katalog nach 1937.

Engel & Mitterhusen 1931
Engel & Mitterhusen Lübeck 1931, Katalog 1931.

Grähn 1910
Betonpfosten- und Formenbau-Fabrik E. Grähn, Pankow, „Orkan“-Betonpfosten, Werbebroschüre, 1910.

Hentschel 1927
Louis Hentschel Erste Hannoversche Sieb-, Drahtwaren- und Staket – Fabrik, Hannover, Katalog 1927.

Illustrierte Geschichte des Weltkrieges
Illustrierte Geschichte des Weltkrieges 1914/15, 4 (1916) 16.
Illustrierte Geschichte des Weltkrieges 1914/15, 7 (1918) 15.

Katzer & Kramer 1933
Katzer & Kramer, Spezialmaschinenfabrik für die Fabrikation von Formen und Maschinen für die gesamte Zementwaren-Industrie, Bielefeld, Katalog 1933.

Morill o. J.
F. A. Morrill – Nürnberg, Werkstätten für Draht- und Eisen-Verarbeitung, Katalog Drahtzäune, Drahtgeflechte und Drahterzeugnisse. o. J.

Magazin für Haus und Wohnung 1980
Magazin für Haus und Wohnung, Bautechnischer Ratgeber für Hausgemeinschaften, Kommunale Wohnungsverwaltungen, sozialistische Wohnungsbaugenossenschaften. Berlin 1980.

Ravené Söhne 1934
Jacob Ravené Söhne Eisenwarengroßhandlung, Berlin, Katalog 1934.

Ross 1936
Leo Ross Berlin – Geräte und Maschinen für Hoch- und Tiefbau, Bau-Eisenwaren, Berlin, Katalog 1936.

Vass és Kovács 1893
Vass és Kovács, Budapest, Katalog 1893.

Vetter o. J.
August Vetter Hildesheim, Katalog o. J.

Wochenblatt 1941
Wochenblatt der Landesbauernschaft Baden, Folge 8, 109. Jahrgang, 22. Februar 1941.

[4] Webseiten

Alamy o. J.
1) Image ID: 2DBGWDB. <URL: www.alamy.com> [29.09.2021].
2) Image ID: 2DBGWDY, <URL: www.alamy.com> [29.09.2021].

Alsace 2015-04-25
<URL: www.lalsace.fr/haut-rhin/2015/04/24/en-souvenir-des-victimes-de-la-barriere-electrifiee-du-sundgau> [25.03.2021].

Alsace 2018-11-18
<URL: www.lalsace.fr/haut-rhin/2016/11/18/le-haut-sundgau-sous-haute-tension> [25.03.2021].

Ansichtskarten-Pankow o. J.
<URL: www.ansichtskarten-pankow.de/geue.htm> [28.09.2021].

Bunker Wollenberg o. J.
<URL: www.bunker-wollenberg.eu/index.php/objekt-301-uebersicht/hsa> [21.12.2021].

Cotelangues o. J. a
<URL: https://cotelangues.com/de/vergessene-konzentrationslager-kz-aussenlager-gablingen/> [28.09.2021].

Cotelangues o. J. b
<URL: https://cotelangues.com/de/konzentrationslager-gablingen-was-man-ausgebuddelt-hat-kann-man-auch-wieder-einbuddeln/> [28.09.2021].

DBU o. J.
<URL: www.dbu.de/index.php?menuecms=2697&id=87> [28.09.2021].

DDR-Wissen o. J.
<URL: www.ddr-wissen.de/wiki/ddr.pl?Befehl_Nr._124_SMAD> [04.10.2021].

Doodendraad o. J.
<URL: www.dodendraad.org/wire-of-death> [25.03.2021].

Gedenkstätte Dachau 2018
framkonzept ... neuer Schub für die Kultur, Machbarkeitsstudie für einen Dokumentationsort zum ehemaligen KZ-Außenlagerkomplex Allach. o.O. 2018,

Kap. 3: Der Umgang mit der Erinnerung an das KZ-Außenlager Allach
<URL: www.kz-gedenkstaette-dachau.de/wp-content/uploads/2020/04/Machbarkeitsstudie-KZ-Aussenlager-Allach_Seite_40_59.pdf

Gedenkstätte Flossenbürg o. J.
<URL: www.gedenkstaette-flossenbuerg.de/de/geschichte/aussenlager/mockethal-zatzschke> [28.09.2021].

Gemeinde Peenemünde 2004
Gemeinde Peenemünde, Erläuterungsbericht Flächennutzungsplan der Gemeinde Peenemünde. Abschliessende Fassung von 04 – 2004
<URL: www.amtusedomnord.de/images/pdf/gemeinden/peenemuende/flaechennutzungsplan/2527.pdf> [14.09.2021].

Gemeinde Peenemünde 2005
Gemeinde Peenemünde, Flächennutzungsplan der Gemeinde Peenemünde, Landkreis Ostvorpommern, abschließende Fassung gem. Teilgenehmigung vom 18.04.2005 <URL: www.amtusedomnord.de/images/pdf/gemeinden/peenemuende/flaechennutzungsplan/2526.pdf> [14.09.2021].

Mauthausen Memorial o. J.
<URL: www.mauthausen-memorial.org/de/Gusen/Das-Konzentrationslager/Die-Errichtung/Bewachungseinrichtungen> [14.09.2021].

NCAP o. J.
<URL: https://ncap.org.uk/frame/6-1-1-2-42?pos=103> [13.05.2021].

Neuengamme Ausstellungen o. J.
<URL: http://neuengamme-ausstellungen.info/content/lagermodell/objekt33.html> [25.03.2021].

Saint Louis o. J.
<URL: www.saint-louis.fr/Premi%C3%A8reGuerremondiale/579/6189> [25.03.2021].

TSHA o. J.
<URL: www.tshaonline.org/handbook/entries/electric-fence> [25.03.2021].

Urlaubsinsel Usedom (20.10.2021) Peenemünder Haken
<URL: www.urlaubs-insel-usedom.de/peenemuender-haken.htm> [20.10.2021].
1) 20090419_entwicklungswerk_sued_postenweg_zum_meer.jpg (800×600) (urlaubs-insel-usedom.de).
2) 20090419_entwicklungswerk_trasse_elektrozaun.jpg (800×600) (urlaubs-insel-usedom.de).
3) 20120725_peenemuende_ost_entwicklungswerk_1.jpg (800×600) (urlaubs-insel-usedom.de).
4) 20180418_peenemuende_ost_tg9_elektrozaun.jpg (800×600) (urlaubs-insel-usedom.de).
5) 20140307_peenemuende_entwicklungswerk_elektrozaun.jpg (800×600) (urlaubs-insel-usedom.de).

Wikimedia 'Paine Field Lake Stickney'
<URL: https://commons.wikimedia.org/wiki/File:Paine_Field-Lake_Stickney,_WA,_USA_-_panoramio_%2878%29.jpg> [20.03.2023].

Von Zäunen und Pfosten
<URL: https://vonzaeunenundpfosten.wordpress.com> [06.02.2024].

Wikipedia 'Electric fence'
<URL: https://en.wikipedia.org/wiki/Electric_fence> [20.03.2022].

Winkelhistoirelocale o. J.
<URL: https://winkelhistoirelocale.jimdofree.com/m%C3%A9moire-de-papier/la-barri%C3%A8re-%C3%A9lectrifi%C3%A9e/> [25.03.2021].

Обитаемый Космос 2020
Изготовление и эксплуатация германской баллистической ракеты ФАУ-2 — Vergeltungswaffe-2 (Часть 1) [Herstellung und Betrieb der deutschen ballistischen Rakete FAU-2 - Vergeltungswaffe-2 (Teil 1)]
Premiere: Premiere am 15.04.2020, 103.141 Aufrufe am 12.08.2021, Kanal: Обитаемый Космос [Bewohnter Raum, 2.710 Abbonnenten, 12.08.2021]